조용헌의 인생독법 人生讀法

홀로 즐기고 달래며 철이 든다

나에겐 이미 지나간 세월이라 애석할 뿐이지만　　已去光陰吾所惜
그대는 이제부터 하면 되니 달리 문제가 있으리오　　當前功力子何傷
다만 조금씩 흙을 모아 산을 이루는 날까지　　但從一簣爲山日
너무 머뭇거리지도 말고 너무 서둘지도 마오　　莫自因循莫太忙

＿〈자탄自歎〉, 이황李滉

조화를 이루면 모든 것이 통한다
원활하게 돌아간다. 밝아진다

목차

(3장)

인사人事,

빈손으로 와서
무엇을 가지고
돌아갈 것인가

인생, 이성으로 풀리지 않을 때
명산대천 속에 나를 풀어놓다

나는 386세대에 해당한다. 이 세대의 특징은 사회과학의 세례를 받은 세대라는 점이다. 세례란 무엇인가? 성스러운 강물이나 호수의 물속에 한 번 들어갔다가 나오는 것이다. 머리부터 발끝까지 물에 적실 수밖에 없다. 그러나 그 물은 알고 보면 표피만 적신다. 피부만 적실뿐이지 몸속까지 뼛속까지 그 물이 적실 수는 없다. 비록 사회과학의 세례를 받기는 하였지만, 나의 근육과 뼛속까지 와 닿은 것은 전통 사상인 유儒·불佛·선仙이었다.

정말 원하는 것을 하면 외롭지 않다

돌이켜보니 이게 팔자이다. 이 유불선은 도시에 있지 않고 산천에 있었다. 불교 사찰이 그렇고, 유가의 서원도 시골에 있었고, 선가의 도사들도 명산에 있었다. 20대 중반부터 남들은 《자본론》을 탐독할 때 나는 풍수서風水書와 사주명리학四柱命理學에 더 탐닉하였고, 강호의 낭인들과 우정을 쌓고 같이 명산대천을 유람하였다. 명산대천을 유람한다는 것은 또 다른 아웃사이더의 길이었다. 386친구들은 놀지 않는 그라운드였으니까 말이다. 방외지사方外之士의 노선을 탐구하면서도 외롭다는 생각은 들지 않았다. 명산의 산신령들이 나를 후원해주고 보호해준다는 생각을 하였기 때문이다. 지리산의 산신령이 나에게 '지리산 대학'의 졸업장을 준다고까지 여겼다. 전공은 강호동양학이었다. 강단에서는 배우기 힘들고 강호의 이름 없는 도사나 따라지 인생들을 통해서 면면히 이어진 강호학江湖學이었다고나 할까.

철삿줄과 갈빗살의 조화

이제 대략 30년의 세월이 지나서 생각해보니까 사회과학이 철삿줄이었다면 내가 터득한 강호의 동양학은 갈빗살이나 될까. 담양에 가면 떡갈비가 유명하다. 갈비에다 칼로 다진 갈빗살을 붙인 것이 떡갈비이다. 치아가 좀 부실해도 먹기가 편하다. 철삿줄만 가지고는 나이 들어서 힘들다. 나이 들어서도 계속 철삿줄만 씹을 수는 없기 때문이다. 쉰 살이 넘어가면 생로병사가 한꺼번에 밀려온다. '부질없이 세월만 보냈다. 먹고 산다고 한평생 그냥 보내버렸구나.'는 허무감이 밀려온다. 철삿줄 가지고는 이 50세 이후의 허무감을 달랠

수 없다. 갈빗살이 좀 필요하다. 이 갈빗살은 도시적인 경쟁 메커니즘을 벗어나 산천에서 유람하며 사는 법을 안내한다. 유유자적하며 사는 삶이다. 동양의 풍수나 명리학은 2,000년이 넘는 역사를 지닌 음양오행의 거대담론에 기대고 있다. 이 오래된 거대담론은 충분히 매력이 있다. 우리 삶을 다른 각도에서 보게 만든다. 다른 각도에서 본다는 것은 사람으로 하여금 여유를 갖게 해준다. 특히 대자연과의 교감과 조화가 중요하다는 것을 알려준다. 그 교감에서 수천 년 동안 내려온 조상의 목소리를 들을 수 있다.

이 땅의 아웃사이더들과 놀아본 이야기

이 책은 〈농민신문〉에 1년 반 연재했던 내용을 모은 것이다. 신문연재를 오래 하다 보면 단점이 있다. 간혹 예전에 썼던 글과 겹치는 주제를 다룬다는 점이다. 어찌 되었든 겹치는 주제가 있다는 게 독자들에게 죄송하다. 그러나 같은 주제라도 글 내용은 약간 다르다. 서술 방식을 달리 했다. '원 소스 멀티유스'라는 말처럼 소스는 같지만 서술하는 내용은 다르다고 보아주면 좋겠다. 사회과학의 세례를 받은 세대이지만 그 세례를 받고도 이탈해서 강호에 들어가 이 땅의 아웃사이더(方外之士)들과 놀아본 사람의 이야기이다.

2018년 7월
장성 축령산 휴휴산방休休山房에서
조용헌 쓰다

1장

天
時

천시

우주의 시계로 나의 위치를 가늠하다

이 세상에
죽으라는
법은 없다

세상에는 점占이라는 게 있다. '점' 따위를 간단하게 무시해 버리는 사람을 보면 나는 참 부럽다. '난 그런 거 안 믿어.' 하는 말을 자신 있게 내뱉는 사람은 그동안 인생을 비교적 순탄하게 살았기 때문이 아닐까. 인간사 길흉화복吉凶禍福을 안 겪는 사람은 없다. 실제로 살아보면 길보다는 흉이 많고, 복보다는 화를 많이 겪는다. 점 따위 믿지 않는 사람이 흉과 화를 만나서도 저리 자신 있게 말할 수 있을지 모르겠다.

내일 당장 무슨 일이 벌어질지 모르는 게 인생이다. 앞날에 대한 두려움이 나로 하여금 사주팔자四柱八字와 《주역周易》을 연구하게 만들었다. 그 덕택에 '너 점쟁이 되려고 하느냐? 왜 그런 미신을 연구하느냐?'는 비난과 조롱을 선배와 동료들로부터 수없이 들었다. 미신이건 무엇이 되었든 간에 어떤 수를 써서라도 불행을 약간 피할 수 있거나 최소한의 대책을 마련해놓을 수 있는 방법이 있으면 주위의 비난을 무릅쓰고서라도 강구해야 된다고 판단했다.

그러나 매사를 이런 태도로 일관하면 문제가 있다. 자유가 없다는 점이다. 미래에 대한 두려움과 조바심은 좋게 말하면 신중한 생활태도이지만, 나쁘게 말하면 자유가 없는 구속된 삶이 된다. '저질러보지'를 못한다. 천라지망(天羅地網. 하늘과 땅의 그물이라는 뜻으로, 도저히 벗어날 수 없는 경계망警戒網이나 피할 수 없는 재앙)이라는 그물에 걸린 인생이 된다. 보편적인 상식과 이성이 퇴화될 수도 있다. 상식과 이성으로 결정할 수 있는 일도 무조건 점에 의지하게 되는 태도가 그것이다. 이는 인간의 자유의지와 지성에 대한 불경不敬이 아닌가?

《주역》은 점을 치기 위한 책이다. 동양문화권에서 적어도 5,000년의 역사를 지닌 신탁서神託書라고 보아야 한다. 고대 그리스의 파르나소스산에 있던 델피 신탁은 진즉에 망했지만, 동양의 주역은 아직도 살아있다. 5,000년 세월의 두께를 녹여야만 이해되기 때문에 어려운 책이다. 괘卦에 대한 자기 자신의 실존적 체험이 없으면 이해할 수 없는 경전이

기도 하다. 신탁을 헤아린다는 게 어찌 쉬운 일인가!

난공불락의 주역을 공부하다 보니까 두 개의 상반된 흐름이 있다는 사실을 어렴풋이 알게 되었다. 한편으로는 점을 치면서도 다른 한편으로는 점을 칠 필요가 없다는 이치가 암시되어 있는 것이다. 그 암시가 무엇인가? 주역의 28번째 괘가 택풍대과澤風大過이다. 위에는 연못물이 출렁거리고 아래에서는 센 바람이 불고 있다. 대들보가 흔들려서 집이 무너질지도 모르는 위태로운 상황을 가리키는 괘이다. 이때를 닥쳐서 어떻게 해야 하는가.

'독립불구獨立不懼 돈(둔)세무민遯世無悶'하라고 되어 있다. '홀로 서 있어도 두려워하지 않고, 세상에 나가지 않고 숨어 있어도 번민하지 말라.'는 내용이다. '독립불구 돈세무민'의 마음 자세가 되어 있으면 점을 칠 필요가 없다고 나는 생각한다. 이 마음이 안 되니까 미래가 불안하고 사는 것이 불안하고 그러다 보면 점에 의지하게 되는 것이다. 그렇지만 '독립'과 '돈세'가 말처럼 그리 쉽던가? 홀로 있으면 외롭고 세상과 떨어져 있으면 불안하고 서럽다.

내 주위에 있는 50대 중반의 사람들의 70%는 지금 건달이 되었다. 나는 공부 못해서 지방대학 다녔지만, 친구들은 공부 잘해서 소위 'SKY'라는 명문대에 들어갔다. 스카이 나왔으니까 대기업과 큰 조직에 들어가는 것도 쉬웠는데, 30년 가까이 월급쟁이 생활하다가 직장 그만두고 나오니 아무것도 할 일 없는 건달이 된 것이다. 조직이라는 울타리 밖에 나오니까 연못 밖 맨땅에 던져진 붕어 신세가 되었다. 이들에겐 두려움과 번민이 물밀듯 몰려온다. 직장과 조직이라는 것이 족쇄도 되지만 울타리도 된다. 조직 안에 있을 때는 그토록 자유를 옥죄는 쇠사슬이더니만, 막상 나오면 엄청나게 그리운 울타리로 여겨진다. 중년 건달의 심리상태는 족쇄가 사라진 게 아니라 울타리가 사라진 것이다. 이들 신규 건달이 갖추어야 할 자세는 '독립불구 돈세무민'의 마음가짐이다. 건달계의 10년 선배인 내가 친구들에게 당부하는 가르침의 요지다. 그러나 가르친다고 듣겠는가. 직장 독毒을 빼려면 현장 실습이 필요하다. 일찌감치 건달의 길에 들어간 방외지사(方外之士. 조직에 얽매이지 않고, 고정관념과 경계선 너머의 삶을 추구하는 이들)들을 찾아뵙고 그 삶을 옆에서 들여다보고 같이 놀아봐야 내공이 생기는 것이다.

　　전남 무안군 몽탄면夢灘面 시골에 10여 년 전인 40세 무렵부터 들어와 혼자 살고 있는 도연道然을 만났다. 마음이 허한 방외지사들이 자주 찾아와 위로를 얻고 가는 집이다. 도연이 혼자 직접 지은 흙집이다. 얼기설기 나무에다가 흙을 덧붙여서 지은 누실陋室이다. 한쪽에는 장작으로 불을 때는 황토방도 있고, 손님들과 차를 마시는 다실도 있다. 굴뚝의 연기 냄새가 마음을 안정시켜준다. 도연에게 물었다.

　　"어떻게 이런 시골에서 별다른 수입도 없이 혼자 살 수 있습니까?"

　　"조 선생님이 책에서 소개한 '독립불구 돈세무민'의 정신을 되새기면서 삽니다. 흔들리고 외로울 때마다 이 문구가 나에게 힘을 줍니다."

　　건달이 된 50대 중반의 내 친구들이여! 이 세상에 죽으라는 법은 없다. 하늘이 무너져도 솟아날 구멍은 있다.

불은 용으로
물은 호랑이로
다스리다

사주에 불(火)이 많은 사람들이 있다. 불이 많은 팔자의 공통점은 말을 잘한다는 점이다. 말을 잘한다는 것은 상황에 들어맞는 말을 하고, 유머가 있고, 말을 짧게 할 줄 안다는 것이다. 말을 길게 하는 사람들은 사주에 불이 없는 경우가 많다. '젖은 장작 팔자'가 말을 길게 한다. 불이 많으면 성질이 급해서 결론부터 말하는 직선적인 화법을 구사한다.

돌아가신 강원룡(1917~2006년) 목사가 불이 많은 팔자였다. 그가 생전에 써놓은 자서전《빈들에서》를 보니 생년월시가 나와 있었다. 만세력을 펴놓고 팔자를 조합해보니 불이 많은 화火 체질이었다. 그는 웅변가이기도 했다. 타고난 구변口辯에 신학적神學的 내공이 뒷받침되니까 상대방을 설복시키는 힘이 있었다. 만약 강 목사가 이북에서 태어나지 않고 이남에서 태어났더라면 대권에도 도전해 성공했을지 모른다.

노무현 전 대통령도 불이 많은 팔자였다. 달변가였다. 참모들이 미리 써준 원고를 무시하고 자기 나름대로 이야기해 버리는 습관이 있을 정도였다. 최근 탄핵정국에서 '정치 워딩'의 묘미를 보여준 박지원 대표도 팔자를 보니 화 체질이었다. 여름에 태어난 데다가 천간天干에 불을 상징하는 병丙과 정丁이 모두 갖춰져 있었다. 정치권에서 주목 받는 이재명 전 성남시장도 짐작건대 화 체질일 가능성이 높다. 직설적인 화법을 구사하여 붙은 '사이다'라는 별명이 불꽃 튀는 '스파크 체질'이라는 것을 암시한다.

나도 불이 치성熾盛한 팔자다. 여름에 태어난 데다가 병丙과 정丁이 팔자의 천간天干에 모두 떠 있다. 병은 태양이고 정은 달이다. 병이 합리적 사고라고 한다면 정은 종교적 사유를 가리킨다. 낮에는 태양이 뜨고 밤에는 달이 뜬다. 밤낮으로 머리가 돌아간다는 의미다. 밤낮으로 밀린 원고 쓸 궁리만 하고 있다. 밤낮으로 돌아가면 머리가 피곤하다. 쉬지 못하기 때문이다. 불이 많은 팔자는 불을 빼내는 일이 관건이다. 팔자의 요체는 한쪽으로 치우치지 않는 '중화中和'에 있다. 지나치거나 모자라는 과불급過不及은 질병으로 드러난다. 대인관계에서도 원만하지 않다.

불을 어떻게 빼낼 것인가? 플러스도 있지만 마이너스가 더 효과적일 때가 있다. 자기체질의 약점을 알고 이를 보완하는 방법을 일찍 찾아내면 질병과 운세를 보강할 수 있고, 보완하는 방법과 처방을 모르고 멍청하게 살면 결국 고생만 몽땅 하면서 수업료를 과다 지불하기 마련이다. 처방은 음식이 될 수도 있고, 약물이 될 수도 있으며, 사람이 될 수도 있다. 아니면 어떤 장소가 될 수도 있다. 불이 많으면 물이 있는 장소에 거주하면 아무래도 도움이 된다.

30대 중반에 충남과 전북에 걸쳐 있는 대둔산(878미터)에 자주 갔다. 깎아지른 바위절

벽이 많은 악산岳山이다. 자기가 처한 상황 따라, 나이 대에 따라 가게 되는 산도 각기 다르다. 이때는 산이 나를 불렀다. 돈도 없고 비전도 없는데 처자식은 거느린 지방대학 시간강사 시절이었다. 마음이 허하고 고독하니까 산이 나를 부르는 소리가 귀에 들렸다. 인간은 고독해야 성찰이 온다. 돈 있고 배부르면 주색잡기酒色雜技가 생각나지만 춥고 배고프면 내면의 소리에 귀를 기울인다. 기한飢寒에 발도심發道心! 굶주리고 추울 때일수록 도를 구하는 마음이 크게 일어나는 것이라고 할까.

어느 날 대둔산 바위 절벽에 혼자 앉아 도시락을 먹고 터덜터덜 내려오다가 한 암자에 들렀다. 암자에는 60대 초반으로 보이는 공양주 보살이 있었는데, 내 팔자를 물어보더니만 대뜸 "화치승룡火熾乘龍이 되었네."라고 한마디 뱉었다. 짧은 대화였지만 나의 뇌리 속에는 허름한 잿빛 보살 바지를 입은 아주머니가 던진 '화치승룡'이라는 단어가 박혔다. 나는 이상하게도 어렸을 때부터 한문으로 된 고사성어를 한 번 들으면 잘 안 잊어버리는 습관이 있다.

집에 와서 바로 이 단어를 찾아보니 《적천수滴天髓》에 나오는 표현이었다. 《적천수》는 사주명리학四柱命理學의 고전이다. 명나라를 건국한 주원장의 일급 참모가 유백온이라는 인물인데, 이 유백온이 저술한 책이다. 중국에서 역대 최고의 전략가 세 명을 꼽으라면 장량·제갈공명·유백온을 들 만큼 유백온은 급수가 높은 인물이다.

《적천수》에 보면 '화치승룡火熾乘龍 수탕기호水蕩騎虎'라는 대목이 나온다. '불이 치성하면 용을 타야 하고, 물이 흘러넘치면 호랑이를 타야 한다.' 용은 물에서 노는 동물이고, 호랑이는 불을 상징한다. 십이지로 보면 용은 진辰이고, 호랑이는 인寅이다. 불이 많은 팔자라도 여덟 글자 가운데 진辰이 하나라도 들어 있으면 괜찮고, 물이 흘러넘치는 팔자라도 인寅이 들어 있으면 보강이 된다는 뜻이다. 화가 많아도 진辰이 있으면 화기를 빼준다. 불이 많을 때는 물로 불을 제압하는 방법보다는 진으로 빼주는 방법이 더 효과적이다. 화생토火生土의 원리다. 토를 보면 화는 자기 에너지를 주고 싶어 한다.

진辰은 동물로 보면 용이지만, 오행으로 분류하면 토土다. 물이 많은 진흙을 의미한다. 질척질척한 땅이다. 현실세계에서는 이게 논(畓)을 가리킨다. 벼농사를 짓는 논은 물을 대기 때문에 질퍽질퍽한 땅이다. 진辰은 바로 논두렁이다. 이를 알고부터 이사할 때 '주변에 논이 많은 들판 지역이 어디 없나.'를 늘 물색했다. 내가 지금 살고 있는 익산의 아파트는 주변이 온통 들판이다. 마음먹고 네댓 시간을 걸어도 다 걸을 수 없는 넓이다. 논두렁길을 한 시간 넘게 걸어가면 백제 무왕과 선화공주의 전설이 어려 있는 미륵사지彌勒

寺址가 나온다.

나는 시간만 나면 논두렁길을 걷는다. 취미이다. 보통 하루에 두 시간 가까이 걷는다. 칼럼을 쓰기 전에는 반드시 논두렁길을 걷는다. 한 시간 넘게 걸어야만 효과가 있다. 효과라는 것은 생각이 정리된다는 뜻이다. 한 시간 넘어가면서부터 실타래처럼 엉켜 있는 부분이 기승전결로 정리가 된다. 두 시간 정도 걸으면 군더더기가 거의 제거되고 칼럼 원고의 덩어리만 남게 된다. 모내기하기 전에 양수기로 논에 물을 대는 장면을 보면 왠지 모르게 마음이 흐뭇해진다. 그러다가 이앙기로 푸릇푸릇한 모를 심는 계절이 오면 논두렁에 서서 한참 동안이나 모내는 장면을 구경한다.

가만히 생각해보니 지난 10년 넘게 내가 쓴 글의 모든 원료는 논두렁에서 나왔다. 농부는 논에서 벼를 수확했지만 나는 논에서 글을 수확한 셈이다. 화기가 머리로 치솟아 주화입마走火入魔에 걸리지 않고 이 정도로 건강을 유지하면서 글을 쓸 수 있게 된 것도 모두 논두렁 덕택이다. 논두렁이 나를 살렸다. '화치승룡'의 용은 논두렁에 있었다.

재물이
많으면 몸이
약해진다

'재물이 많으면 몸이 약해진다.' 재다신약財多身弱의 뜻이다. 이 말은 사주명리학에서 사용하는 전문용어다. 경제학 사전에서는 찾아볼 수 없는 단어이기도 하다. 왜 돈이 많으면 몸이 강해지는 것이 아니라 반대로 약해진다고 했을까?

사주에서 재물의 개념은 '극克하는' 것이다. 금극목金克木·화극금火克金·목극토木克土·토극수土克水·수극화水克火라고 하듯이, 금 체질의 사주는 목이 재물에 해당한다. 금이 목을 극하는 것이다. 예를 들어 금으로 만든 톱과 칼은 나뭇가지를 칠 수 있다. 대장간의 불은 금을 녹인다. 극한다는 것은 '이겨먹는다.' '집어삼킨다.' '제압한다.'는 의미를 내포한다. 당연히 에너지 소모가 뒤따른다. 이겨먹고, 집어삼키고, 제압하기란 쉬운 일이 아니다. 모두가 정면 대결하는 일이다. 따라서 팔자에 재물이 많다는 것은 그만큼 맞대결할 일이 많은 셈이다. 이렇게 정면 대결을 많이 하면 심장병에 걸리거나 암에 걸리거나 공황장애가 온다.

한국사회에서 300억 원 넘는 재산은 다 사이버머니Cyber money다. '장부상의 돈'이라는 얘기다. 그 이상의 돈은 마귀를 불러온다. 온갖 물어뜯는 것들이 달려들기 마련이다. '왜 너만 먹고 사냐, 나도 좀 줘라.'다. 그러면 골치가 아프다. 하루도 편한 날이 없다. 형제자매, 온갖 친척들이 달려든다. 그런가 하면 옆에서는 '이거 투자하면 대박 나니 여기에 투자하라.'고 유혹한다. 어떻게 해서든지 돈을 빼먹으려고 주변에서 사람을 가만히 두지 않는다.

이렇게 돈과 계약서로 인간관계가 엮이면 그 다음 발생하는 일은 고소·고발·소송이다. 변호사와 가깝게 지내야 한다. 재판이 보통 서너 개씩 걸려 있다. 법정에 자주 들락날락하는 생활은 삶의 질을 확 떨어뜨린다. 우선 재판을 하다 보면 잠을 깊게 잘 수 없다. 자기가 재판에서 질 수 있다는 불길한 생각을 할 수밖에 없고, 그러다 보면 불면증이 오고, 불면증이 오다 보면 결국 큰 병이 온다.

많은 재물을 관장하려면 이런 과정을 견딜 수 있는 강심장과 강한 위장과 강한 대장, 강한 간장을 지니고 있어야 한다. 강한 오장육부를 지니고 있으면 재다신강財多身強한 팔자다. 재다신강한 사람들은 눈빛이 강렬하다. 골격이 단단하고 크다. 식사를 잘한다. 빨리 먹는 것은 물론 음식을 가리지 않고 많이 먹는 특징을 보인다. 도널드 트럼프 미국 대통령이 재다신강한 팔자로 보인다. 하루에 햄버거를 큰 것으로 4개씩 먹고 콜라도 10병씩 마신다고 외신에서 전한다. 키가 190센티미터다. 70대 노인이 빅맥 햄버거를 4개씩 먹고 소화가 될까. 콜라 10병씩 먹고 당뇨병도 안 생기나. 한마디로 장사 체질인 것이다. 이게 다 타고난 체질이고, 체질은 결국 팔자이기도 하다. 이 정도 신강은 되어야 재물과 권력을 감당할 수 있다. 스트레스에 강하다고 볼 수 있다.

현대그룹의 창업자 정주영 회장도 한국전쟁 때 쌀가마니를 등에 지고 한강 철교를 건너갔다는 일화가 있다. 신입사원들과 씨름판에서 씨름하기도 하고, 그 많은 여인들을 상대하면서도 몸에 이상이 오지 않았고, 크게 원성도 듣지 않았다. 절륜한 정력의 소유자였던 것이다. 이런 팔자가 '재다신강'의 운명이다. 우리 같은 약골 팔자가 그렇게 했다가는 바로 사망하거나 패가망신한다.

재다신약한 팔자로 태어났으면 대처법은 무엇일까? 진단만 정확하면 처방은 있기 마련이다. 우선 신약을 보강하는 방법은 독서와 공부, 그리고 호학好學하는 친구를 가깝게 두는 일이다. 독서를 하면 사람을 덜 만나게 된다. 신약한 사람은 사람을 많이 만나면 진이 빠진다. 독서를 하면 에너지를 아낄 수 있다. 독서를 하면 역사의 현인들과 대화를 하는 셈이다. 독서를 하면 자기를 돌아보게 되어 실수가 적다.

독서를 많이 한 학자풍 친구들과 노는 것도 방법이다. 역사와 철학, 종교와 예술을 소재로 대화를 나누다 보면 아이디어도 얻는다. 판단에 도움이 되는 사례도 얻는다. 인간의 삶이 궁극적으로는 공空과 허虛라는 사실을 유념하게 된다. 한 손에는 역사책을 들고 다른 한 손에는 노장老莊과 불교를 공부하면 돈에서 파생되는 번뇌를 줄일 수 있다.

　재다신약한 팔자에서 가장 큰 위기는 재물이 들어올 때다. 대운에서 재물이 들어오는 해에는 사고가 발생할 가능성이 높기 때문이다. 보통 사람은 재물이 들어오는 해가 좋지만, 재다신약은 재물이 화근이 된다. 이때에 닥쳐서는 재물을 주변에 많이 풀어야 한다. 낚시터에서 미리 떡밥을 뿌리듯이 주변에 소소하게라도 돈을 쓰는 게 좋다. 떡밥을 뿌리면 고기가 많이 모여 들고, 모여 든 고기들은 결국 나의 우군이 된다. 먹으면 도망 못 간다. 유사시에 나의 우군이 되기 때문이다. 결국 재복財福이 있다는 것은 돈을 쓸 수 있는 입장을 의미한다. 통장에 수백억 넣어두고 주변 사람들에게 인색한 사람은 결과적으로 재복이 없는 팔자와 같다. 물론 여기서 돈을 쓴다는 것은 좋은 일에 베푼다는 것을 뜻한다.

　돈이 많으면서도 긴장하지 않고 비교적 한가하게 사는 사람들이 있는데, 이 팔자들이 진정한 상팔자들이다. 특징은 식신생재食神生財 스타일이라는 점이다. 식신은 주변에 돈을 잘 푼다는 뜻이다. 약간 푼수 같은 느낌도 든다. 인간관계에서 후하게 처신한다. 이들은 재물이 들어올 때도 수월하게 들어온다. 다른 사람이 재물을 물어다준다고 보면 맞다. 죽을 둥 살 둥 돈을 버는 게 아니라 옆에서 이상하게 도와줘서 큰돈을 만진다. 작은 부자들은 돈을 아껴서 부자가 되지만 큰 부자는 돈을 써서 부자가 된다.

　식신생재 팔자를 타고나는 사람들의 공통점은 윗대 조상 가운데 적선을 많이 한 사람이 반드시 있었다는 사실이다. 조상이 쌓아놓은 복을 후손이 받아먹는 셈이다. 이런 이치를 알고 있었던 지혜로운 부자들은 집안에 우환이 생기거나 몸이 아프면 재물을 풀었다. 주변을 기쁘게 하여 그 기쁜 에너지를 자신이 당겨서 쓰는 셈이다.

성性과
재물보다
윗길인
대화

2017년 치러진 프랑스 대선은 구경거리가 많았다. 무엇보다 연령차별, 성차별을 뛰어넘은 점이다. 대통령에 당선된 마크롱은 40세다. 40세의 젊은 사람을 대통령으로 뽑은 것도 이채롭지만, 마크롱의 부인이 무려 24년이나 연상인 브리지트 트로뉴라는 사실이 기존 통념을 깨는 파격이다. 미국 대통령 트럼프가 70세, 부인 멜라니아도 46세로 24년 차이가 나지만 이를 통념을 깨는 나이 차라고는 생각하지 않는다. 반면 부인이 스물네 살이나 많다는 사실은 파격으로 받아들인다. 이런 편견의 틀을 깬 마크롱 부부를 보고 여성들은 깊이 공감한 듯하다.

"남자들은 되고 여자들은 안 된다고? 프랑스를 봐라. 여자가 24년 연상이라도 남편 대통령 만들지 않았느냐? 왜 여자의 나이가 많으면 안 되느냐?"는 항변이다. 어떤 60대 초반의 남자는 나에게 이렇게 말했다. "마크롱이 이제 마흔이면 성욕이 왕성할 때다. 한창때다. 얼마 못 간다. 몇 년 지나면 틀림없이 다른 여자에게 눈길을 돌릴 것이다." 남녀의 생물학적 차이를 염두에 둔 말이다.

동양철학에서 여자의 생물학적 주기는 7로 표현하고, 남자는 8로 규정하는 관례가 있다. 여자는 7×2=14이다. 보통 14세 무렵에 초경을 한다고 본다. 남자는 8×2=16, 16세 무렵에 처음 정액을 배출한다. 7×7=49, 여자는 평균 49세 무렵에 폐경閉經에 도달한다. 임신이 불가능해진다. 8×8=64. 남자는 평균 64세 무렵에 폐정廢精이 된다. 발기불능에 도달한다. 15년 차이가 난다. 불공평하게도 남자가 종족 번식 능력을 좀 더 유지하는 셈이다(하지만 요즘은 의학 기술과 여러 가지 약들이 발달해 이 생물학적 공식이 꼭 들어맞지는 않는다).

과연 마크롱과 트로뉴 부부는 이 생물학적 공식을 뛰어넘어 궁합宮合이 맞을까? 궁합에는 세 가지 차원이 있다. 하단전下丹田의 궁합, 중단전中丹田의 궁합, 상단전上丹田의 궁합이 그것이다. (단전丹田은 우리 몸의 기운이 모이고 응축되는 곳이다. 상단전은 이마, 중단전은 가슴, 하단전은 배꼽 아래를 가리킨다.) 하단전 궁합의 포인트는 섹스이다. 섹스가 잘 맞는 경우다. '속

궁합이 잘 맞는다.'는 말은 하단전의 궁합을 가리킨다. 젊었을 때는 하단전의 궁합이 가장 큰 비중으로 작용한다. 섹시한 상대가 가장 끌리는 단계이다. 오르가슴을 느낀다면 그 상대와는 최고의 속궁합이다.

성적인 오르가슴은 쾌락의 절정이지만, 이 쾌락은 인간의 의식을 높은 차원으로 끌어올려주는 작용도 한다. 세상사의 근심걱정이나 분노·원한·차별의식 같은 것을 다 청소해주는 효과가 있다. 가장 질펀한 인간의 욕망인 섹스를 통해 신성한 종교적 깨달음까지 도달할 수 있다는 게 '탄트리즘Tantrism'의 주장이다. 문제는 인간의 유한한 배터리다. 색을 밝히다가 배터리가 방전되면 급격한 노쇠로 병이 걸리거나 사망한다.

궁합의 두 번째 단계인 중단전 궁합의 핵심은 돈이다. 돈이 많은 상대가 가장 좋은 상대라고 여기는 단계이다. 어느 재벌가 안주인은 나에게 '돈이 최고'라는 이치를 모르면 그 사람은 아직 도를 못 깨친 것이다."라는 말을 해준 적이 있다. 나도 그 양반 이야기를 듣고 '인생에서 돈이 전부는 아니다.'라는 말을 되도록이면 안 하기로(?) 마음먹었다. 자본주의 사회에서는 모든 것이 돈이다. 문제는 돈을 획득하기가 어렵다는 데 있다. 누군들 돈이 싫겠는가. 돈을 갖기가 어려워서 그렇지.

결혼할 때 돈이 많은 상대는 매우 매력적인 요소임에 틀림없다. 공부 잘해서 좋은 대학 나오고 좋은 직장 얻고 출세하려는 이유가 결국은 돈을 많이 벌기 위한 게 아닐까. 중단전이 맞으면 하단전은 좀 부실해도 상관없다. 젊었을 때는 하단전이 중요하지만 중년이 되면 중단전이 더 큰 비중으로 다가온다. 중단전이 충족되면 상단전으로 온다.

상단전 궁합의 핵심은 '대화(Talking)'이다. 이야기가 서로 맞는 상대가 좋다. 소위 장단이 맞는 상대는 상단전 궁합이 맞는 것이다. 서로 지적으로 자극이 되고, 보는 시선이 서로 다른 듯하면서도 결론은 같은 지점으로 향하는 상대와 이야기를 나눈다는 것은 인생의 행복이다. 열화당悅話堂은 '기쁘게 이야기를 나누는 집'이다. 관동 최고의 부잣집이

033

었던 강릉 선교장의 큰 사랑채 현판글씨가 바로 '悅話堂'이다. 입 사치·옷 사치·집 사치 등 온갖 사치 다 해본 집이 선교장이지만, 그 사치의 궁극적 지점에는 '기쁘게 이야기하는 것'이 최고의 즐거움이었다는 것을 말해준다. 상단전은 궁합 맞는 사람과 즐겁게 이야기를 나누는 것이 삶의 가장 큰 기쁨이라는 이치를 증명해주고 있다.

중년이 지나 나이가 들어갈수록 서로 대화 궁합이 맞는 사람이 좋다. 상단전 궁합이 맞는 사람이 한 사람이라도 있으면 인간은 자살하지 않는다. 이 대화 궁합은 꼭 남녀 간의 문제만은 아니다. 같은 동성끼리의 인간관계 궁합에서도 그대로 적용된다.

한국의 50대 중반 이상 퇴직자들의 최대 애로사항도 바로 상단전 궁합이 맞는 사람이 드물다는 점이다. 조선시대에 유배를 갔을 때도 상단전이 맞는 친구가 면회를 오면 그렇게 반가울 수 없었다고 한다. 붕朋은 이런 상대를 가리킨다. "벗이 먼 곳에서 찾아오니 또한 즐겁지 아니한가(有朋自遠方來 不亦樂乎)." 《논어》의 이 구절은 상단전 궁합을 가리킨다.

마크롱과 트로뉴 부부는 세 가지의 궁합 가운데서 중단전과 상단전 궁합이 맞는 것으로 보인다. 트로뉴 친정집이 5대째 내려오는 초콜릿공장을 운영했다고 하니 돈은 좀 있었을 것이다. 하단전은 나이 차이로 좀 문제가 있을 것이다. 그러나 인간이 섹스만 가지고 살 수 있는 것도 아니다. 세 가지 중에서 두 가지만 맞아도 대단한 궁합이다. 지적으로 끌리고, 대화가 되고, 정치적인 조언도 해주고, 재정적인 부분도 도움이 된다면 이 또한 살아볼 만한 상대가 아니겠는가.

세상살이 긴장을
풀고 당기는 전문가

세상을 살면서 긴장緊張은 누가 알려주지 않아도 하게 되지만, 이완弛緩은 전문가의 도움을 받아야 가능하다. 신경 쓰는 게 다 긴장이고 스트레스가 다 긴장이다. 나도 처음에는 쌓인 긴장을 푸는 이완을 쉬운 걸로 알았다. 그런데 쉽지 않았다. 깜냥에 이완을 한다고 해도 결국은 쉽게 풀리지 않는다는 것을 알게 되었다.

긴장을 풀어주는 전문가는 누구인가? 물(水)과 불(火)이다. 물은 가라앉는 성질이 있고, 불은 위로 올라가는 성질이 있다. 물은 머리에 불이 타는 사람에게 효과가 있다. 머리를 많이 쓰는 사람은 물을 가까이하고 호수·강·바닷가에 거처하면 재미를 본다. 나는 물이 질퍽질퍽한 논두렁을 많이 걸었다. '지자요수知者樂水'가 이 말이다. '지자는 물을 좋아한다.'는 것으로 '물을 보면 마음이 가라앉는다.'는 뜻이다. 고스톱에서 패가 좋지 않은데도 흥분하여 '열고'를 외치면 결국 돈 잃는다. 열을 내리는 것이 관건이다. 열을 내리면 차분해지기 마련이고, 차분하면 상황을 객관적으로 보게 된다.

《능엄경楞嚴經》에 보면 물소리를 들어야 번뇌가 사라진다고 되어 있다. 물소리가 잘 들리는 지점은 삶의 번뇌가 많은 사람들이 머무르면 좋다. 굽이굽이 흐르는 강물은 시간의 흐름을 떠올리게 된다. 시간이 흘러가는 것처럼 번뇌도 시간이 지나면 떠내려간다는 이치를 깨우친다. 언젠가 쌍계사 불일암에서 하룻밤 자면서 밤새도록 불일폭포에서 쏟아지는 물소리를 들었다. 꿈결에 들리는 물소리는 자장가처럼 편안했다. 《수심결修心訣》 첫 대목이다. '삼계열뇌三界熱惱가 유여화택猶如火宅이어늘.' 삼계의 뜨거운 번뇌가 불난 집처럼 불타고 있다는 뜻이다. 세상이 뜨거운 고민에 싸여 있다는 뜻으로 이해했다. 번뇌를 식혀야 한다. 물로 열을 내린다.

그렇다면 불은 언제 필요한가? 이 세상에 물 대포가 있다면 불 대포도 있다. 수화쌍포水火雙砲를 가동시켜야 한다. 불이 필요한 경우는 우울증이다. 세상사 모든 게 시들해진다. 마음이 허虛하고 낙樂이 없다. 가슴속에는 온갖 근심 걱정만 가득하다. 아무리 하지 않으려고 해도 근심 걱정이 머리에 가득 차서 어떻게 해볼 도리가 없다. 이럴 때는 불을 봐야 한다. '관화유술觀火有術 필관기아궁必觀其亞宮'이다.

불을 보는 데는 방법이 있는데, 아궁이에서 장작불 타는 모습을 보는 것이다. 아궁이 앞에다가 엉덩이를 받칠 만한 나무토막을 장만해놓고 여기에 편히 앉아 장작불을 때는 것이야말로 신의 은총이 아닌가 싶다. 근심 걱정이 가슴에서 올라오면 그 걱정거리를 장작불에 하나씩 내던진다. 하나 던지면 걱정이 또 올라온다. 그러면 그 걱정을 또 불 속에 던진다. 걱정거리가 1,000개쯤 되면 그 1,000개를 가슴에서 머리로 올라오는 족족 장작불에 내던지면 된다. 한 500개쯤 던지다 보면 시커먼 걱정덩어리가 새빨간 장작불에 타는 모습이 보인다. 불은 모든 것을 태워 버린다. 제아무리 단단한 걱정거리도 불에 들어가면 재가 된다. 재가 되면 바람에 날아가 버린다. 바람에 날아가는 재를 어떻게 손으로 잡을 수 있으며, 눈으로 추적할 수 있겠는가.

아궁이 앞에 앉아서 한 시간쯤 불을 때다 보면 아랫도리 쪽이 따끈해지다가 다음에는 가슴이 따뜻해진다. 그리고 이마 쪽에도 따뜻한 기운이 충만해지는 게 느껴진다. 그러면서 빵빵한 기운이 몸에 차오른다. 그다음에는 마음이 환해진다. 근심 걱정을 견딜 만한 튼튼한 방패막이가 생겼다는 느낌이 온다. 조선시대 도공들은 하층민이었고, 노동 강도가 아주 심한 직업이었다. 그런 도공들이 피로를 푸는 방법이 바로 불을 때는 일이었다. 가마에 흙으로 빚은 도자기를 집어넣고 4~5일 동안 계속 불을 때며 고단함과 근심을 모두 날려버렸다.

아궁이에 불을 때는 데 있어서도 어떤 나무를 태우느냐에 따라 기분이 다를 수 있다. 소나무를 태울 때 나는 냄새와 편백나무를 태울 때 나는 냄새가 다르다. 나무 타는 연기와 냄새에 독특한 치유효과가 있다. 나무 타는 냄새를 맡으면 어렸을 적에 외갓집에 가서 맡았던 냄새가 생각난다. 자신이 가장 편안하고 안정적이었던 시절이 연상된다. 냄새는 강력한 회상작용을 불러일으킨다.

　나는 소나무 장작 타는 냄새가 취향에 맞는다. 그다음은 편백나무다. 내가 글을 쓸 때 거주하는 황토집인 휴휴산방休休山房은 전남 장성의 축령산 자락에 있는데, 수백만 평이 60년 가까이 조성한 편백숲으로 이루어져 있다. 그래서 간벌한 편백나무를 손쉽게 구할 수 있다. 방 두 개 중 하나는 방바닥에 편백을 깔아놓았다. 방에 들어가 편백 냄새를 맡으면 정신이 상쾌해지고, 아궁이에 편백 장작을 태우면 그 냄새가 신경을 안정시켜준다.

　인간은 원시 시절부터 밤이 되면 동굴에서 장작을 태우던 기억이 유전자에 남아 있을 것이다. 불을 피워 무서운 맹수도 쫓고 고기도 지글지글 굽고 부족이 모여 앉아 노래 부르던 기억이 남아 있을 것이다. 세계에서 가장 오래된 종교 중 하나가 조로아스터교教다. 일명 배화교拜火教다. 5,000년이 넘는 역사다. 조로아스터교의 발상지인 중동의 이란에 가서 조로아스터교 사원을 방문한 일이 있다. 사원 중심 건물에 신상神像이나 어떤 숭배의 조각도 없었다. 건물 가운데 '심플하게' 화로만 하나 놓여 있었다. 가로세로 2미터, 높이 1미터 50센티미터 정도의 화로대火爐臺가 있었고, 대 위의 청동화로에서 장작불이 타는 모습을 사방에서 지켜볼 수 있는 구조였다. 밤에는 불씨를 재로 덮어 보관하고 낮에는 활활 불을 태운다. 불을 바라보는 것이야말로 신神을 보는 것이라고 생각했던 것이다. 신은 근심 걱정을 없애주고 우울한 마음에 활기를 준다. 은총이 아닐 수 없다.

　나는 아궁이에 불을 땔 때마다 조로아스터교 신자가 된다.

저승사자를
돌려보내다

40여 년 전, 중학교 1학년 때로 기억된다. 어머니께서 용하다고 소문이 자자한 점쟁이를 찾아갔다. 사방에서 몰려든 문복객問卜客들이 하도 많아 번호표까지 들고 두 시간 남짓 기다려야만 했다고 한다. 드디어 순서가 되어 아들인 나의 사주팔자를 들이밀었다.

"이 아들은 붓으로 먹고살겠소. 그런데 명이 짧아. 40대 중반까지가 타고난 명이오."

어머니는 아들의 명命이 짧다는 이야기에 꽂혔다. 붓으로 먹고산다는 이야기는 건성으로 들었을 것이다. 그까짓 거, 뭐로 먹고살던 그게 뭐가 중요해. 아들 명이 짧은 게 문제이지. 어머니는 그 점쟁이의 말을 확신한 탓인지 그날 이후부터 아들 명 좀 길게 해달라고 칠성님께 빌었다. 매일 새벽 5시에 정한수井寒水를 떠놓고 칠성기도를 드렸다. 새벽 잠결에 보면 어머니가 찬물 들어 있는 사발 앞에 두 손을 모으고 있는 모습이 눈에 들어오곤 했다.

나는 중·고등학교에 다닐 때 그렇게 글을 잘 쓰지 못했다. 글을 쓴다는 것은 아주 어려운 일이고, 별로 소질이 없다고 생각했다. 그러다가 대학원 석·박사과정 때 조금 자신감이 생겼다. 학교 졸업하고 2년간 은행에 다니다가 적성에 맞지 않아 그만두고 대학원에 들어갔던 것이다. 전공도 하필 '목탁과' 불교학佛教學이었다. 남들은 거의 선택하지 않는 분야였다. 이 산 저 산의 사찰과 암자를 돌아다니는 게 좋아 보여 선택한 전공이었다. 한량으로 놀기에는 아주 좋은 분야라고 착각했던 것이다.

그런데 대학원이라는 데를 가보니 그 핵심이 논문을 쓰는 일이었다. 공부한 것은 결국 논문으로 출력되지 않으면 안 되기 때문이다. 논문 하나가 원고지 평균 100매 분량이다. 처음에는 이 100매의 칸을 어떻게 채울 것인가 눈앞이 캄캄했다. 돛단배 하나로 망망한 태평양을 건너야 하는 기분이었다. 밥을 먹으면서도, 길을 걸으면서도 스토리의 기승전결을 생각했다. 기한 내에 어떻게 해서든지 제출해야 하니까 말이다.

처음에는 두 달 걸리던 작업이 몇 번 해보니까 한 달로 줄어들고 나중에는 2주일 정도로 줄어들었다. 이야기의 기승전결만 머릿속에서 구상이 되면 글로 쓰는 데는 사나흘이면 되는 게 아닌가. 아, 글 쓰는 것도 노력하면 되는 거구나! 나는 20대에 소설책도 별로 읽지 않았다. 논리적이고 핵심만 간추려야 하는 논문을 쓰다가 글쓰기에 자신감을 얻었다. 문장을 아름답게 쓰기보다는 핵심을 어떻게 잘 짚어내고 쉽고 간결하게 표현해내는가에 집중했다.

말을 옮기면 그대로 글이 되도록 노력했다. 그래야 부담이 적다. 말과 글이 따로 놀면 피곤하다. 자연히 짧은 문장을 선호하게 되었다. 어찌어찌 하다 보니까 30대 중반부터 잡지·신문에도 장기간 연재를 하게 되었다. 일간·주간·월간지에 동시에 연재를 했다. 매일 원고지 20~30매씩을 썼다. 일간지는 짧고 함축적으로 써야 하고, 주간지는 한두 호흡이 들어가게 써야 하고, 월간지는 분량이 많으니까 유장한 맛이 나게 써야 한다.

노트북 앞에 앉으면 신기하게도 스토리가 생각이 났다. 그러다가 2006년 병술丙戌년이 왔다. 병술년은 나의 팔자와 참 맞지 않는 해라고 진작부터 여겨왔다. 문제의 40대 중반에 해당하는 시기이기도 했다. 나는 여름에 태어나 불이 많은 팔자다. 태어난 날이 병진丙辰일인데, 여기에서 진辰이 용이고 습토濕土라서 다행히 불을 식혀주는 역할을 한다. 사주명리학에서는 이때의 진辰을 용신用神이라고 부른다. 그런데 병술은 '불붙은 개'의 해다. 술戌은 진辰과 상충相沖의 관계다. 개와 용은 상극이다. 더군다나 병술은 '불개'가 아닌가. 불이 많은 팔자에 불개가 들어오면 용과 박치기를 해서 내 팔자에 불을 지르는 시기가 된다. '병술년에 교통사고가 나려나?' 하고 차 조심만 했더니만 심장으로 액운이 다가왔다. 인체에서 심장이 불에 해당한다. 불개가 심장을 때린 것이다. 왼쪽 겨드랑이 밑에 있는 혈자리인 극천혈極泉穴·천지혈天池穴, 그리고 어깻죽지 뒤에 있는 천종혈天宗穴·견정혈肩貞穴 등이 굳어 버리니까 심장과 소장 쪽에 이상이 생겼다. 초기 심근경색 증상이었다. 그때야 알았다. 아, 중학교 때 점쟁이가 말한 40대 중반에 죽는다는 말이 이거였구나.

그 시기에 대구 팔공산에서 20년간 '부모미생전(父母未生前, 부모의 몸을 빌어 태어나기 전 본래 모습이 무엇인가)의 화두를 연마했던 수산水山 선생이 내가 사는 아파트를 방문했다. 내가 아프다니까 걱정되어 온 것이다. 아파트 문을 열고 들어온 수산 선생의 얼굴 표정이 굳어지는 게 아닌가.

"왜 그럽니까? 뭐가 있습니까?"

"저승사자가 이 집에 와 있네요. 우선 임시방편으로 보냈습니다."

사람이 죽음에 임박하면 저승사자가 미리 와 있는 경우가 많다. 이럴 때는 이사를 가는 것도 방법이다. 우선 번지수를 바꿔야 한다. 다음날 바로 택시를 타자마자 기사에게 주문했다.

"분양 중이거나 어디 분양 안 된 아파트 있으면 그쪽으로 가봅시다."

이렇게 해서 번갯불에 콩 볶아먹듯이 이사를 하게 되었다. 지금 생각하면 12년 전인 2006년 병술년에 나는 죽을 수도 있었지만 죽지 않고 명을 이었다. 수산 선생과의 인연복 因緣福이 크게 작용했다. 운명을 바꾸는 방법 중의 하나가 인연복이다.

그늘의
힘

동양철학의 가장 큰 뼈대는 음양오행陰陽五行이다. 이걸 가지고 하늘의 뜻인 사주팔자도 설명하고 풍수도 보고 인체의 양생과 질병도 설명한다. 그런데 그 앞머리에 음陰이 있다. 음양오행이라는 동양철학 열차의 가장 앞에 선 기관차는 '음'인 것이다. 왜 음이 기관차를 맡았을까? 맨 앞에다 배치했다는 것은 그만큼 비중이 높다는 뜻 아니겠는가.

　　해는 변화가 없지만 달은 매일 변화가 있다. 죽었다가 다시 살아나는 변화를 보고 고대인들은 재생再生의 의미를 부여했다. 초승달에서 보름달로 변하는 모양을 보고 죽었다

살아나는 환생을 생각했다. 태양은 생로병사가 없지만 달은 생로병사가 있다. 생로병사가 있는 달이 인간의 상상력과 정서에 훨씬 더 친근감을 준다. 달은 끌어당기는 인력引力이 있다. 밀물과 썰물은 달의 영향을 받는다.

해양 문화권에서는 만조와 간조 시간이 중요하다. 바닷물이 들어오고 나가는 '물때'를 알아야 한다. 뱃사람들은 태양에는 관심 없고 달의 크기가 관심사였다. 음력으로 매달 초여드렛날(8일)과 스무사흗날(23일)은 '조금'이라고 부른다. 한 달 중 썰물이 가장 셀 때다. 이때 개펄이 가장 많이 드러난다. 조금 때는 잡히는 고기도 다르고, 채취하는 수산물도 평소와 달라진다. 생계가 바다에 있는 사람들의 노동과 수확 시간은 달이 결정한다. 농사에도 달이 중요하다. 배추는 음이고 무는 양이다. 배추는 넓은 이파리가 벌어져 있으므로 음으로 보았고, 무는 양으로 보았다. 농부들 이야기에 따르면 배추는 밤에 달빛을 받고 자란다. 무는 양이므로 햇빛을 보고 쑥쑥 자란다.

달은 바닷물을 끌어당기는 인력이 있다. 인체의 피도 액체이므로 달에 의해 끌어당겨진다. 그래서 초승달이냐, 반달이냐, 보름달이냐에 따라 인체의 피가 미세하게 영향을 받는다. 기감氣感이 예민한 도사들은 이 에너지 차이를 몸으로 느낀다. 도교의 수련이론 가운데 '월체납갑설月體納甲說'이라는 게 있다. 달의 크기(體)에 따라서 호흡 수련의 시간대가 매일 약간씩 달라진다는 수행론이다. 초저녁에 호흡할 때와 달이 중천에 떠오른 자정 무렵에는 달에서 오는 에너지가 다르기 때문이다. 풀무질할 때 아궁이 입구를 조절하는 이치와 같다.

영화 〈씨받이〉에서 씨받이로 들어간 여주인공이 밤에 보름달의 정기를 아랫배로 끌어당기기 위해 심호흡을 하는 장면이 나온다. '흡월정吸月精'이다. 좋은 자식을 잉태하기 위해 달의 정기를 빨아들이는 비전이 우리 조상들에게 있었다. 서양 영화 〈나자리노〉와 〈울프〉를 보면 인간이 늑대나 괴물로 변하는 장면이 나온다. 하필 보름달이 뜰 때 늑대로 변한다. 드라큘라 백작이 나타나 활동하는 시간대도 보름달이 뜨는 시간대로 기억된다. 서양 사람들도 달이 뜨면 그 어떤 에너지가 몸에 들어온다고 느꼈던 것이다. 동양은 달맞이를 좋게 여기고 서양은 재수 없게 여겼다는 차이가 있다. 선탠이 있으면 문탠Moontan도 있다. 요가 수행자들은 보름달이 뜨면 식사량을 줄인다. 달에서 에너지가 많이 들어오므로 음식을 줄여 균형을 맞추는 것이다.

달이 인체에 미치는 영향은 한자에서도 찾아볼 수 있다. 오장육부五臟六腑가 그것이다. 한자의 장臟과 부腑에는 하필 월月 자가 왼쪽에 붙어 있다. 이때의 월은 그냥 달 월이 아니고, '육肉 달 월'이다. 육肉 대신에 월月을 쓴 것이라는 말이다. 그렇다면 여기에서 드는 의문은 '왜 육肉과 월月을 같은 의미로 사용했을까.'이다. 왜 '肉' 자를 '月' 자로 대체했을까. 달이 인간의 육체에 영향을 미친다는 사실을 고대인들이 감지했기 때문이 아니었을까.

우리나라에는 악岳 자가 들어가는 산 여섯 곳이 유명하다. 그중 하나가 충주와 제천에 걸쳐 있는 월악산月岳山이다. 달의 정기가 뭉쳐 있다는 의미의 산이다. 1970년대 중반에 탄허 스님은 '월악산 영봉 위에 달이 뜨고, 그 달이 물에 비치면 30년 후에 여자 임금이 등장하고, 그 여자 임금 후반기에 통일이 된다.'는 풍수도참風水圖讖을 남긴 바 있다.

1983년에 충주댐의 물이 차면서 월악산 위에 뜬 보름달이 물에 비쳤다. 2013년에 박근혜 대통령의 임기가 시작되고 임기 말년에 탄핵되었다. 임기 말년에 통일이 된다고 했는데 탄핵은 무엇인가? 탄핵이 통일과 관련 있다는 말인가? 예언은 시간이 지나봐야 알 수 있다. 박근혜 대통령은 임기를 못 채우고 내려갔다. 그 어떤 남자 대통령보다도 한반도 정세에 엄청난 태풍을 몰고 온 상황을 온 국민이 두 눈으로 지켜보았다. 탄허 스님의 '월악산 예언'대로 통일을 향한 조짐은 이미 일어나고 있다. 과연 예언이 실현될까?

조화와
균형을 위한
시스템적 사고

음양오행陰陽五行 사상은 하나의 거대한 시스템적 사고다. 역사도 2,500여 년이나 되었다. 그런데도 아직까지 우리 생활에 영향을 미치고 있다. 놀라울 정도로 강인한 생명력이다. 그만큼 실용적이기 때문이 아닐까.

음과 양은 하늘에 떠 있는 달과 해를 가리킨다. 천체인 해와 달은 인간에게도 적용된다. 해는 남자, 달은 여자다. 체질에도 음체질과 양체질이 있다. 소음인과 태음인은 음체질에 속한다.

특히 소음인은 21세기에 가장 최적화된 체질이다. 책상에 앉아서 하는 업무에 가장 적합하다. 성질을 잘 내지 않는다. 차분해서 말실수도 적다. 양 체질은 쉽게 열을 받아서 '질러 버리는' 성격 탓에 손해를 많이 보지만 음 체질은 그렇지 않다. 요즘처럼 네이버나 구글 같은 인터넷 검색엔진이 발달한 시대에는 소음인 체질을 지닌 사람이 살아남을 가능성이 가장 높다.

양 체질은 성희롱이나 돈 문제 같은 사고를 자주 쳐서 포털 사이트 실시간 검색어 순위에 오르기 십상이다. 양 체질은 영업직이 맞는다. 부지런하게 돌아다니며 여러 사람을 만나고 사귀는 일을 좋아한다. 김우중 전 대우 회장이 양 체질의 전형이다. 밥도 빨리 먹고 방에 가만히 앉아 있지 못한다.

밥 먹는 속도를 보면 양인陽人인지 음인陰人인지 알 수 있다. 빨리 먹는 사람은 양인이고 천천히 먹으면 음인이다. 말을 많이 하면 양인이고 적게 하면 음인이다. 양인은 약초 가운데 더덕이 맞고, 속이 냉한 음인은 인삼이 어울린다.

음과 양은 자연환경에도 적용된다. 산이 그렇다. 설악산은 양산陽山이고 지리산은 음산陰山이다. 양산을 골산骨山, 음산을 육산肉山이라고 한다. 골산은 바위가 많이 드러난 산이고, 육산은 흙이 많이 덮인 산이다. 우리나라엔 6대 악산岳山이 있는데 '악岳' 자가 들어가는 산들은 양산이고 골산이다. 송악산(개성)·치악산·설악산·모악산·관악산·월악산이다.

예외적으로 월악산에는 월月 자가 들어가기 때문에 여자가 주인공인 산이다. 달은 물에 비칠 때 제맛이 나고 이때 '월인천강月印千江'이 된다. 월악산 산봉우리 위에 뜬 달이 물에 비치면 30년 뒤, 여자 임금이 나온다는 풍수도참風水圖讖이 있었다. 월악산은 우리나라 산신山神 가운데 여산신女山神이 있는 곳으로 유명하기도 하다.

오행五行을 보자. 하늘에 떠 있는 수水, 화火, 목木, 금金, 토土가 오행이다. 여기에 행行을 붙인 이유는 다섯 가지가 고정되지 않고 끊임없이 움직이기 때문이다. 오행을 우리 땅에 대입해보면, 우선 지상에서 물결처럼 잔잔하게 굽이치면서 흘러가는 모양의 산을 수체水體 산으로 본다. 화체火體 산은 불꽃처럼 바위 봉우리가 날카롭게 솟아 있다. 설악산·가야산·대둔산 같은 산이 화체봉이다. 한마디로 '기도발'이 좋은 산들이다. 설악산雪嶽山은 대표적인 화산이다. 백담사百潭寺 자리도 화재 발생을 막기 위한 비보裨補 차원에서 물이 많은 100번째 연못이 있는 터에 절을 세웠다는 이야기가 전해진다. 서울의 관악산冠岳山은 뾰족뾰족한 바위 모양이 불꽃과 같다. 화체火體에 속한다. 닭 벼슬(볏)과 같은 바위 모양은 벼슬을 상징한다. 현재는 서울대가 그 아래에 자리 잡고 있어 벼슬과 무관하지 않다.

목체木體 산은 붓끝처럼 삼각형 모양으로 생긴 산이다. 문필봉이라고도 부른다. 이런 목체 산이 집 앞이나 묏자리 앞에 포진하고 있으면 큰 학자나 문필가가 나온다. 나도 이렇게 글을 써서 먹고 살게 된 것도 증조부 묘 앞에 목체의 문필봉이 있기 때문이라고 믿는다. 금체金體 산은 바가지나 종 모양을 한 산이다. 경기 양평의 칠읍산이 금체 모양의 전형이다. 토체土體 산은 경북 구미의 천생산이다. 책상 또는 두부처럼 끝이 평평한 산이다. 남아프리카공화국 수도인 케이프타운의 '테이블 마운틴(해발 1,086미터)'이 세계적인 토체 형상의 산이다. 토체 산이 앞에 보이면 군왕이 나온다고 믿는다. 천생산 근방에서 박정희가 나왔고, 테이블 마운틴에서는 남아공 최초의 흑인 대통령 넬슨 만델라가 나왔다.

집안 족보의 항렬도 대개 오행의 원리에 따라서 짓는다. 예를 들어 식植 자가 항렬이면 아들 대는 불 화火 변이 들어가는 영燦 자가 될 수 있다. 식植은 나무 목木이 들어가므로 오행의 상생 원리로 볼 때 목생화木生火이기 때문이다. 영燦자 다음 대는 흙 토土 변이 들어가는 규圭 자 항렬이다. 화생토火生土라서 그렇다. 규圭 자 다음 대는 쇠 금金 변이 들어가는 종鐘 자가, 종자 다음 대는 물 수水가 들어가는 영泳 자가 될 수 있다. 영 다음 대는 다시 나무 목木이 들어가는 글자를 택해서 항렬을 정한다. 이렇게 항렬도 오행의 상생 순서로 돌아간다.

인체의 오장육부도 오행원리에 따라 설명된다. 간장肝臟은 목木, 심장心臟은 화火, 위장은 토土, 폐장肺臟은 금金, 신장腎臟은 수水에 해당된다. 간장은 천체 가운데 목성의 영향을 받는다. 목성과 연관이 있는 색깔로는 녹색과 연두색이 있다. 만약 간이 약한 사람이라면 녹색 보석인 에메랄드를 착용하고 다니면 좋다고 본다. 주술적 효과가 있다고 믿는 것이다. 목을 상징하는 숫자는 3과 8이다. 목의 기운이 부족할 경우 전화번호에 3이나 8이 들어가면 재수가 좋다고 본다. 방향으로는 동쪽이 목의 방향이다. 새해 입춘이 되면 목의 기운이 처음 들어오기 시작하는데, 이때는 동쪽 끝인 강원 정동진에 가서 기를 받을 수 있다고 보는 게 음양오행에 담긴 시스템적 사고다.

음양오행은 풍수, 관상, 이름 짓기, 체질 등 일상에서 계속 적용되어 온 세계관이자 경륜, 지혜이다. 핵심은 강한 부분은 눌러주고 약한 부분은 보강해주는 조화와 균형에 있다. 조화를 이루면 모든 것이 통한다. 원활하게 돌아가는 것이다.

큰 인물은 하늘과
인간이 만든다

'시골 면장이라도 하려면 논두렁 정기精氣를 받아야 한다.'는 말이 있다. 나는 이 '정기'라는 것에 대해 수십 년 간 탐구해왔다. 도대체 '정기'가 정말로 존재하는 것인가? 그냥 하는 소리 아닌가? 결론부터 말한다면 정기는 있다. 어떤 인물이 한 명 나오려면 보통 세 가지 조건이 맞아야 한다. 시간과 공간, 그리고 거기에 맞는 인물이다. 이것을 동양사상에서는 '삼재三才'라고 말한다. 삼재란 천시天時와 지리地利, 인사人事를 가리킨다.

　시간은 타이밍이다. 흔히 영웅은 시대를 잘 타고나야 한다는 이야기가 내려온다.《삼국지三國志》에 따르면 사람을 잘 볼 줄 아는 이가 수경水鏡 선생, 즉 사마휘다. 수경은 물에 비치는 것처럼 그 사람의 숨은 자질을 알아채는 능력이 있다고 해서 붙여진 호다. 수경 선생이 추천한 인물이 봉추와 제갈공명이다. 그런데 제갈공명을 추천하면서 한 말이 있다. "천시天時를 못 타고났구나!" 하는 아쉬움이었다. 타이밍이 안 맞았다는 표현이다. 결과적으로 제갈공명은 통일을 이루지 못하고 전쟁 중에 죽었다.

　인물이 출현하는 데는 천시, 즉 타이밍이 중요하다. 유명 컨설팅회사인 맥킨지에서도 다른 요소는 다 분석을 해도 '언제 시작할 것이냐?' 하는 타이밍은 쉽게 제시하지 못한다고 들었다. 공자도 가장 어려운 판단이 '시중時中'이라고 했다. 곧 타이밍을 맞추는 일이다.

　1894년 동학혁명이 일어났을 때 동학군 중에 가장 강력한 무력을 보유했던 인물이 김개남金開南 장군이다. 김개남의 탄생지는 전북 정읍시 산외면山外面이다. 산외면에는 전설적인 명당인 평사낙안平沙落雁 자리가 있다고 해서 태평양 전쟁 말기에는 전국의 명당을 선호하는 이들이 몰려들어 살았던 곳이다. 김개남 탄생지의 풍수터가 어떻게 생겼는지 보려고 20년 전쯤에 두어 번 답사했던 적이 있었다. 당시 동네의 80대 촌로가 김개남에 대해 전해오는 이야기를 들려준 것이 생각난다. "김개남이 다섯 살 무렵에 밭일을 하는 어머니 치마폭을 잡고 있는데, 지나가던 도승道僧이 아이를 보고는 '좋기는 좋다만,

시時가 안 맞구나!' 하면서 지나갔다는 거여.”

　　바둑기사로 유명한 전북 전주 출신의 이창호나 전남 신안 비금도 출신의 이세돌만 해도 그렇다. 만약 이들이 100여 년 전 동학혁명 때 태어났더라면 바둑으로 이름을 날리며 먹고살 수 있었겠는가. 동학혁명군에 가담해 죽창 들고 가다가 충남 공주 우금치 전투에서 전사했을 가능성도 있다. 21세기가 되니까 바둑으로 먹고사는 것이다.

　　타이밍을 모르는 중생을 가리켜 '철부지'라고 부른다. 여기에서 철은 사시사철을 말한다. 지금이 여름인지 겨울인지를 모르면 철부지다. 철을 모르는 게 철부지라는 뜻이다. 겨울에 삼베 팬티 입고, 삼복더위에 오리털 패딩을 입으면 철부지에 해당한다. 가을에 씨 뿌리고 봄이 오면 추수하려고 하는 이가 철부지이다. 그만큼 타이밍을 아는 게 중요하다.

　　인물이 나오기 위한 또 하나의 조건은 '유전자(DNA)'라고 할 수 있다. '왕대밭에 왕대 나고 쑥대밭에 쑥대 난다.'는 말이 있잖은가. 한 집안에는 그 집안의 유전자가 있다. 바로 다음 대에 유전되기도 하지만 몇 대를 지나 나타나는 경우도 있다. 이것을 '격세유전隔世遺傳'이라고 한다. 친가 쪽도 그렇지만 외가 쪽 유전자도 동일한 비중으로 작용한다. 그래서 혼인을 잘 맺어야 한다. 우수한 유전자를 지닌 집안하고 말이다. 예를 들어 증조부가 생전에 주변 사람들에게 덕을 후하게 베풀고 인심이 후하다는 평판을 얻었다면 그 집안 증손자대쯤에 재복이 많은 후손이 태어난다. 이상하게도 사주팔자에 돈이 많이 붙은 손자가 태어나는 사례를 여러 번 봤다. 증조부대에 쌓아놓은 적선積善, 즉 적금을 후대에 가서 이자까지 복리로 받는 셈이다.

　　이 세상에 억지로 되는 일 없고, 이 세상에 공짜는 없다. 만약 외갓집 윗대에 유명한 학자가 한 사람 있었다면 후대에 공부 잘하는 후손이 나온다. 집안이 아무리 찢어지게 가난하더라도 이 후손은 야간 고등학교나 야간 대학이라도 졸업해 고시에 합격하는 경우를 봤다.

인물이 나오는 마지막 조건이 터다. 터에는 두 가지가 있다. 하나는 '태어난 장소가 기운이 뭉쳐 있는 자리인가'이고, 다른 하나는 '조상의 묏자리가 명당인가'다. 기운이 짱짱한 터는 그 자리에 30분 정도 앉아 있어 보면 안다. 기운이 꼬리뼈를 타고 척추를 통해서 올라온다. 이 기운이 뒷머리를 지나 정수리를 넘어 두 눈썹 사이의 미간으로 내려온다. 기감氣感이 예민한 사람은 이걸 느끼지만 둔감한 사람은 못 느낀다. 하지만 기감이 둔한 사람이라도 기운이 좋은 터에 오래 앉아 있으면 피곤하지 않다는 것을 느끼게 된다. 땅에서 올라오는 기운이 충전 작용을 하는 셈이다. 잠을 자보면 가장 확실하게 알 수 있다. 좋은 터에서는 숙면이 가능하다. 무엇보다 자고 나면 몸이 개운해진다. 그리고 꿈에 특별한 장면이 나타나는 경우가 있다. 개꿈과는 다른 차원의 꿈이다. 터 밑바닥에 바위가 깔려 있으면 기운이 강하게 들어온다.

아주 미세한 난자와 정자가 어머니 배 속에서 만날 때는 땅에서 올라오는 지자기地磁氣의 영향을 크게 받는다. 그래서 인물이 태어나는 장소는 비범하다. 정기가 뭉쳐 있다는 뜻이다. 집터 주변의 봉우리 모습도 어떻게 생겼느냐에 따라 기氣의 차원이 다르게 다가온다. 인물은 정기가 뭉쳐 있는 터에서 태어난다는 게 나의 확신이다.

음과 양은 하늘에 떠 있는 달과 해를 가리킨다.

하늘에 떠 있는 수水, 화火, 목木, 금金, 토土가 오행이다.

여기에 행行을 붙인 이유는 다섯 가지가 고정되지 않고

끊임없이 움직이기 때문이다. 그 역사가 2,500여 년을 이어온

음양오행은 하나의 거대한 시스템적 사고다.

또 풍수, 관상, 이름 짓기, 체질 등 일상에서 적용되어 온

경륜과 지혜이다. 핵심은 강한 부분은 눌러주고

약한 부분은 보강해주는 조화와 균형에 있다.

조화를 이루면 모든 것이 통한다. 원활하게 돌아간다. 밝아진다.

인생이란
대몽 속에서
소몽을 꾸다

꿈은 눈에 보이는 세계 너머의 이야기이다. 꿈에도 몇 가지 종류가 있다. 첫째는 주사야몽晝思夜夢이다. 낮에 생각한 일이 밤에 꿈으로 나타난다. 낮 무대에서 벌어진 일은 밤 무대에 저장되고, 밤 무대에서 예시된 일은 낮 무대에서 현실화되기도 한다.

둘째는 선견몽先見夢이다. 미리 일어날 일들이 꿈으로 예시된 경우이다. 큰 사업을 하는 사장 부인들이 선견몽을 잘 꾸는 경우를 여러 번 봤다. 사장은 기획실장 보고서보다는 자기 부인의 선견몽을 더 믿는 경향이 있다. 미리 계약이 성사될 줄 아는 꿈, 중요한 인물을 스카우트 할 때 그 사람이 배신할지, 아니면 회사에 도움이 될지를 꿈으로 안다. 부인이 선견몽을 꾸면 사업에 큰 도움이 된다. 굵직굵직한 판단을 내릴 때, 이럴까 저럴까 망설이는 상황에서 결정적 참고 자료로 작용하기 때문이다.

내가 《500년 내력의 명문가 이야기》라는 책을 쓸 때 꾼 꿈도 선견몽이었다. 나뭇가지가 꼬부라진 소나무에 학이 앉아 있었다. 소나무 주변에는 머리카락이 하얀 노인들이 둘러앉아 있었는데 그 노인들이 나에게 커다란 붓을 한 자루 줬다. 붓이 커서 두 손으로 껴안아야 할 정도였다. 힘들게 낑낑거리면서 붓을 두 손으로 껴안고 무언가를 쓰는 꿈이었다. 꿈에 나타난 노인들이 우리나라 여러 종갓집의 윗대 어른들이 아니었나 생각한다. 민족의 전통을 계승해서 글로 잘 쓰라는 메시지로 해석했다.

셋째는 전생몽前生夢이다. 전생의 자기 모습을 보는 꿈이다. 이는 흔하지 않은 꿈이다. 전생 가운데서도 아주 인상적인 장면이 꿈에 나타나는 경우가 있다. 나도 전생몽을 꿨다. 꿈속에서 나는 머리에 두건을 쓴 채 책이 꽂힌 서재에 있었다. 우리 민화 가운데 〈책가도册架圖〉라는 그림이 있다. 조선시대 후기에 유행했는데 책장에 책들이 꽂혀 있고, 그 사이사이에 찻잔과 도자기, 골동품들이 진열되어 있다. 내 등 뒤로 〈책가도〉 그림처럼 책이 꽂혀 있었고, 그 앞에 놓인 넓은 탁자에는 여러 사람들이 둘러싸고 앉아 책을 읽고 토론하는 모습이었다. 중요한 것은 내가 요즘 현대식 차림이 아니라 조선시대 복장과 헤어스타

일을 한 모습이라는 점이다. 이 때문에 이 꿈은 내 전생의 어느 한 장면을 보여준 것이 아닐까 추측한다. 물론 주관적인 판단이지만 '전생몽'으로 여긴다.

넷째는 천상몽天上夢이다. 천상세계의 장면을 꿈으로 본 경우다. 온갖 꽃이 만발한 꽃동산을 거니는 꿈처럼 총천연색으로 나타난다는 게 특징이다. 나는 아직 천상몽을 꿔보지 못했다.

다섯째는 사대불화몽四大不和夢이다. 사대는 지地·수水·화火·풍風을 가리킨다. 인간은 죽으면 이 사대로 흩어진다. 사대가 모여 있으면 산 것이고, 흩어지면 죽은 것이다. 이 꿈은 한마디로 개꿈을 말한다. 지수화풍이 잘 조화를 이루면 개꿈을 안 꾸지만 걱정과 공포로 짓눌려 있으면 잠을 잘 때도 사대가 화합하지 못한다. 그래서 개꿈을 꾼다. 결국 심리상태가 불안하면 꾸는 꿈이다.

여섯째는 영지몽靈地夢이다. 신령한 땅에 갔을 때 꾸는 꿈이다. 그 땅에서 강한 기가 나오거나, 또는 역대급 고단자가 도 닦았던 장소, 혹은 많은 사람들이 수천 년 동안 기도를 했던 장소에 가면 꿀 수 있는 꿈이다. 내가 인도의 용수(龍樹, 나가르주나) 보살 고향에 갔던 적이 있다. 용수보살은 불교의 논장論藏 중에서 가장 어렵기로 소문난《중론中論》의 저자이기도 하다. 고향은 '나가르주나 콘다'라는 지역이었다. 그 동네에는 용수가 태어난 우물이라고 전해지는 곳이 있었다. 지름이 30미터, 깊이가 10미터쯤 되는 크기였다. 돌계단을 통해서 우물 밑바닥의 물이 고여 있는 데까지 내려가 볼 수 있었다. 왠지 모르게 신령한 기운이 감도는 우물이었다. 그래서 기를 받으려고 우물 밑바닥의 계단 끝에서 30여 분 가만히 앉아 있다가 왔다. 그날 저녁에 숙소에서 꿈을 꾸는데 커다랗고 하얀 용이 나타났다. 남미의 아나콘다 두 배 정도의 크기였는데, 내가 용의 허리통을 손으로 부여잡고 살점을 뜯어 먹는 꿈이었다. 영지는 괜히 영지가 아니라는 사실을 깨달았다.

국립암센터 초대·2대 원장을 지낸 박재갑 교수가 대학 1학년 때 겪은 일이다. 박 교수의 15대조인 박광우(朴光佑, 1495~1545년)는 을사사화 때 직언을 하다가 곤장을 맞고 죽었다. 그의 묘는 400년 넘게 파주 법원리에 있다가 1960년대 후반에 선산이 있는 청주 남이면으로 이장했다. 그때 박 교수의 사촌 형 꿈에 키가 크고 수염이 긴 노인이 나타나 "내가 두고 온 방울을 가져다놓으라."고 말했다. 꿈 이야기를 들은 집안 어른들이 "무슨 방울인가?" 하고 수소문했더니, 묘를 이장하던 날 일꾼 한 명이 관 속에서 나온 방울을 몰래 숨겨 가지고 있었던 것이었다. 조선 선비는 몸에 방울을 차고 다녔다. 방울 소리를 들으며 늘 깨어 있기 위해서였다. 어떻게 400년 전에 죽은 조상이 후손의 꿈에 나타나 "방울 가져다놓으라."고 할 수 있을까. 사후 세계가 영 없다고는 말할 수 없을 듯하다.

　삶이 곧 하나의 대몽大夢이다. 그 속에서 우리는 수많은 소몽小夢을 꾸면서 산다.

절체절명
고비를 넘기는
영적인 힘

한세상 살다 보면 참으로 아슬아슬한 순간이 많다. 지나고 보니 '내가 어떻게 저 고비를 넘어왔을까. 참으로 다행이었다.'라고 느끼는 순간이 여러 번이다. 그 당시에는 내가 잘나서 그 고비를 넘긴 줄 알았다. 하지만 지난 세월을 돌아보니 '눈에 보이지 않는 조상들의 혼령이 도와줬구나.' 하는 생각이 든다.

교통사고를 당했을 때 거의 죽을 수도 있었는데 경미하게 그친 일, 몸이 무척 아파서 세상을 떠날 수도 있었는데 묘하게 도움을 받아서 무사히 넘긴 일, 관재수官災數에 걸려 엄청 고생할 뻔했는데 귀인의 도움으로 헤쳐 나온 일 등이다. 사업가들도 한두 번 자살할 고비를 겪지 않은 사람이 없다. 거의 자살 직전까지 갔다가 예기치 못한 도움이나 상황 반전, 그리고 귀인 덕분에 위기를 극복한 이야기를 들을 때마다 나는 보호령保護靈이 존재한다는 것을 느낀다.

그 사람 뒤에서 위기상황 때마다 도와주는 영적인 힘이 보호령이다. 누구에게나 보호령이 있는 것은 아니다. 따로 보호령이 존재하는 사람이 있다. 이때의 보호령은 대개 그 집 조상들의 영혼이다. 부처나 예수 같은 성인들은 지혜를 주지만, 그 사람 발등에 떨어진 불을 꺼주거나 복을 주는 존재는 조상들의 영혼이라고 나는 생각한다.

보호령이 존재하는 사람들에게는 공통점이 있다. 우선 말이 많지 않다. 상대방과의 대화에서도 주로 듣는 쪽이다. 상대방이 어떤 이야기를 하는지 경청하는 스타일이다. 그리고 쉽게 성질을 내지 않는다. 차분하게 가라앉아 있다. 사소한 일에 잘 삐치지 않는다. 어지간한 일은 대범하게 넘어가는 아량도 있다. 그리고 안색이 탁하지 않고 대체로 맑다. 인격을 갖추었다고 볼 수 있다. 대개 이런 사람들의 등 뒤에서 보호령이 작동하면서 알게 모르게 도와주는 것이다.

하지만 본인은 등 뒤의 보호령이 도와준다는 생각을 못 할 수도 있다. 도와준다는 생각을 하게 될 때는 꿈에 돌아가신 아버지나 어머니 또는 친척이 나타나서 메시지를 전하는 경우다. 그런 꿈을 꾸면 생각이 조금 바뀐다. '어떤 초자연적인 정신세계가 있기는 있는 모양이구나.' 하고 겸손한 마음이 들기도 한다.

서양문화에서는 이런 보호령을 수호천사로 통일했다. 서양그림을 보면 어린아이 얼굴을 하고 등 뒤에는 날개가 달린 모습으로 수호천사가 그려졌다. 개개인의 보호령을 너무 많이 열거하면 복잡해진다. 잘못하면 삿된 길로 빠질 수도 있다. 그래서 도량형 통일하듯 보호령들을 통틀어 수호천사로 통일했다고 본다.

보호령 말고 '몸주(主)'라는 개념도 있다. 몸주는 그 사람의 몸속에 들어와 주인노릇을 한다고 해서 붙여진 이름이다. 보호령과 몸주의 차이는 무엇일까. 보호령은 병풍처럼 등 뒤에 있으면서 그 사람 운명의 고비에서 도움을 준다. 반면 몸주는 병풍처럼 등 뒤에 있지 않고 몸속에 자리를 잡는다. 몸주가 자리를 잡으면 샤먼Shaman, 즉 무당이 된다. 샤먼이 되면 초능력이 생긴다. 상대방의 앞일이나 어떤 사건의 전개과정이 눈에 보인다. 미래를 미리 본다는 것은 권력이다. 권력에는 돈도 따른다. 다른 사람들이 샤먼의 말을 잘 듣고 샤먼에게 복종하는 경우도 생긴다. 앞일을 보는데 어찌 고분고분하지 않겠는가!

그러나 단점이 있다. 매사에 빛과 그림자가 공존하듯이 말이다. 몸주가 자리를 잡아 샤먼이 되면 자유가 없어진다. 이성의 영역이 축소되기 때문이다. 몸주가 하라는 대로 해야 하는 문제가 발생하는 것이다. 자기 생각이 없어지고 몸주의 포로가 된다고나 할까. 이렇게 되면 남들의 미래를 보는 초능력은 얻지만 자신의 자유는 없어진다.

도사와 샤먼의 차이는 이 자유라는 부분에서 발생한다. 상식과 이성에 바탕을 두면서도 미래를 내다보는 초능력이 있으면 도사고, 몸주가 하라는 대로만 하면 샤먼에 머물고 만다. 그리고 샤먼의 능력도 시간이 흐르면 차츰 약화된다. 특히 본인의 사적인 욕망을 충족하는 도구로 미래 예측력을 사용하다 보면 배터리가 방전되어 버린다. 방전되면 껍데기만 남는다. 이게 샤먼의 문제점이다. 접신이 되더라도 그 능력을 공익적인 목적에 쓰면 오래가지만, 자기 돈 버는 데만 쓰면 오래가지 못한다. 보호령과 몸주는 분명 다른 차원이다.

농사, 용과 별과
습토의 노래

한자는 조립식인 경우가 많다. 여러 글자가 상하좌우로 조립되어 의미를 나타낸다. 그러다 보니 조립된 글자를 하나씩 해체시켜 포를 떠보면 원래 의미가 명료하게 파악되는 수가 있다. 한자의 묘미는 조립과 해체가 가능하다는 점이다. 조립해서 새로운 의미를 창출해낼 수도 있고, 해체하면 원래의 단순한 의미를 추적해낼 수 있으니 말이다.

　　포를 뜨는 재미를 주는 한자가 바로 '농農'자다. 농農은 곡曲과 진辰으로 조립을 했다. 곡曲은 '구부러진다'는 뜻도 있지만 '노래'의 의미도 있다. 진辰은 세 가지다. 용龍의 의미, 질펀질펀한 습토濕土의 의미, 그리고 '별'의 뜻을 가진다. 12지에서 진辰은 용띠를 가리킨다. 따라서 곡曲을 노래로 본다면 농農은 '용의 노래'라는 해석이 가능하다. 여기서 한발 더 나아가면 농사는 '용의 노래를 듣는 직업' 또는 '용을 노래 부르게 하는 직업'이 된다.

용龍은 무엇인가? 동양문화권에서는 비를 내리게 해주는 수신水神으로 여겨왔다. 농사에서 가장 중요한 게 비가 오는 일이다. 가뭄이 가장 무서운 재앙이다. 기우제를 지낼 때는 용신龍神에게 빌었다. 용은 구름을 몰고 다닌다. 《주역》에는 '운종룡雲從龍'이라는 표현도 있다. "동성상응同聲相應 동기상구同氣相求 수류습水流濕 화취조火就燥 운종룡雲從龍 풍종호風從虎." 비슷한 소리와 기운이 서로 어울리고 구한다, 물이 습지로 흐르고 불은 마른 데 붙고 구름은 용을 바람은 호랑이를 따른다. 즉 서로 맞는 것들끼리 자연히 모이고 구한다는 뜻이다. 티베트에서는 천둥소리를 용의 울음소리로 생각하고, 번갯불을 용의 혓바닥으로 여긴다.

서양에서는 용을 악마 혹은 사탄으로 여긴다. 서양의 용은 화룡火龍들이다. 유럽의 용은 입에서 불을 뿜는 장면으로 묘사된다. 근래 인기를 얻었던 미국 드라마 〈왕좌의 게임〉을 보면 용이 하늘을 날아다니며 입에서 불을 뿜어 인간을 제압하는 장면이 나오는데, 이는 서양사람들이 생각하는 용의 전형적인 이미지다. 용은 하늘을 날아다니면서 가축과 인간에게 해를 끼치는 괴수怪獸인 것이다. 동양의 용은 수룡水龍이다. 농사지을 비를 내리게 해주는 이로운 수신水神으로 숭배받았다. 농사는 용의 노래가 된다.

진辰은 또한 물이 스며 있는 습토를 가리킨다. 논농사는 물이 있는 땅에서 짓는 농사이고, 습토에서 벼가 잘 자란다. 진辰은 하늘의 별이다. 농사는 '별들의 노래(曲+辰)'가 된다. 농사가 어찌 별들과 관련이 있단 말인가? 나에게 '농사는 별들의 노래'라는 이야기를 들려준 인물은 10여 년 전 전남 보성에서 '오행쌀'을 재배하던 고故 강대인이다. 얼굴 생김새는 강인한 무골武骨 인상이었지만 이야기를 나눠 보니 그이는 전생에 도술道術을 연마하던 도사道士였다는 느낌이 들었다. 도사가 환생해서 유기농 농사를 짓고 있었던 것이다. 기도를 하면 기도발을 받는 체질이었다. 기도발은 별에서 오는 것 아닌가!

강대인이 스위스 바젤이라는 도시에 가서 보았다던 '괴테아눔' 건물 이야기가 지금도 기억난다. 괴테아눔은 신지학자神智學者인 루돌프 슈타이너(1861~1925년)가 괴테를 기념해 지은 건물이다. 건물 모양이 사람 해골처럼 생겼는데, 가운데 강당은 마이크 없이도 청중에게 소리가 잘 들릴 수 있도록 설계되어 있었다고 했다. 맨 꼭대기 층의 다락방같이 생긴 방에 가보면 당대의 예언자이기도 했던 슈타이너가 미래사회가 어떻게 될 것이라는 걸 예견한 그림이 사방에 걸려 있다고 했다. 이 특별한 방은 외국인 출입금지인데 자기는 억지를 써서 잠깐 들어가 그림들을 보았다고 했다. 별들의 에너지를 받아서 농사지어야 한다는 것은 슈타이너의 주장이었다. 이름하여 '생명역동농법'이다. 강대인은 슈타이너의 제자였다.

　나와 만난 몇 년 후, 아주 추웠던 겨울에 고흥 팔영산의 바위 동굴에서 목숨을 걸고 기도하던 강대인은 죽었다. 산에서 기도하다가 그대로 얼어 죽은 것이다. 하도 연락이 없어서 가족들이 기도처에 가보니 강대인은 무릎 꿇고 기도하던 자세 그대로 죽어 있었다고 한다. 어차피 인간은 한번 죽는 것인데, 병원에서 링거 꽂고 비참하게 가는 것보다는 장엄하면서도 깨끗하게 가는 것이 낫다. 전생 도사나 이런 죽음을 맞을 수 있다. 그는 별의 노래를 들으면서 갔을 것이다.

　'배추는 밤에 달빛과 별빛을 받으면서 자라고, 무는 낮에 태양빛을 받으면서 자란다.' 농사를 오랫동안 지어온 시골 촌로들의 이야기다. 배추는 음이니까 밤에 크고, 무는 양이니까 낮에 자라는 게 이치에도 맞다. 한자에서 농사를 해석하면 '용의 노래', '습토의 노래', '별들의 노래'가 된다.

기러기의 비행과
가문의 계보

항렬行列이란 이름을 지을 때 그 집안에서 사용하는 돌림자를 말한다. 항렬이라고 할 때는 '行' 자를 '행'이라고 읽지 않고 '항'이라고 읽는 것이 관례다. 항렬의 모델은 기러기 날아가는 모습이었다. 기러기는 하늘을 날아갈 때 열列을 맞춰 이동한다. 대장이 피라미드의 꼭대기 모양처럼 맨 선두에서 날고, 그 뒤로 줄을 맞춰서 질서정연하게 날아가는 모습이 참 보기에 좋다. 기러기는 한낱 미물이지만 하늘을 날아갈 때 보여주는 집단의 질서가 동양 식자층의 모습에는 아름답게 보였던 모양이다. 기러기는 위아래와 질서를 상징하고 있는 것이다.

유교는 질서를 중시한다. 유교의 핵심은 삼강오륜三綱五倫이다. 강綱과 윤倫이 따지고 보면 질서 아닌가. 질서가 예禮다. 뒤죽박죽 무질서를 아주 싫어하는 것이 유교다. 예禮가 없는 사람은 상대도 하지 말라는 것이 '비례부동非禮不動'이고, 이것이 우암尤庵 송시열의 신념이었다. 기러기 무리가 줄을 맞춰 하늘을 이동하는 모습이 유교의 입맛에 딱 맞았다고나 할까.

조선의 가정은 대가족 제도였다. 자신의 팔고조(八高祖. 친가 외가를 양쪽으로 소급하여 올라가면 8명의 고조高祖가 나옴) 대에까지 소급하여 조상 이름을 알고, 여기에서 파생된 친인척이 모두 집안이라는 범주에 포함되었다. 이 인원이 수백 명이 될 수 있고, 수천 명이 될 수도 있다. 이 수천 명 속에서 자신의 촌수를 어떻게 알 수 있는가.

그것을 아는 방법이 바로 항렬이다. 집안사람을 만나서 항렬을 보면 수천 명이라도 위아래가 바로 구분된다. 할아버지뻘인지, 조카 항렬인지, 아니면 삼촌 항렬인지 말이다. 항렬을 정하는 방식은 집안마다 다르지만, 가장 일반적인 방식은 오행五行의 상생相生 원리대로 정하는 것이다. 수생목水生木·목생화木生火·화생토火生土·토생금土生金·금생수金生水가 오행의 상생 원리다.

삼성 창업자 이병철李秉喆 회장의 예를 들어보자. 李秉喆에서 항렬은 병秉 자다. 秉

을 뜯어보면 나무 목木이 들어가 있다. 이병철 대는 병秉 자 항렬이고, 오행으로는 목木에 해당하는 서열임을 알 수 있다. 오행 상생 원리에 의하면 목 다음에는 목생화木生火이므로 화火가 온다. 이병철 자식 대에는 화火가 들어간 항렬이 와야 하는 것이다.

그 다음 대는 이건희李建熙다. 희熙 자가 항렬이다. 熙는 밑에 점 네 개가 화를 가리킨다. 이맹희, 이창희도 다 희熙 자가 들어간 이름이었다. 희 자 다음에는 어떤 항렬인가? 그 다음 대는 이재용李在鎔으로, 재在 자 항렬이다. 화생토火生土이다. 화 다음 대는 토土 항렬이 오게 되어 있다. 在자를 보면 土가 들어 있다. 이재용의 사촌인 CJ그룹의 이재현도 재在 자를 쓴다.

그 다음 대의 항렬은 금金이 들어가는 글자를 정해야지 맞다. 쇠 금金이 들어간 글자를 옥편에서 찾아보면 수십 개다. 이 수십 개 글자 중에서 어떤 글자를 택해서 항렬로 정할 것인가는 이 집 문중의 어른들이 미리 정해놓는다. 그 원리는 오행의 상생 원리이다.

예를 들어 어떤 사람의 항렬이 식植 자라고 하자. 나무 목木이 들어가 있다. 이 글자 하나를 보고 그 아랫대는 불 화火 변이 들어간 글자가 항렬이겠구나 짐작을 할 수 있다. 그 자식 대에는 불 화火 자가 들어간 영榮 자 등을 쓰면 된다. 윗대는 물 수水 변이 들어간 글자가 항렬이 될 수 있다. 예를 들면 영泳 자다. 泳 자에는 수水 변이 들어가 있기 때문이다. 항렬자는 이름 석 자 가운데 중간에 집어넣었다가 다음 대에는 끝에다 집어넣고, 그 다음에는 다시 중간으로 옮기는 게 상례다.

항렬이 정해져 있으면 이름을 지을 때는 선택할 수 있는 글자가 한 자밖에 없다. 이재용李在鎔을 보면 '이'는 성씨이고 '재'는 항렬이므로 마지막 '용' 자만 선택할 수 있는 것이다. 용鎔 자를 보면 쇠 금金이 들어가 있다. 이름을 지을 때는 부족한 부분을 보강하는 오행을 넣거나, 아니면 너무 강한 요소를 억눌러주는 오행을 넣는다. 이재용을 직접 만나서 물어본 것이 아니므로 짐작할 수밖에 없지만, 이재용의 작명은 오행을 아는 사람이 했을 것이다.

이름을 지을 때 이 '용鎔' 자를 집어넣은 것은 이재용의 타고난 팔자에 금金의 요소가 부족해서였지 않나 싶다. 금金은 가을의 서리 같은 기운, 결단력, 냉혹함 같은 기질을 상징한다. 서양 조폭 영화에 많이 나온 로버트 드 니로 같은 배우의 캐릭터가 금金 체질을 상징한다.

만약에 수가 부족하면 이름에 물 수水 변이 들어간 글자를 택해서 넣는다. 물론 한글 발음도 조화를 이뤄야 한다. 오행비보五行裨補 사상이다. 하늘에는 오성五星이 있고, 땅에는 오행 모양의 산이 있고, 인간의 이름도 이 오행에 맞춰서 지었다. 천지인天地人을 한 줄로 죽 펜다.

죽음에 대한
예행연습

매장은 시신을 땅에 묻는 방식이다. 땅속에 묻으면 시신을 미생물과 벌레, 세균이 분해한다. 그리고 뼈만 남는다. 물론 뼈도 시간이 흐르면 사라진다. 그런데 명당明堂에 묻으면 이 뼈가 오래 보존된다. 명당이라고 소문났던 묘를 파보면 상당한 시간이 흘렀음에도 망자의 누런 황골이 그대로 보존되어 있는 경우를 여러 번 봤다.

뼈에는 혼백魂魄 중에서 백魄이 깃들어 있다. 사람이 죽으면 혼魂은 위로 올라가고, 백魄은 아래로 내려가는데 그것이 뼈에 남아 있다고 본다. 소설가 최명희의 장편 《혼불》에서 혼은 하늘로 올라간다는 뜻이다. 사람이 죽기 전에 혼불이 먼저 나간다. 혼불이 하늘로 높이 올라가면 다음에 환생할 때 좋은 데서 태어나고, 반대로 혼불이 땅바닥에 질질 끌리면서 나가면 좋지 않은 데서 태어난다고 봤다. 죽었을 때 원한이 없으면 '시원섭섭하다'고 하면서 죽 올라가지만, 이승에 집착과 한이 많이 남아 있는 영혼은 시원하게 못 떠난다. 명당에 묘를 쓰면 혼백 중에서 백이 남아 후손에게 영향을 미치는 것으로 나는 알고 있다. 뼈가 조상과 후손을 연결하는 전화기 역할을 하는 셈이다. '나 잘 들어갔다. 너희들 사업도 잘되고 하는 일도 잘되거라.' 하는 식으로 망자의 백과 후손이 교신을 한다.

한자 문화권의 명당을 강조한 매장은 산 자를 위한 장례법이다. 명당에 묘를 쓰면 집안이 잘된다는 풍수적風水的 사생관死生觀의 근거는 뼈와 백에 있다. 대개 매장을 해서 묘를 쓰면 평균 열흘 이내에 망자가 가족과 후손들의 꿈에 나타난다. 환한 표정이거나 깔끔하고 좋은 옷을 입고 나타나면 잘 들어간 것으로 간주한다. 반대로 어두운 표정이거나 뭔가 불편한 상태로 나타나면 묘를 잘못 쓴 것이다. 잘못 썼으면 빨리 이장하거나 화장火葬하는 게 좋다고 생각한다. 이때 화장을 한다는 것은 뼈를 태운다는 의미다.

그러나 요즘은 이장도 쉽지 않다. 땅이 부족한 세상이다. 살 사람 땅도 부족한데 죽은 사람을 좋은 자리를 찾아 묻는다는 것은 어려운 일이다. 땅이야 구했다고 하더라도 어디가 명당인가를 판단하는 것 또한 어려운 일이다. 묏자리는 죽어봐야 판결이 난다. 그 판

결도 바로 나는 게 아니라 시간이 걸려야만 드러난다. 이런 시대적 환경에서는 화장도 대
안이다. 시신을 태우면 '전화'가 오지 않는다. 불로 전화기를 태워 버린 셈이니까. 골치 아
픈 전화는 받지 않는 게 장땡이다. 수맥이 흐르는 자리에 묘를 써서, 망자가 자꾸 가족들
의 꿈에 나타나 '나 춥다, 나 추워!' 하는 메시지를 계속 보내면 이것도 골치 아픈 일이다.
메시지를 보내는데도 불구하고 가족이나 후손들이 외면하면 그 집안에 좋지 않은 사건
사고가 발생할 수 있다. 그래서 화장이 21세기에 맞는 장례법이다. 화장을 하면 '무해무득
無害無得'이다. 해도 없고 득도 없다. 어떻게 보면 화장이야말로 깔끔한 방식이다. 화장도
옛날에는 쉽지 않았다. 나무가 많이 들기 때문이었다. 화장할 때 소요되는 장작을 구하기
어려운 문화권에서는 화장이야말로 돈이 아주 많이 드는 호사스런 장례법이었다.

　　인도는 불에 태우는 화장이다. 다른 몸을 받아서 환생한다고 믿었기 때문에 이승에
서 사용한 육체는 버려야 한다. 죽음이란 낡은 가죽 포대를 벗는 것이므로 미련이 없었다.
화장용 장작을 구하기 어려운 문화권에서는 천장天葬을 했다. 망자의 영혼을 하늘로 직
접 올려 보내는 방식이라고 해서 '천장'이라고 한다. 시신을 도끼나 칼로 토막 내 독수리
나 까마귀가 물어가도록 하는 장례법이다. 새가 물고 간다고 해서 이를 조장鳥葬이라고도

부른다. 땅과 물의 오염을 방지하고, 화장할 때 필요한 목재도 아낄 수 있는 위생적이고 환경보호적인 방법이었다.

토막 난 시신을 물고 갈 수 있는 새는 독수리와 까마귀다. 망자의 육신을 독수리가 물고 하늘로 올라가는 광경을 보면서 고대인들은 망자의 영혼이 하늘로 비상한다고 믿었다. 인간은 하늘로 날아오를 수 없지만 새는 날개를 퍼덕이며 하늘을 날 수 있다. 이 새가 살점과 뼛조각을 물고 가기 때문에 죽은 자의 영혼이 곧바로 하늘로 귀천歸天하는 것 아닌가!

천장을 하는 과정에서 망자의 시신은 도끼와 칼로 참혹하게 난도질당한다. 이 광경은 너무나 잔인하다. 알고 지내는 외과의사가 있는데, 티베트에서 천장하는 광경을 직접 보고 난 후 이틀 정도 정신이 멍한 상태가 되더라는 소감을 말해준 적이 있다. 해발 1,500미터 고원지대에 자리 잡은 중동의 페르시아 문명권에서도 천장이 발달했다.

조선시대 선비들은 중년에 접어들면 '신후지지身後之地'라 하여 자신의 묏자리를 미리 잡아두는 게 관례였다. 죽음에 대한 예행연습이었다. 죽음의 공포와 허무를 해소하는 것이다. 죽음이 눈앞에 있다. 어떻게 예행연습을 해볼 것인가.

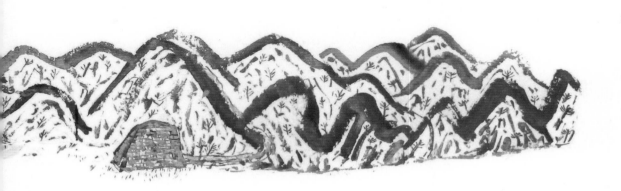

몸은 보이는
마음이다

요가Yoga의 동작은 수백 가지가 있다. 이 수백 가지 동작을 통해 육체를 단련한다. 요가는 일단 육체에 집착한다. 육체가 망가지면 인생은 아무것도 아니다. 정신력도 망가진다. 신외무물身外無物이다. 육체가 먼저 단련되어야 정신도 단련된다는 게 요가의 노선이다. 육체는 '보이는 마음'인 것이다.

대부분의 종교는 육체를 하찮게 여긴다. 하지만 육체를 하찮게 여겼다가는 낭패 본다. 육체를 단련하기 위해서는 일단 육체에 대한 집착이 필요하고, 이 집착은 여러 가지 동작 수련으로 표현된다. 인도 고대어인 산스크리트어로 동작을 '아사나Asana'라고 부른다.

육체를 단련하는 수백 가지 아사나 중에서 나는 '부장가 아사나Bhujangasana'를 중요하게 생각한다. 이른바 코브라 자세이다. 코브라처럼 상체를 위로 들어 올리는 자세다. 바닥에 엎드렸다가 가슴 옆으로 양손을 짚고 서서히 상체를 일으켜 세우는 동작이다. 고개도 뒤로 젖힐 수 있는 데까지 젖혀본다. 마치 코브라가 고개를 들고 일어서 있는 모습과 비슷하다고 해서 아사나 이름도 '부장가(코브라)'다.

이 자세를 하면 좋은 점이 무엇인가? 우선 허리디스크 예방에 좋다. 요추腰椎 3번을 교정한다. 특히 농부들이 밭에서 일을 하다 보면 엎드리거나 허리를 수그린 채 장시간 있게 된다. 도시인들도 대부분 의자에 오랫동안 앉아 있다 보니 척추뼈의 요추 3번 자리가 억눌린다. 앞으로만 굽히니까 문제가 생기는 것이다. 부장가 아사나는 뒤로 젖히는 자세다.

앞으로만 굽히면 허리와 가슴이 구부정하게 변한다. 구부정하게 되면 결국 디스크로 간다. 부장가는 허리 척추뼈를 뒤로 젖히는 동작이다. 후굴後屈 자세다. 나이가 들수록 자세는 앞으로 굽어진다. 굽어지면 겸손해지는 효과는 있지만 앞으로 나아가는 비전은 약해진다.

뒤로 젖혀야 비전이 나온다. 젊은 사람은 뒤로 버티는 자세에 익숙하고 늙으면 앞으로 숙이는 자세에 익숙해진다. 일장일단이 있다. 뒤로 젖혀야 낙천성이 생기고 우울감이 줄어든다. 부장가 아사나는 나이가 들어가면서 앞으로만 굽어지는 허리뼈를 교정해주는 동작인 것이다.

요추 3번을 명문혈命門穴이라 부른다. 사람의 명命이 혈자리를 통해 들락날락하는 것이다. 그만큼 비중 있는 자리다. 아랫배 쪽의 치골 바로 위에 위치한 혈자리가 석문혈石門穴이다. 부장가 아사나를 하면 이 석문혈이 열리는데, 석문혈은 단전호흡의 근본이 되는 혈자리다. 석문혈이 열려야만 단전호흡이 제대로 되는 것이다.

이어서 중완혈中脘穴도 열린다. 배꼽과 명치의 중간쯤에 자리 잡은 혈자리다. 중완혈이 열리면 소화기능이 급속하게 향상된다. 위암을 예방하는 자리이기도 하다.

풍지혈風池穴도 열린다. 뒤통수 쪽 귀밑에 있는 지점이다. 부장가를 하면서 고개를 뒤로 젖히다 보면 풍지혈이 자극되어 열리게 된다. 풍지혈이 열리면 목덜미 잡고 쓰러지는 질병을 예방한다. 뇌졸중, 뇌경색을 예방해주는 것이다. 풍지혈이 막히면 중풍이 온다.

부장가 다음으로 하는 자세가 '쟁기 자세'다. '할라 아사나Halasana'라고 한다. 천장을 보고 누워 있다가 두 다리를 들어 올려 머리 뒤로 젖히는 자세다. 이걸 하면 목 뒤쪽의 뭉친 근육을 풀어준다. 글을 쓴다고 생각을 많이 하고 컴퓨터를 많이 들여다보면 반드시 목 뒤쪽이 뻣뻣해진다. 목 뒤가 굳어 버리면 공황장애도 오고 불면증도 올 수 있다.

쟁기 자세를 10분 정도 하면 목 근육이 풀린다. 목이 풀리면 심장 쪽으로 가는 경락도 풀린다. 심장마비 예방 자세인 것이다. 하타 요가에서 쟁기 자세를 '심장마사지 자세'라고 부르는 이유다. 심장에 쌓인 긴장을 풀어주는 데는 쟁기 자세가 특효다. 수승화강(水昇火降. 차가운 기운은 위로 뜨거운 기운은 아래로 내려가게 하는 원리)의 가장 확실한 처방이기도 하다.

아사나를 자주 하면 허리와 가슴이 펴지고, 뭉친 근육이 풀어진다. 막혀 있던 기氣의 통로가 뚫린다. 몸과 정신의 기운이 잘 돌아간다. 업(業. 카르마Karma)이란 무엇인가. 우리의 말과 행行과 생각으로 인해 생기는 모든 결과가 업이다. 원고 쓸 때 컴퓨터 자판을 두들기는 나는 자꾸 어깨와 가슴이 오그라든다. 이 오그라드는 업보를 청산해주는 자세가 아사나이다. 농부가 밭에서 일하면서 생긴 여러 병통 즉 농사의 업을 청산해주는 것도 아사나이다.

요가는 돈도 들지 않는다. 담요 한 장 방바닥에 깔아놓고 하면 된다. 운동장에 갈 필요도 없고, 필드에 나갈 필요도 없다. 파트너가 있어야 할 수 있는 운동도 아니다. 혼자서, 자기 편한 시간에 할 수 있다. 시간과 공간, 그리고 돈에서 자유로운 운동이 요가이다.

루마니아 출신의 세계적인 종교학자 미르체아 엘리아데Mircea Eliade는 그의 명저《요가》에서 요가의 목표를 '불멸(Immortality)'과 '자유(Freedom)'로 정의한 바 있다. 아사나는 일차적으로 육신의 건강을 목표로 하지만, 최종 지향점은 불멸과 자유다.

인생에서 '불멸'과 '자유'만큼 중요한 가치가 어디 있을까.

하늘의 시계를 보고
나의 위치를 알다

부산에는 조폭 '칠성파七星派'가 아직 명맥을 유지하고 있다고 들었다. 광주의 '서방파西方派'는 먹고살기 힘들어서 와해되었다. 서방파라는 이름은 광주의 서방동西方洞이라는 지명에서 유래한 것으로 알고 있다. 서방동에서 조직이 처음 시작되었기 때문이다. 서방은 불교의 서방정토西方淨土가 그 근거다. 사람이 죽으면 서방정토로 간다. 말하자면 불교의 천당이다. 그런데 칠성파는 아직도 살아있으니 수명이 길다고 하겠다.

우리나라 토속신앙은 세 개의 줄기가 있다. 칠성七星·산신山神·용왕龍王이 그것이다. 하늘에는 북두칠성北斗七星이 있고, 이 북두칠성을 숭배하며 여기에 대고 새벽마다 정한수 떠놓고 기도하는 것이 한민족의 오래된 전통이었다.

산신은 산악숭배다. 불교의 사찰에 가도 대부분 산신을 모시는 산신각山神閣이 있다. 단군도 죽어서 산신이 되었고, 고려왕조 창업자인 왕건도 산신을 모셨으며, 이성계도 속으로는 산신 덕택에 자신이 대권을 잡았다고 생각했다. 최근에도 한국 대권주자들이 중국 태산泰山에 올라가서 대권 잡게 해달라고 기원하는 풍습이 남아 있다. 용왕은 바다의 신 포세이돈에 해당한다. 바닷가 사람들이 용왕을 모신다. 풍랑에 살아남고 고기 많이 잡게 해달라고 빈다.

그렇다면 칠성 신앙의 주특기는 무엇인가? 수명 연장에 있다. 명命이 짧은 팔자를 타고났다고 여기면 북두칠성에 빌었다. 칠성은 시간의 신으로 여겼다. 왜 북두칠성이 시간의 신이 되었을까? 칠성은 별 7개가 국자 모양으로 생겼는데, 이 국자에 생명수生命水를 담아 하늘에서 인간세계에 뿌려준다고 믿었다. 그리고 여섯 번째 별과 일곱 번째의 별을 중시했다. 국자의 손잡이 부분으로 '두병斗柄'이라고도 부른다. 여섯 번째 별 이름이 무곡성武曲星이고, 일곱 번째의 별 이름이 파군성破軍星이다. 무곡성과 파군성을 이으면 손잡이가 되기 때문에 두병이라 한다. 또 이것을 시침(時針. 시를 가리키는 짧은 바늘)이라고도 부른다.

두병이 시곗바늘 역할을 한다. 칠성은 날마다 빙빙 돈다. 가만히 있지 않는다. 그 옛날 시계가 없던 시절에는 칠성의 두병을 보고 지금이 대강 몇 시 정도 되겠구나 하고 짐작했다. 두병이 9시 방향을 가리키면 술시戌時이고, 12시 방향이면 자시子時이고, 5시 방향이면 인시寅時였다.

북방 유목민들은 끝도 잘 보이지 않는 벌판에서 말을 타고 이동했다. 낮에는 그래도 방향을 잡지만 밤에 이동할 때는 캄캄하니까 잘 보이지 않는다. 오직 밤하늘의 별을 보고 방향을 잡을 수밖에 없었다. 그때의 밤하늘에서 가장 중요한 이정표가 바로 칠성이었던 것이다. 칠성의 두병을 보고 지금이 몇 시인가를 알 수 있었고, 두병의 각도를 보고 자신의 방향과 목적지를 예상할 수 있었다.

고대의 북방 유목민족들에게 칠성은 하늘에 매달려 있는 거대한 시계였다. 칠성이 가리키는 방향을 따라가야만 했다. 한걸음 더 나아가면 '내 인생은 지금 몇 시인가?'에 대한 의문을 칠성이 알려준다고 믿었다. 몇 시인가만 알면 대처가 어느 정도 된다. 그런데 우리는 인생의 시간, 즉 타이밍을 알기가 어렵다. 지금이 아침인지 저녁인지, 여름인지 가을인지를 모른다. 봄에 추수하고 가을에 씨를 뿌리면 되겠는가. 봄에 씨를 뿌려야지.

타이밍을 모르는 사람을 가리켜 우리는 '철부지'라고 부른다. '철(時)'을 '부지不知'한다는 의미다. 즉 시간을 모른다는 말이다. 삼복 여름에 오리털 파카 입고 다니고 겨울에 바람 숭숭 새는 삼베 속옷 입고 다니면 철부지가 아닌가. 북방 유목민족의 전통을 계승한 한민족은 오랫동안 하늘의 북두칠성을 '시간의 신'으로 숭배했다. 그래서 명이 짧은 사람은 칠성님께 빌어야만 했다. '시간을 늘려주세요!'

어디 가서 아들 팔자를 본 내 어머니도 아들이 45세에 죽는다는 소리를 듣고, 그 이후로 새벽마다 장독대에 정한수를 떠놓고 칠성님께 빌었다. 아들 명 좀 길게 해달라고. 그 덕분인지 45세의 위기를 넘기고 아직까지 살아있다.

한국 사람은 사람이 죽으면 '돌아가셨다.'라고 말한다. 어디로 돌아갔다는 말일까? 북두칠성으로 돌아갔다는 말이다. 군대에서도 병사가 죽으면 시체를 칠성판七星板 위에 얹어놓는다. 칠성에 돌려보낸다는 의미가 들어 있다. 요즘은 어떤지 모르겠지만 옛날에는 시체를 끈으로 묶을 때도 일곱 마디로 묶었다. 칠성님께 돌아가니까 일곱 마디였다. 이승의 시간이 다 끝났으니까 칠성님께 돌아가서 다시 시간을 배당받아 인도환생人道還生하라는 염원이 담겨 있다. 태엽으로 밥 주는 시계를 연상하면 된다. 죽음은 시계가 정지된 셈이다. 시계가 정지되면 다시 태엽을 감아줘야 한다. 칠성님이 다시 태엽을 감아주는 역할을 한다고 우리 조상들은 믿었다.

우주의 자궁에서
머무는 시간

나는 휴대폰 배경사진에 산山 사진을 깔아놓았다. 산도 산 나름이다. 산도 다 기운이 다르고 분위기가 다르고 맛도 다르다. 내 휴대폰에는 카일라스Kailas산 사진이 들어 있다. 높이는 6,638미터, 히말라야 산맥 티베트 고원에 자리 잡고 있다. 이 산은 네 개 종교에서 모두 성산聖山으로 숭배한다. 힌두교·불교·자이나교 그리고 티베트 불교에서 카일라스산을 최고로 친다.

불교에서 말하는 우주의 중심 수미산須彌山이 바로 카일라스다. 왜 이렇게 카일라스를 신성시할까? 에너지 때문이다. 카일라스는 통바위로 되어 있다는 점이 특징이다. 6,638미터가 모두 하나의 통바위로 이뤄져 있는 산이다. 통바위로 된 산은 에너지가 더욱 강해진다. 조각난 바위는 산에서 뿜어져 나오는 에너지가 분산되지만, 통바위는 하나로 모이므로 묵직하면서도 강력해진다. 조각난 바위의 기운이 권투의 잽에 해당한다면 통바위 기운은 강력한 라이트 훅에 비유할 수 있다.

바위는 여러 가지 광물질을 함유하고 있고, 지구의 지자기地磁氣가 철분·구리 등을 포함한 광물질을 통해 지상으로 분출한다. 마치 분수처럼 뿜어져 나온다고 생각하면 된다. 인체의 피 속에도 철분을 비롯한 광물질이 들어 있다. 바위산을 등산하면 이런 지자기가 인체 핏속의 광물질을 통해 유입된다. 이 지자기가 뇌세포로 들어가 태초 이래의 근원적인 유전자 정보가 저장되어 있는 '아카식 레코드Akashic record'를 개봉하면 신비체험이 발생한다. 카일라스처럼 7,000미터 급의 통바위 산은 지구상에서 찾아보기 힘들다. 원자력 발전소 같은 에너지가 분출되는 산이니까 네 개 종교에서 성산으로 받드는 것이다. 카일라스에 가면 신비체험을 할 가능성이 높다.

사람이 강력한 지자기를 쐬면 업장이 떨어져나간다. 이걸 '자비'와 '심판'이 동시에 이뤄진다고 설명한다. 상처 입은 부분을 보듬어주고 품어주는 게 '자비'라면, 욕망과 에고(Ego, 자아)를 칼로 치듯이 떼어 버리는 게 '심판'의 개념이다. 순례자들은 카일라스산을 한 바퀴 돌면서 기운을 받는다. 라운드 트레킹은 '탑돌이'와 같다.

요가의 대가인 석명石明 선생은 몇 년 전 나에게 카일라스산에 가보기를 권했다.

"푸루샴(나의 요가식 이름)이 거기에 가면 아마도 그 어떤 체험이 있을지도 모릅니다. 자비를 느끼거나 심판의 체험이 있을 겁니다."

석명 선생은 전생에 카일라스산 인근에 있는 호수인 마나스로바의 동굴에서 살았다고 믿는다. 과일만 먹는 과일주의자로 유명한 요기Yogi였다는 것이다.

"이 산이 그렇게도 영험합니까?"

"히말라야에 사는 요기들은 카일라스산이 거대한 링가(男根, 남근)의 모습이라고 여깁니다. 양의 에너지가 아주 강하게 뭉쳐 있다는 거죠. 양이 강하게 뭉쳐 있으면 그 허공에는 자동적으로 음의 에너지가 따라온다고 봅니다. 바늘 가는 데 실이 가는 것이죠. 카일라스 위의 허공에는 우주의 자궁인 요니Yoni의 에너지가 형성되어 있다고 믿어 왔습니다. 사람이 죽으면 육신을 벗은 영혼이 이 우주의 자궁으로 들어갑니다. 우주의 자궁 속에 일정기간 동안 머물다가 다시 인간의 자궁으로 들어갑니다. 죽음이란 인간의 자궁에서 태어나 살다가 우주의 자궁으로 들어가는 것이고, 태어남이란 우주의 자궁에서 있다가 인간의 자궁으로 돌아오는 것이죠."

두 개의 자궁 가운데 어느 쪽이 종착점인지는 헷갈린다. 히말라야의 요기들은 우주의 자궁에 머무르는 기간을 대개 49일로 본다. 왜 49일인가? 인체에는 일곱 개의 중요한 차크라(Chakra, 기혈氣穴, 정신적 힘의 중심점)가 있는데, 사람이 죽어서 우주의 자궁인 요니에 들어가면 한 개의 차크라에 쌓여 있던 업장을 푸는 데 7일이 걸린다. 일곱 바퀴를 돌아야만 속세에서 쌓았던 업장을 푼다고 한다. 차크라 하나 푸는 데 일곱 바퀴를 돌아야 하고, 7일이 걸리니까 일곱 개 차크라의 업장을 풀어내려면 49일이 걸린다는 계산이 나온다. 이렇게 해서 49일이 나온 셈이다. 이 49일을 불교에서도 같이 쓴다. 49재다. 불교에서는 사람이 죽으면 49일 이내에 다시 인간의 자궁으로 탁태托胎되어 들어온다는 입장이다. 인도의 오래된 사생관死生觀과 궤를 같이하고 있다.

차크라도 일곱 개지만, 북두칠성도 일곱 개의 별이다. 흥미롭게도 똑같이 일곱 개다. 49도 7×7에서 도출된 숫자다. 7의 변주變奏다. 북방 유목민족의 전통을 계승한 우리 조상들은 북두칠성으로 돌아간다고 믿었다. 칠성은 인도 힌두교의 일곱 개 차크라의 사생 관념과도 일맥상통한다.

현대과학은 모든 종교를 근거 없는 미신으로 만들어놓았다. 그러고 나서는 생生과 사死를 책임지는 설명을 내놓지 못하고 있다. 우리는 어디에서 와서 어디로 가는가? 부정은 하면서도 대안은 제시하지 못하는 게 현재의 과학이다. 삶과 죽음이 가장 큰 일이건만 세월은 덧없이 빨리 흐른다, '생사대사生死大事요 무상신속無常迅速이다.'라는 옛 어른들의 말씀이 뇌리를 떠나지 않는다.

2장

<ruby>地<rt>지</rt></ruby> <ruby>理<rt>리</rt></ruby>

지리

길은 늘 사방으로 열려 있다네

잘 먹고 잘 자고
잘 웃는
그곳이 좋은 터

좋은 집터란 자기에게 맞는 집터를 말한다. 여기에는 상대적 요소가 있다. 다른 사람에게는 맞아도 자기에게는 안 맞을 수도 있고, 그 반대의 경우도 있다. 보통 머리를 많이 쓰는 직업은 약간 센 터가 맞고, 그렇지 않고 몸을 많이 쓰는 직업은 부드러운 터가 좋다. 머리를 많이 쓴다는 것은 상단전上丹田의 에너지를 많이 소비한다는 말이다. 이런 사람은 바위가 어느 정도 있는 터가 좋다. 바위에서 나오는 기운이 상단전을 보충해준다. 그러나 바위가 너무 많은 터는 일반인이 살기에 부담스러운 터다. 살기殺氣로 작용한다.

서울의 평창동 같은 동네는 바위산에 올라타 있는 형국이다. 밑바닥이 단단한 화강암이다. 이런 터는 두뇌를 많이 쓰는 직업군에 유리한 집터다. 화가·디자이너·작가·영화감독·광고전문가·학자 등이다. 이른바 '스파크'로 먹고 사는 직업이다. 아이디어는 스파크처럼 튀어오른다. 암반에서 스파크가 튄다. 평창동에는 이런 직업군에 속하는 사람이 400여 명 거주하는 것으로 알고 있다. 바둑기사 조훈현, 방송작가 김수현, 이어령 전 장관 같은 경우가 평창동에 산다. 모두 '스파크' 직업 아니겠는가.

물론 '사업가는 스파크가 필요 없느냐?' 하면 그건 아니다. 그렇지만 사업가는 지구력과 안정감 같은 요소가 더 중요한 비중을 차지한다. 그러려면 물이 보이는 곳이 사업가에게는 더 맞다고 본다. 하지만 이 부분도 일률적으로 이야기할 수 없다. 어떤 사업가에게는 바위가 많은 센 터가 더 맞을 수도 있다. 다른 사람은 220볼트의 에너지를 타고났지만 어떤 사람은 500볼트를 타고난 경우도 있다. 타고난 국량局量이 큰 사람들은 500볼트 터가 더 맞다.

집터가 자기에게 맞는다는 것은 어떻게 아는가? 우선 건강이 좋아진다. 새 집으로 이사 가서 건강이 좋아지고 이상이 없으면 일단 그 집터는 맞는 집터라고 판단해야 한다. 명당의 첫째 기능이 건강이다. 몸 아프면 아무리 좌청룡·우백호, 안산(案山. 집터나 묏자리의 맞은편에 있는 산)이 좋더라도 자기에게 안 맞는 터다. 기간은 3년 안에 결판난다. 3년 정도

살아봐서 건강에 이상이 없고, 큰 사건사고가 없고, 소송분쟁 사건이 발생하지 않으면 그 터는 명당이라고 봐도 좋다. 터가 안 좋으면 3년 이내에 사단이 발생한다. 3년이 지나도 문제없으면 검증된 셈이다.

　좋은 집터는 그 터에서 하룻밤 자고 나면 아는 수도 있다. 잠을 잘 때 숙면이 되는가의 여부다. 잠이 깊게 들고, 자고 나서 몸이 상쾌하면 좋은 터이다. 사람은 잠을 잘 때 편하게 자야 한다. 자면서 낮에 쌓인 긴장과 스트레스가 풀려야 한다. 풀린다는 증거는 숙면 여부다.

　반대로 잠을 자도 잔 것 같지 않은 터는 좋지 않은 곳이다. 좋지 않은 곳은 어떤 터인가? 수맥이 흐르는 경우를 우선 꼽을 수 있다. 물은 에너지 흐름을 교란시키는 작용을 한다. 몸의 고유한 에너지 흐름을 수맥이 교란시킬 수 있다. 이게 누적되면 병이 온다.

　기공氣功 수련을 하는 예민한 도사들은 심지어 보일러 방에서 잠을 잘 못 잔다. 보일러 관을 타고 흐르는 물의 흐름이 등짝에서 감지되기 때문이다. 보일러 관의 물이 돌면서 도사의 기경팔맥奇經八脈 에너지 흐름을 방해한다. 깊은 삼매三昧에 들어가지 못한다. 내가 아는 도사들은 그래서 보일러 방에서는 잠을 자지 않고, 장작을 때는 구들장 방을 선호한다. 몸이 이렇게 예민하게 변하면 외출도 제대로 못 하므로 불편한 인생을 살아야 한다. 도사되는 것도 꼭 좋은 일은 아니다.

　집터가 좋지 않은 경우는 그 터에 부정적인 에너지가 응축되어 있는 경우다. 옛날에 전쟁터였다거나 대형사고가 나서 사람이 많이 죽은 터는 피해야 한다. 요즘에는 공동묘지였던 곳을 불도저로 밀고 그 위에 아파트를 새로 짓기도 한다. 아파트에 입주하는 사람은 그 터가 예전에 공동묘지였는지를 알 수가 없다. 뭣도 모르고 들어가서 낭패를 본다. 새로 이사를 갈 때도 전 주인이 잘되었는가를 참고해야 한다. 자식들도 다 잘되었는가, 부자가 되어 나갔는가 등을 봐야 한다. 망조 들어서 나간 집은 가격이 싸다고 해서 함부로 들어가는 게 아니다. 싼 게 비지떡이라고 했다. 비싸고 싼 걸 꼭 시세에 비춰 판단할 일이 아니다.

자기에게 맞는 집터를 구하게 되면 꿈에 현몽하기도 한다. 내가 전남 장성 축령산의 휴휴산방 터를 구할 때 현몽이 있었다. 꿈에 '네가 살 집이다.'라는 소리와 함께 집터가 보였는데 며칠 후 지인의 소개로 그 터에 가보니 꿈에 본 광경과 똑같았다. 그래서 바로 샀다.

집만 한 번 보고 왔는데 갔다 와서 특별한 꿈을 꾸는 수도 있다. 아니면 집을 보러 가기 전에 미리 집터와 관련된 꿈을 꾸기도 한다. 인생은 4차원도 있고, 5차원의 세계도 있는 것 같다. 좋은 명당 터를 구입하면 운세도 바뀐다. 좋아진다는 말이다. 터는 인간의 이성으로는 측량할 수 없는 불가사의不可思議한 측면이 있다.

동네 장날도
아무렇게나
정하지 않았다

'하늘에서 이루어진 것같이 땅에서도 이루어지이다.'

기독교 '주기도문'에 나오는 문장이다. 땅을 보는 풍수를 공부하면서 난데없이 이 주기도문 구절이 자주 머리에 와 닿는다. 동양사상에서 하늘이라고 할 때는 별을 가리킨다. 태양과 달이 인간에게 가장 영향을 많이 주고, 그 다음에는 수성·화성·목성·금성·토성이다. 그래서 음양오행이다.

하늘의 일곱 개 별은 땅에도 있다. 산을 볼 때 보통 음양오행으로 분류해서 본다는 말이다. 우선 음산陰山과 양산陽山이 있다. 음산은 흙이 표면에 많이 덮여 있는 산이다. 지리산·오대산·무등산 같은 산이 육산肉山이고 음산이다. 양산은 골산骨山이기도 하다. 바위가 많이 노출된 산이다. 바위는 인간의 뼈(骨)에 해당한다. 북한산·설악산·가야산(합천)·대둔산들이다. 보통 악岳 자가 들어가는 산들은 골산으로 분류된다. 설악산·치악산·월악산·운악산·관악산·모악산이 우리나라에서 악 자가 들어가는 유명한 산이다.

악 자가 들어가면 바위가 험하다는 이야기이고, 바위가 험한 산들이 기도발이 잘 받는다. 바위에서 지자기地磁氣가 분출되기 때문이다. 기운이 탈진해 힘이 없을 때는 골산으로 가는 게 좋다. 인간관계에서 상처를 많이 받고 분노심이 일어날 때는 지리산이 효과적이다. 지리산은 따뜻하게 품어주고, 설악산은 기백과 패기를 불어넣어준다. 골산과 육산 두 군데를 왔다 갔다 하는 것도 방법이다.

목형산木型山은 어떻게 생겼나? 삼각형처럼 끝이 뾰족한 모습이다. 붓의 끝 모양처럼 뾰족한 산이 목산木山이다. 이를 문필봉文筆峰이라 부른다. 동네 앞에 문필봉이 바라보이면 그 동네에서는 반드시 유명한 학자나 인물이 배출된다. 확률 80%다. 유명한 학자가 나온 전국의 동네를 직접 답사해보니 거의 모든 동네 앞에 문필봉이 보였다. 지하철 4호선 타고 안산 근처를 지나다 보면 삼각형의 잘 생긴 문필봉이 보이는데, 짐작컨대 조선 후기의 실학자 성호星湖 이익 선생이 살던 집터에서 그 봉우리가 보일 것이다.

경남 산청군 생초면도 그렇다. 생초면 동네 앞으로 필봉산筆峰山이 포진해 있다. 산 이름이 아예 필봉산이다. 삼각형 모습이 뚜렷하다. 생초에서 근래에 교수나 박사, 고시 합격자들이 즐비하게 나왔다. 전남 장성군에 가면 조선 전기의 학자 하서河西 김인후를 모셔놓은 필암서원筆岩書院이 있다. 용진산이 날카로운 필봉筆峰이기 때문이다. 이 용진산의 필봉 덕분에 장성 일대에서 명사들이 나왔다고 나는 믿는다.

화산火山은 어떤 산인가? 바위 봉우리들이 불꽃처럼 이글거리는 모양의 산이다. 가야산(합천)·설악산·달마산 등이 대표적이다. 이런 산들은 기도발이 잘 받는다. 기도발은 불꽃처럼 다가오는 속성이 있다. 그래서 유교에서는 문필봉을 좋아하지만 불교 사찰에서는 화산을 좋아한다.

토산土山은 무엇인가? 테이블 또는 두부 모양처럼 정상부가 평평한 모습의 산이다. 토체산土體山이 앞에 보이면 군왕이 나오거나 훌륭한 인격자가 나오거나 재력가가 배출된다고 본다. 박정희 대통령 할머니 묘 앞에서 보면 천생산天生山이 테이블처럼 평평한 모양으로 보인다. 풍수가들은 이 천생산 덕분에 빈농의 아들이었던 박정희가 대통령이 되었다고 여긴다. 경남 진주시 지수면에 가면 대기업 LG와 GS 집안의 기와집들이 즐비하다. 두 재벌의 고향이다. 지수에서 앞산을 바라보면 도로 건너편에 마치 밥상처럼 네모지게 생긴 산이 눈앞에 들어온다. 토체 안산案山이다. 이 밥상처럼 생긴 산이 두 재벌의 모태라고 나는 믿는다.

금산金山은 어떤가? 바가지 또는 종鍾 모양처럼 생긴 산이다. 이것도 재물로 본다. 노적봉 형태에 해당하기 때문이다. 삼성 창업주 이병철의 생가인 경남 의령군 정곡면에 가면 이 금체형의 산이 많이 보인다. 수산水山은 물결처럼 산이 평탄하게 흘러내려간 형태이다. 보통 수산은 소가 누운 와우형臥牛形이 많다.

상수학(象數學. 구조와 형상, 상징·숫자 등으로 자연의 변화를 이해하고 예측하는 동양학)에서 수水

는 숫자로 1과 6이다. 화火는 2와 7, 목木은 3과 8, 금金은 4와 9, 토土는 5와 10이다. 만약 그 동네의 주산主山 모습이 목형이라면 그 동네의 장날도 3일과 8일로 정했다. 4일과 9일이 장날이라면 주산 형태가 금체형이라고 멀리서도 추론할 수 있다.

동네 장날도 아무렇게나 정한 것이 아니고 이처럼 그 지역의 풍수적 원리를 참고해 정했다. 하늘의 별들이 땅에서도 그대로 작동되는 것을 풍수사상에서는 질서라고 보았다. 풍수는 시스템System적 사고인 것이다. 하늘과 땅과 인간이 서로 유기적으로 연결되어 있고, 이 연결에서 감응感應이 온다고 믿었다.

사람을 살리는
땅으로 가라

십승지十勝地는 '10군데의 뛰어난 땅'을 가리킨다. 뛰어난 땅이란 난리가 났을 때 목숨을 보전하며 자급자족이 가능한 곳을 말한다. 임진왜란·병자호란을 겪으며 민초들 사이에서 자연스럽게 회자된 곳들이다. 나라가 백성을 전혀 보호해주지 못하고 내버려둔 상태에서는 민초들 스스로가 각자도생하는 수밖에 없다. 내 생명과 내 가족의 안전은 내가 알아서 지킬 수밖에.

중국에서는 이렇게 선택된 장소를 동천洞天·복지福地라고 불렀다. 10대 동천, 36소 동천, 72복지가 거론된다. 대개 중국의 명산들이 여기에 해당한다. 조선에서는 이를 '승지勝地'라고 불렀다. 조선도 여기저기 바위에 '○○동천'이라고 새겨진 곳이 많다. 경관이 수려한 산골 동네 앞의 바위나 사찰이 자리 잡고 있는 골짜기의 바위에 동천이라고 새겨놓은 곳이 가끔 발견된다. 하지만 승지 개념보다는 더 열려 있고 일반인이 쉽게 접근할 수 있는 곳들이다.

승지는 접근이 어려운 오지奧地라는 의미가 강하다. 10군데는 경북 영주 풍기읍 금계촌金鷄村 일대, 봉화 화산花山의 소령고기(召嶺古基. 지금의 봉화 춘양면 일대), 예천 용문면의 금당동金堂洞 북쪽, 충북 보은 속리산면의 증항甑項 근처, 충남 공주 유구읍維鳩邑과 마곡사麻谷寺 사이(이른바 유마지간), 강원 영월 정동쪽 상류 영월읍 거운리 일대, 전북 남원 운봉읍 동점촌銅店村 주변, 무주 무풍면 북쪽 덕유산 골짜기, 부안 변산면의 호암壺巖, 경남 합천 가야산 남쪽 만수동萬壽洞 골짜기다. 이밖에 경북 상주의 우복동을 포함시키기도 한다.

십승지에서 대체로 맨 처음에 등장하는 곳이 풍기의 금계포란(金鷄抱卵. 금계촌)이다. 왜 풍기가 가장 앞에 나오는지 의문이었는데, 최근에 소백산의 약초를 뜯어 요리로 개발한 약선당藥膳堂 주인을 만나 그 이야기를 듣게 되었다.

먼저 풍기는 소백산의 품에 안겨 있는 동네다. 태백산과 달리 소백산은 뻗어나가는 봉우리들이 북서쪽을 막아주는 병풍 형태로 되어 있다. 태백산이 세로로 뻗어 있다면 소백산은 가로로 뻗어 있는 셈이다. 그래서 북서쪽의 바람을 막아준다. 그 아늑한 곳에 풍기가 자리 잡고 있는 것이다.

소백산은 비로봉·연화봉·도솔봉 등 여러 봉우리를 가지고 있다. 풍기에서 보자면 연화봉은 북쪽에 있고 도솔봉은 서북쪽에 있다. 겨울에 불어오는 찬바람인 북서풍은 도솔봉이 막아준다. 서북은 살풍殺風이 부는 방향이라서 풍수에서는 위험시하는 방향인데, 풍기의 서북을 도솔봉이 굳건하게 막아주고 있다. 약선당 주인 이야기로는 연화봉에는 약초가 많지만, 도솔봉에는 약초가 별로 없다고 한다. 서북풍의 영향 때문이 아닌가 싶다.

풍기는 그 전체적인 지형이 겨울 살풍을 막아주는 아늑한 곳이고, 소백산이 육산肉山에 가까워서 먹을 게 많이 난다. 십승지 1번지인 금계포란은 이 소백산의 가장 안온한 지점에 자리 잡고 있다. 풍수에서 '금계金鷄'는 산봉우리가 바가지처럼 둥그런 봉우리를 가리킨다. 둥그런 봉우리가 크면 봉황으로 보아 '비봉포란(飛鳳抱卵. 봉황이 알을 품고 있음)', 조금 작으면 닭으로 여겨 '금계포란'이라 했다. 금계포란은 연화봉 아래쪽 남향에 있다. 주변의 산봉우리가 둥글둥글하게 보인다. 금닭들이 모여 있다. 살기殺氣가 안 보인다. 부드럽게 흙으로 덮여 있다. 결정적인 요소는 금계촌 안에는 농사지을 공간이 넓다는 것이다.

금계촌이 일반인들이 모여 살 수 있는 십승지라면, 소백산의 정수는 희방사喜方寺다. 옛날에 희방사는 계곡 골짜기를 십 리 넘게 걸어서 올라가야 나왔다. 숨을 헐떡거리며 올라가면 희방폭포가 기다린다. 바위절벽에서 떨어지는 폭포가 앞을 가린다. 길이 끝났는가 싶어서 폭포 앞에서 쉬고 있으면 폭포 옆의 절벽으로 조그만 샛길이 하나 보인다. 이 샛길로 지친 몸을 이끌고 더 올라가면 그때 비로소 희방사가 눈에 들어온다. 지금은 옆으로 자동차 길이 났지만, 옛날에는 희방사가 인간세계에서 종적을 숨기고 소백산의 품에 안겨 천지자연과 하나가 될 수 있는 별천지였겠다는 생각이 든다.

조선 중기 학자 남사고가 쓴 예언서 《남사고비결南師古秘訣》에는 소백산을 '사람을 살리는 산'이라고 나와 있다. 구한말 나라가 망하면서 안전한 곳을 찾아 떠돌던 이 땅의 민초들에게 소백산 자락의 풍기 금계포란은 유토피아로 여겨졌다. 특히 이북 사람들이 동학혁명 이후부터 풍기로 이사 오기 시작했다. 해방 이후에도 왔다. 풍기 인견과 인삼이 이민 온 이북 사람들의 생계수단이었다. 풍기는《정감록》을 신봉한 비결파秘訣派의 고향이다. 10·26이라는 난리에 죽지 않고 살아난 당시 대통령 비서실장 김계원도 풍기 사람이다. 이북에서 내려온 비결파의 후손이다.

퇴계 이황은 젊은 날 소백산에 오르기를 꿈꾸었다가 49세 때 풍기 군수로 부임한 뒤에야 올랐다. 소백산 기행을 마친 뒤 남긴 기행문이《유소백산록遊小白山錄》이다. 멀리서 바라만 보고 가 보기를 꿈꾸었던 소백산에 오를 수 있어서 기쁘고 다행이었다고 했다. 산세에 감탄하며 바위에 이름을 지어주고 시를 읊었다. 기록에는 이런 문장도 있다.

"영남은 사대부가 많은 고장이다. 영주 풍기에는 예로부터 큰 선비들이 수없이 많았는데 이곳을 찾은 사람이 그리 없었을까. 이곳에 대한 기록이 전하지 않아서 그런 것인가? 나의 생각으로는 소백산의 정기를 받아 태어난 이들이 중원中原에 이름을 떨쳐 반드시 이 산에 올라 이 산을 노래하고 즐기었을 텐데 그 자취가 남아 있지 않으니 참으로 애석하다."

국내 오지여행을 즐기는 이들에게는 소백산 풍기를 비롯한 십승지 마을도 한 번 찾아가볼 것을 권한다. 자녀들을 대동해 역사나 풍수지리 이야기를 곁들여도 좋을 것이다.

길이 험하니
늦다고 꾸짖지 말게나

경상도 사투리로 '벼랑'을 '비리'라고 부른다. '토끼비리'는 토끼가 다닐 만한 벼랑길을 일컫는다. 아주 좁은 절벽길이다. 이 길은 경북 문경시 마성면 진남鎭南에 있는 옛길이다. 석현성 진남문에서 오정산과 영강으로 이어지는 바위 절벽의 중간에 길을 낸 것이다.

왕건이 후백제 왕 견훤에게 쫓겨 도망갈 때 여기에 이르렀는데 앞을 보니 절벽으로 길이 막혀 있었다. 그때 마침 토끼가 절벽의 중간 허리쯤을 타고 도망가는 것을 보고 잘하면 사람도 갈 수 있겠다 싶어 뒤따랐다고 한다. 영남대로嶺南大路 상에서 가장 험한 길로 알려져 있다.

문경에서 충북 충주로 넘어가는 길이 조령鳥嶺 고갯길인데, 문경새재로 들어가는 초입에 토끼비리가 있는 셈이다. 15년 전쯤부터 '한 번 가볼 만한 아슬아슬한 길'이라는 이야기를 들었지만 실천에 옮기지 못하고 있다가 마음먹고 밟아보게 되었다. 생사봉도生死逢道라고 했던가. 생과 사를 길에서 맞이하겠다는 철학을 가진 일본사람도 있는데, 하물며 '로드Road 칼럼'을 쓰는 사람이 어찌 길을 걸어보지 않고 글을 쓸 수 있겠는가. 이런 길을 걸을 때는 당일치기로 일정을 잡으면 안 된다. 근처에서 하룻밤 묵으며 느긋하게 주변 풍광을 감상하면서 천천히 걸어야 한다.

문경에서 교장으로 정년퇴직한 선생이 운영하는 펜션에서 묵기로 했다. 선생은 내 글을 좋아하는 독자다. 펜션 이름이 가인강산佳人江山, 여기에서 하룻밤 묵으며 영강의 물소리를 들었다. 마침 비가 많이 내린 뒤라 물소리가 밤새 들렸다.

창문을 열어보니 토끼비리 길이 보이는 오정산 절벽이 병풍처럼 둘러싸여 있다. 바위 절벽과 냇물이 어우러져 서로 끼고 돌아가면 그곳은 대부분 절경이다. 아침 일찍 일어나 토끼비리를 걸었다. 절벽 중간을 가로지르는 길이다. 벼랑 끝의 튀어나온 바위 바닥이 반질반질하다. 우마차나 수레는 다닐 수 없는 좁은 길을 사람이 걸으면서 생긴 흔적이다. 신발도 등산화가 어디 있었겠는가. 짚신을 신고 다녔을 것이다. 짚신 발로 바위가 이렇게 매끄럽게 변했을 정도라면 얼마나 많은 사람들이 오랜 세월 동안 걸어 다녔겠는가.

바위 절벽의 험한 곳은 턱이 겨우 20센티미터 밖에 안 되어 보였다. 간신히 한 발 디딜 수 있는 틈이다. 여차해서 잘못 발을 디뎌 미끄러지면 70~80미터 아래 낭떠러지로 떨어진다. 진땀나는 길이다. 지금은 관광객의 안전을 위해 목조 계단을 설치했기 때문에 과거의 긴장감과 현장감을 느끼지는 못한다. 이 위험한 길은 대강 1킬로미터 정도 이어진다.

이 길은 어떤 사람들이 다녔을까? 주로 서울에 과거시험을 보러 가던 수험생들이었다. 영남에서 서울로 올라가는 세 가지 길이 있었다. 모두 도보로만 갈 수 있는 길이었다. 산이 많은 조선 산천은 우마차의 통행이 불가능한 구조였다. 추풍령을 넘어가는 길은 김천에서 영동으로 넘어가는 길이다. 과거 수험생들은 추풍낙엽처럼 떨어진다고 해서 이 길을 선호하지 않았다고 한다. 죽령길은 영주에서 단양으로 넘어가는 길이다. '죽 미끄러진다.'는 이야기가 있었다. 그래서 가장 많이 다니던 길이 문경새재, 즉 경사로운 소식을 듣는다는 문경聞慶에서 충주로 넘어가는 조령길이었다.

길이란 무엇인가? 로마에 가서 아피아 가도를 걸어본 적이 있다. 기원전 312년부터 만들기 시작한 이 도로는 로마를 중심으로 방사상으로 이어지며 각 도시를 연결했다. 그 물망 같은 도로의 전체 길이는 무려 30여만 킬로미터, 지구를 일곱 바퀴 돌 수 있는 거리이다. '모든 길은 로마로 통한다.'는 말이 여기에서 나왔다. 벽돌과 차돌로 바닥을 깔아놓아 네 마리 말이 끄는 마차가 다닐 수 있을 만큼 넉넉한 길이다. 그 바닥의 단단함과 넓이가 아시아 사람을 압도했다. 비가 와도 질척거리지 않는 도로였다. 아피아 가도는 제국의 길이었다. 제국의 파워를 느끼게 해주는 길이었다.

일본 교토의 '철학의 길'도 걸어보았다. 난젠지(南禪寺)에서 시작되는 이 길은 하천 옆을 따라 2.5킬로미터 정도 된다. 일본의 철학자 니시다 기타로가 사랑한 길이다. 과연 사색의 길이었다. 서양 철학을 바탕으로 동아시아 고유의 철학 이론을 세우려 한 이른바 교토학파(京都学派)가 이 길을 걸으면서 탄생되었다. 걷기는 철학자의 생각의 도구이다. 그리스의 아리스토텔레스학파인 소요逍遙학파도 '걷는 사람들'이란 뜻이다. 철학자 루소는 "나는 걸을 때만 생각한다. 걸음을 멈추면 생각도 멈춘다."고 했다.

그렇다면 토끼비리는 어떤 길인가? 벼슬의 길이었다. 과거를 보기 위해서 가는 길이었다. 등짐을 이고 진 장사꾼들인 보부상들도 이 길을 걸었겠지만, 주 통행인은 과거를 보러가는 수험생들이었을 것이다. 옛날이나 지금이나 벼슬로 가는 길은 멀고 험하다. 감방과 유배·사약이 기다리고 있는 길이다. 여차하면 실족한다는 것을 상징적으로 보여주는 길이 토끼비리 길이다. 이 잔도(棧道. 벼랑에 나무를 선반처럼 내매어 만든 나무사다리 길)의 중간쯤에 옛 사람이 쓴 〈관갑잔도串岬棧道〉라는 제목의 시가 소개되어 있다. 면곡綿谷 어변갑(魚變甲, 1380~1434년)이 이 길을 넘어가면서 쓴 시다.

요새는 함곡관*처럼 웅장하고 　　　設險函關壯

험한 길은 촉도**처럼 기이하네 　　　行難蜀道奇

넘어지는 것은 빨리 가려 하기 때문이요 　顚隮由欲速

기어가니 늦다고 꾸짖지는 말게나 　　　蹋蹄勿言遲

- 함곡관 : 중국 허난성에 있는 험난한 골짜기
- 촉도 : 촉나라의 길

토끼비리 길, 험한 인생길이지만 토끼처럼 꾀를 내서 헤쳐 나갈 방법이 있지 않겠는가.

인생 안 풀릴 때
독선기신하라

고전을 읽고 나면 자기가 좋아하는 문구가 한두 구절은 머릿속에 남아야 한다. 머릿속에 한 구절도 안 남아 있으면 헛 읽은 셈이다. 《맹자》를 읽고 나서 내 머릿속에 남은 문구는 '궁즉독선기신窮則獨善其身 통즉겸선천하通則兼善天下'였다. 궁할 때는 혼자 수양하는 데 집중하고, 통할 때는 세상에 나가 좋은 일을 한다는 의미다. 궁할 때라는 것은 세상사 풍파로 인해서 깡통 찰 때다. 깡통 찼을 때 비관하지 말고 홀로 도 닦고 자기 수양하는 기회로 여기라는 말이다.

인생은 잘 나갈 때보다는 잘 못 나갈 때가 더 많은데, 이 시기를 어떻게 넘기느냐가 관건이다. 비관으로 일관하지 말라는 메시지로도 읽힌다. 맹자가 이런 말을 남긴 것을 보면 자신도 잘 안 풀리고 나름대로 고생을 많이 했다는 이야기다. 유복한 가정에서 태어나 무난하게 '스펙' 쌓은 사람 가운데 큰 인물은 안 나온다. 고만고만한 사람만 나온다. '조실부모'하고 '인생파탄' 나야 큰 인물이 나온다.

그렇다면 독선기신을 할 때 어떻게 해야 하는가? 방법론이 나와야 된다. 대개 산으로 갔다. 입산入山이다. 입산은 산에서 사는 것이다. 산에서 못 살 상황이면 잠깐 올라갔다가 내려오는 것이 등산登山이다. 입산을 대신하는 것이 바로 등산이다. 등산가 위에 입산가入山家가 있는 것이다.

고려 말에 벼슬을 하던 만은晩隱 홍재洪載 선생은 개성에서 살다가 합천 황매산 자락의 운구대雲衢臺란 곳으로 입산했다. 사람이 드문 오지다. 경남 합천군 가회면 둔내리다. 넓적한 모양의 바위 두 개가 겹쳐 있는 지점이 운구대다. '대臺'는 주변 전망을 내려다볼 수 있는 지점이다. '구衢' 자가 네거리, 갈림길의 뜻이니까 만은 선생은 이 운구대에 앉아서 구름이 사방으로 갈라지는 장면을 보고 즐겼으리라.

깊은 산속이기는 하지만 물이 풍부해서 적당히 농사지을 땅도 있다. 최소한의 자급자족은 할 수 있는 장소였다. 밥 먹으면 이 운구대 바위에 앉아, 황매산에서 내려와 허굴

산 쪽으로 흘러가는 구름을 관망했으리라. 나라가 망했다는 절망감과 두 임금을 섬기지 않겠다는 절개도 있었고, 세상 정치에 환멸을 느꼈을 것이고, 자기 시간도 없이 피곤한 벼슬보다는 내 시간을 가져야겠다는 반성도 했을 것이다.

물론 '만수산 드렁칡이 얽히듯' 정치현실과 적당히 타협해서 사는 인생 노선도 존재한다. 타협이 꼭 저급한 것은 아니다. 팔자가 타협인 사람은 타협하면서 살아가야 한다. 그러나 타고난 성품과 자존심이 강한 인물은 이 노선을 타기가 쉽지 않다.

당시 합천의 황매산 일대는 인적이 드문 심산유곡이었다. 독선기신 하려고 숨어들 때 양백지간兩白之間도 있었지만, 지가지간智伽之間도 있었다. 양백지간은 소백산과 태백산의 사이이고, 지가지간은 지리산과 가야산의 사이라는 뜻이다. 황매산은 지리산과 가야산의 중간쯤에 자리 잡고 있다. 지리산에서 황매산까지는 산줄기를 타고 오면 70~80리(28~32킬로미터) 거리다. 황매산에서 가야산까지는 100리(40킬로미터)다. 여차하면 지리산도 가 볼 수 있고, 가야산도 둘러 볼 수 있는 위치다.

황매산 밑에서 태어난 향토사학자 임영주 선생(66) 집에서 하룻밤 묵으며 황매산 일대를 둘러봤다. 산에 갈 때는 될 수 있으면 하룻밤 그 산자락에서 잠을 자봐야 한다. 혹시 산신령이 자료에 없는 정보(?)를 제공하는 수가 있기 때문이다.

황매산은 멀리서 볼 때는 바위산으로 보였다. 1,113미터 높이니까 낮은 산은 아니다. 정상에 솟아 있는 바위 봉우리들이 악산岳山이라는 인상을 줬다. 7부 능선까지는 도로가 닦여 있어서 자동차로 올라갈 수 있었다. 올라가 보니까 산이 육산肉山이었다. 산의 외부는 바위산으로 보이는데 내부로 올라가 보면 평평한 공간이 나오는 육산이라는 점이 흥미로웠다.

전통적으로 산의 관상을 볼 때는 수秀와 장壯으로 본다. 수는 금강산·설악산같이 뾰쪽뾰쪽한 바위산이다. 장은 지리산처럼 장중한 맛이 나는 산이다. 황매산은 수와 장을 모

두 갖추고 있었다. 7부 능선쯤에는 넓은 평지가 기다리고 있다. 소나무 등 나무숲이 없다는 점도 이상했다. 동행한 임 선생에게 원래부터 황매산은 나무가 별로 없는지 물었다.

"원래는 아름드리 소나무가 산에 가득했다고 합니다. 제가 어렸을 때인 1950년대 중반, 빨치산 소굴을 소탕한다는 명분으로 황매산에 불을 질렀어요. 그때 울창했던 아름드리 소나무숲이 다 타버렸죠. 석 달 가까이 산에서 연기가 났어요. 타다 남은 새까만 나무들을 진주 시내로 실어다가 땔감용으로 팔러 다니는 사람도 있었습니다."

황매산과 연결된 바로 앞의 작은 산이 하나 있는데, 이 산이 '모산재'다. 760미터 급인 모산재는 온통 화강암으로 노출된 악산이다. 황매산 안쪽의 육산 부분이 어머니라면 모산재는 그 아들에 해당하는 것으로 보였다. 토생금土生金의 이치다.

만은 선생이 은거했던 운구대는 황매산의 좌청룡 자락이 내려간 지점에 있다. 왕조가 바뀌고 운구대로 은거한 홍재는 황매산의 수秀와 장壯, 골骨과 육肉을 모두 즐겼을 것이다. 혼자 몸과 마음을 수양할 수 있는 독선기신의 산을 평상시에 봐둬야 한다.

지리산에 오면
굶어죽는 사람 없고
자살하는 사람 없다

지리산은 둘레가 800리, 300킬로미터가 넘는다. '정답이 없는 시대'로 접어든 요즘 같은 때에 낭인과浪人科들은 살길을 찾아 지리산 품 안으로 들어온다. '지리산에 오면 굶어죽는 사람 없고 자살하는 사람 없다.'는 말이 있기 때문이다. 일단 살고 봐야 할 것 아닌가. 그러자면 낭인 생활을 거쳐야 한다.

지리산에 들어오는 낭인과들의 멘토가 '지리산 시인'인 이원규(55)다. 그는 1990년대 중반에 지리산에 들어왔으니 입산入山한 지가 벌써 20년이 넘는다. 맨주먹과 펜 하나 가지고 들어왔지만 지금까지 살아있다. 그의 생활신조는 '눈먼 새도 입안에 먹이가 들어온다'이다.

이원규 시인 부부가 운영하는 경남 하동 지리산행복학교에서 강연을 해달라고 부탁을 해왔다. 지리산에 들어오고 싶어 하는 전국의 도시 사람들이 한 달에 한 번씩 모여 지리산 공부도 하고 노는 데가 이 학교다. 1박 2일 일정이어서 어디서 하루 자야 하는데, "회원 집에서 자면 됩니다. 형제봉 근처의 부춘리에 있어요."란다.

운전을 못 하는지라 무학無學 선생이 운전해주는 차를 타고 밤 10시가 넘어 화개면의 산골 동네 길을 물어물어 찾아갔다. 도로 왼쪽으로는 섬진강이 흐르고 오른쪽으로는 지리산 봉우리들이 연달아 이어져 있다. '형제봉 활공장'이라고 씌어 있는 팻말을 보고 좌회전해서 고갯길을 죽 올라가면 회원이 운영하는 민박집이 있다는 것이었다. 2~3킬로미터의 가파른 고갯길을 자동차로 올라갔을까. 계곡물이 감아 도는 언덕에 이층집이 있었다. 계곡물이 감아 돌아서 장마철에는 물소리가 아주 선명하게 들릴 것 같은 자리였다. 잠잘 때 적당한 크기의 물소리를 들으면 번뇌가 씻겨나간다.

50대 초반의 집주인은 창원에서 회사를 다니고 있었고, 회사를 그만두게 되었을 때의 비상대책으로 이 집을 사놓았다. 눈치 빠른 사람들은 다 산으로 들어왔다. 주중에는 창원에 있다가 금요일이면 지리산으로 들어온다. 평일에는 부인이 와서 집을 관리하기도

한다. 해발 400미터의 높이여서 평지보다 기온이 4~5도 낮아 시원한 듯했다.

"여기 동네 이름이 부춘리입니까?"

"네, 하동군 화개면 부춘리예요. 부춘마을이라고 하죠."

나는 어디 여행을 가면 그 동네의 지명을 자세히 물어보는 습관이 있다. 한자로 어떻게 되느냐고도 묻는다. 지명을 들어보면 그 동네의 풍수가 어떻게 되어 있는지 또는 어떤 역사를 가지고 있는지 짐작하는 데 도움이 된다.

부춘富春이라면 유서 깊은 지명이다. 약 2,000년 전 중국에서 전한前漢이 망하고 후한後漢이 들어섰다. 후한을 세운 인물이 광무제光武帝다. 이 광무제가 후한을 창업했는데, 정권을 잡고 보니 친한 친구였던 엄광嚴光이 생각났다. 황제인 광무제가 궁궐로 엄광을 불러 같이 자면서 "자네, 벼슬 하나 해라. 뭐 시켜줄까?" 하고 권했지만, 엄광은 "나 안 할래. 그냥 산에서 살고 싶어."라고 답했다. 엄광이 황제 친구의 벼슬 제의를 거절하고 들어간 산이 부춘산富春山이다.

부춘산 앞으로는 동강桐江이라는 강이 흘렀다. 엄광은 삿갓을 쓰고 동강에서 낚시질하면서 한세상을 살았다. 도롱이에 삿갓 쓰고 낚싯대를 멘 사람을 어부漁夫라고 하는데, 동양의 산수화에서 어부는 숨어 사는 은자隱者를 상징한다. 엄광은 황제가 주는 벼슬도 거절하고 산에서 살았던 은자의 상징이다.

동양의 정신사에서 어부는 단순히 어촌에서 고기 잡는 어부가 아니다. 돈과 권력을 마다하고 산에서 사는 고준한 경지에 이른 인물이자 세상의 이치를 달관한 현자의 상징이다. 권력을 잡고 있다가 끈 떨어져서 어부가 되는 것과, 스스로 권력을 싫어해서 그만두고 어부를 하는 것은 차원이 다르다. 후자의 어부 상징이 삿갓과 낚싯대. 강태공도 어부에 속하고, 엄광도 어부에 속한다. 물론 강태공은 나중에 주周나라 창업의 장자방이 되었지만, 어부는 아무나 되는 게 아니었다.

117

부춘마을의 부춘이라는 이름도 아마 엄광이 거처했던 항저우 근처의 부춘산에서 따왔을 것이다. 부춘마을 앞에도 모래톱 사이로 흐르는 맑은 강물인 섬진강이 있지 않은가. 섬진강을 동강에 비유했을 것이다. 부춘산 하면, 원나라 말기의 화가 황공망黃公望이 그린 〈부춘산거도富春山居圖〉가 유명하다. 부춘산의 웅대한 골격과 동강의 넉넉한 흐름을 잘 표현한 작품이다. 황공망 또한 은자였다. 마흔 넘어 뒤늦게 관직에 오르지만 징세부정사건에 연루되어 투옥되고 풀려난 뒤 도교에 심취하여 우산虞山 기슭으로 숨어들었다고 한다. 그림을 그리기 시작한 것도 이 무렵으로 그의 나이 50세였다. 말년에 그린 〈부춘산거도〉는 역대 산수화 가운데 가장 뛰어난 '신품神品'이라는 평가를 받는다. 조선시대 화가들도 이 그림의 영향을 많이 받았다. 인간의 욕망이 이글거리는 추잡한 도시를 떠나 자연에 파묻혀 사는 것은 한자 문화권 식자층의 영원한 로망이었던 듯하다.

도연명의 〈귀거래사歸去來辭〉와 엄광의 부춘산과 동강은 정답이 없어진 이 시대의 중장년층 낭인과들에게도 영원한 로망이 아닐 수 없다. 지리산 부춘마을 2층 민박집에서 골짜기 너머로 뜬 달을 바라보며 떠오른 생각들이다.

쌀과
해상무역 중심지이자
저항의 뿌리

전라도의 두 도시는 전주와 나주였다. 전주는 이성계의 고향이라서 대접받은 측면이 있다. 나주는 호남 물류의 중심지로서 삼국시대부터 중요한 거점도시였다. 영산강을 통해 신안군의 수많은 섬들과 연결되었다. 신안군의 50~60군데 유인도들은 나주목의 관할이었다. 나주가 암탉이라면 이들 섬들은 병아리라고 보면 된다.

나아가 나주는 개성·서울과 뱃길로 가깝게 연결될 뿐만 아니라 중국과도 무역이 가능한 해상도시였다. 서양사를 봐도 큰돈은 배를 타고 교역을 하는 해상무역에서 나온다. 우리나라는 국토의 70%가 산으로 되어 있어 육로로는 큰 화물을 옮길 수가 없었다. 육로는 기껏해야 보부상들이나 다닐 수 있었고, 수백 가마 분량의 곡물과 쌀은 서남해안의 배를 타고 운반했다. 나주는 내륙에 자리 잡고 있었음에도 불구하고 영산포榮山浦라는 포구에 배가 닿는 고장이었다.

들판의 쌀과 해상의 무역이 집결된 곳이었다는 점에서 나주는 부자가 많은 특별한 도시였다. 고려 왕건도 정권을 잡을 때 가장 먼저 한 일이 나주 공략이었다. 뱃길로 볼 때 개성에서 나주는 고속도로와 같았기 때문이다.

조선시대 나주목의 인구는 전국 5위였지만, 세금 납부는 전국 1위였다. 전국에서 한양 정부에 세금을 가장 많이 내는 목사골이 나주였던 것이다. 그래서 나주목사는 1급지 목사 자리였다. 1894년 동학혁명 때도 동학농민군이 전주성은 함락시켰지만 나주성은 함락하지 못했다. 나주성의 지리적 방어가 유리했던 점도 있었지만 나주의 토박이 세력, 즉 향리鄕吏들을 비롯한 토반土班들의 저항이 그만큼 강했던 것이다.

나주는 고려 왕건 때부터 행세하던 귀족집단이 계속 유지되어 왔고, 조선조로 들어와서는 객반(客班. 다른 고장에서 이주해 들어와 자리 잡고 사는 양반) 세력들도 결속력이 강했다. 이들 토착세력들은 집안마다 수백 명의 노비와 종·소작인들을 부렸고, 동학군의 공격 때도 하인들을 시켜 강력히 저항했다. 고려 삼별초가 나주성을 함락시키지 못했던 것도 같은 맥락이다. 다른 지역은 조선 초에 입향한 집안들이 터줏대감 노릇을 하지만 나주는 고려 때부터 행세한 집안이 있기 때문에 조선 초 15세기 입향 집안들도 스스로를 '객반'이라고 여겼다.

이렇게 돈도 많고 역사도 깊던 나주가 오늘날에는 평범한 도시로 축소되었다. 영산강 포구를 통한 해상물류도 사라졌고, 들판의 쌀도 이제는 큰돈이 되지 않는다. 나주곰탕과 홍어거리만 남았다. 이제는 어디에 가서 과거 나주의 화려했던 이야기를 들어볼 수 있단 말인가.

역사를 알면 양반이고, 역사를 모르면 상놈이다. 양반 노릇을 하려면 역사를 기억하고 음미해야 한다. 나주의 옛 도심에 있는 남파고택南坡古宅에 가면 아직 그 자취를 맡을 수 있다. 어떻게 풍진 세월에도 한옥을 아직까지 유지하고 있는지 모르겠다. 집주인의 역사의식과 사명감이 아니었다면 진작 고택을 허물고 아파트를 지었을 것이다.

전체 대지가 4,950제곱미터(1,500평)인데, 사랑채가 500평, 안채가 1,000평이다. 지금은 주로 안채만 사용한다. 안채 건물만 하더라도 오십 평이나 되는 큰 규모의 한옥이다. 이른바 '칠량七樑집'이다. 사찰의 대웅전이나 궁궐이 칠량집인데, 보통 한옥의 두 배 크기라고 보면 된다.

안채를 칠량집으로 한 것을 보면 이 집의 재력을 짐작할 수 있다. 이 한옥은 19세기 말에서 20세기 초엽에 걸쳐 건축된 것이다. 고택의 주인인 박씨 집안은 당시 약 8천 석 부자였다. 흥미로운 점은 1800년대 중반부터 콩과 팥 장사를 해서 부를 축적했다는 점이다. 콩팥은 썩지 않아서 오래 보관할 수 있는 장점이 있다. 또 팥을 삶아서 팥죽도 만들어 팔았다고 한다.

15세기에 박씨 집안이 나주에 들어올 때는 양반이었지만 그 뒤 과거급제자가 배출되지 않으면서 향리가 되었고, 조선 후기 장사에 뛰어들었던 모양이다. 이 박씨 집안이 부를 가장 많이 축적했던 시기가 남파南坡 박재규(1857~1931년) 시절이다. 현재 남파고택을 지키는 후손 박경중의 고조부다.

　동학혁명 당시 동학군의 공격을 막는 데 나주 토박이 집안들이 일치단결했다. 이때 나주 방어대장인 도통장都統長을 정석진이라는 인물이 맡았다. 정석진은 나주의 호장戶長 출신이었다. 정석진은 나주 방어의 공을 인정받아 해남군수로 발령 났다. 임지인 해남으로 떠나는 정석진을 보내고 남은 나주의 유지들은 당시 개화파이자 단발령을 강력하게 시행했던 안종수라는 인물을 잡아 죽였다. 안종수는 당시 나주에 내려온 참사관이었다고 한다. 그리고 내친 김에 나주 관아를 점령하고 관찰사도 죽이려고 했다. 동학군을 물리치는 과정에서 결속된 힘이 엉뚱한 방향으로 분출된 것이다.

　처음에는 유림들의 머리카락을 자르기 위해 덤볐던 안종수에 대한 반감에서 출발했지만, 군중이 모이다 보니 자칫 중앙정부에 대한 반란으로까지 발전할 수 있는 시점이었다. 이때 남파 박재규가 나섰다고 한다. 남파는 키가 크지는 않았지만 아주 힘이 좋았고, 배포도 있었고, 애매한 상황에서 어떤 판단을 해야 하는지를 알고 있었던 명석한 두뇌의 소유자였다.

　동학혁명군에게 전주가 함락되었지만 나주는 함락되지 않았다는 사실은 여러 가지 의미를 시사한다. 동학군의 함락으로 전주는 양반·상놈이라는 조선시대의 신분제도가 전국에서 가장 먼저 철폐되었지만, 나주는 그만큼 토착세력 즉 향리들과 유생들의 힘이 강했음을 암시한다. 그 힘의 바탕에는 경제력이 있었다. 당시 전국에서 가장 많은 세금을 납부했던 나주는 전라도의 가장 파워풀한 도시였던 셈이다.

　그 토착세력이 이번에는 단발령에 반대해서 1896년에 폭동을 일으켰다. 폭동이라는 것은 군중 심리에 의해 걷잡을 수 없이 번져가는 속성을 지닌다. 이때 남파가 나주 관찰부 (동헌)에 모인 군중 앞에 나타났다. 남파는 그때 등창이 나서 집에 누워 있었는데, 소식을 전해 듣고 머슴에게 자신을 업고 동헌으로 가자고 했다는 것이다. 성난 군중들 앞에서 남파는 사태를 진정시켰다.

"여기서 더 이상 나가면 국가에 대한 반란이 된다. 반란이 되면 나주는 관군의 진압으로 다 죽는다. 나주 관찰사는 죽이면 안 된다. 안종수만 죽이는 선에서 끝나야 한다. 관아 건물도 불 지르면 안 된다. 멈춰야 한다."

무정부 상태의 흥분한 군중 앞에 나타나서 사태를 냉철하게 판단하도록 이야기한다는 것은 쉽지 않다. 담력과 강단, 그리고 평소에 지역사회로부터 축적한 신망이 있어야 가능한 일이다. 신망 없는 사람이 나서서 군중의 생각들과 다른 이야기를 하면 맞아죽는 수도 있다. 남파는 이때 사태를 진정시키는 데 큰 역할을 했다. 부자가 지역사회로부터 신망을 얻으려면 역시 돈을 써야 한다. 1904년 나주에 흉년이 들었을 때 남파는 쌀 200석을 구휼미로 내놓고, 이듬해 종자가 될 50석을 내놓았다. 그리고 가난한 사람들이 사먹을 수 있도록 시세보다 훨씬 싼값에 100석을 내놓았다.

남파의 아들 박정업도 일제강점기 때 현준호(현정은 현대그룹 회장의 할아버지)가 세운 호남은행과 인촌 김성수가 주도했던 〈동아일보〉 창간에 많은 자금을 댔다. 〈동아일보〉와 고려대학교는 인촌 집안이 단독으로 돈을 대서 세운 것이 아니고, 호남의 많은 유지들이 십시일반으로 기금을 출연했기에 가능했다. 호남 지주들의 공동펀드에 의해 설립된 것이 〈동아일보〉와 고려대라고 봐야 한다.

1907~1908년에 나주 의병이 일어났을 때도 박씨 집안의 박민수·박사화가 의병대장을 맡았다. 의병활동도 역시 돈이 문제다. 무기와 의복, 식량 조달 모두 돈이다. 나주의 부자인 남파 집안에서 뒷돈을 댈 수밖에 없었다. 남파의 손자인 박준삼(1898~1976년)은 서울 중앙고보에 다니다가 3·1 운동에 참여해 퇴학당하고 감옥살이도 했다. 그 뒤 1920년 일본으로 건너가 릿쿄대학 영문과에 입학했다. 졸업한 뒤에는 귀국해서 신간회 활동도

하고 국산물품을 장려하는 협동상회운동에도 참여했다. 안재홍 계열이었다고 한다. 그러다 보니 광복군 나주 출신들도 이 집에서 뒷돈을 가져다 썼다.

문제는 1929년에 발생한 광주학생운동이다. 그 기폭제가 된 인물은 광주고보에 다니던 남학생 박준채와 광주여고보에 다니던 여학생 박기옥이었다. 박준채는 박준삼의 친동생이고 박기옥은 사촌여동생이었다. 10월 30일, 일본 남학생들이 나주-광주를 오가는 통학기차에서 박기옥을 희롱하자 옆에 있던 박준채가 일본 남학생과 나주역에서 난투극을 벌인 것이다.

일제강점기 때 광주는 신도시였다. 토호들의 세력이 강한 나주가 일본인들의 말을 잘 듣지 않자 이를 견제하기 위해 키운 도시가 광주였다. 조선시대의 나주는 광주와 비교할 수 없을 만큼 큰 도시였다. 그런데 일제가 광주에 학교를 세우자 나주 학생들은 광주로 기차 통학을 해야만 했던 것이다.

박준채는 광주학생운동 사건 뒤 서울 양정고보로 전학을 갔고, 이후 일본 와세다대 경제학부에서 수학했다. 와세다대를 졸업하고 조흥은행을 다니다가 해방을 맞았다. 해방 이후에는 조선대 교수가 되었고, 대학원장도 10년간 맡았다. 여학생 박기옥은 어찌 되었을까. 1923년 전남 무안 암태도에서 일어난 대표적인 농민운동인 '암태도 소작쟁의'를 주도했던 서태석이 남편이다. 일제에 대한 저항의식이 강하다 보니 역시 같은 성향을 가지고 있던 남자를 만난 것으로 보인다.

한국 역사의 공백기이자 가장 복잡했던 기간이 1945년 해방부터 한국전쟁이 끝난 1953년까지다. 아직도 말 못 하는 부분이 많다. 박준채의 형 박준삼은 해방공간에서 나주의 건준위원장을 맡았다. 몽양 여운형의 조선건국준비위원회 말이다. 박준삼은 한국전쟁 때 죽지 않고 살아남아 1976년까지 살았다. 일본 릿쿄대를 나온 지식인이었지만 한국전쟁 이후 별다른 사회활동을 못 하고 지역에서 야학을 운영하며 살았다.

현재 집을 지키는 후손은 남파의 현손이자 박준삼의 손자인 박경중이다. 새파란 나이인 36세부터 나주문화원장을 맡았다. 문화원장은 대개 그 지역 유지이자 연륜 있는 60대가 맡는 게 관례인데, 박경중은 30대에 맡았다. 나주의 집안 역사·풍습·사건사고·혼맥 등 미시사微視史에 해박하다. 우리 민속에 대해서도 조예가 깊다. 30대 중반부터 오늘날까지 나주의 역사를 정리하고 고택을 보존하게 된 배경에는 조부 박준삼의 훈도薰陶가 크게 작용한 것으로 보인다. 일제 때 대학을 나온 조부가 특별한 사회활동을 안 하고 집에 있으면서 손자에게 전통문화의 소중함을 가르쳤지 않았나 싶다.

홍길동과 실학의
발원지

호남은 오늘날 진보진영의 거점이 되었다. '저항과 변혁'의 뿌리는 역사적으로 호남에 계속 존재해왔고, 그중에서도 변산반도에 깊은 뿌리가 있다는 게 나의 관점이다. 1608년 허균이 《홍길동전》을 집필한 공간도 변산반도 내에 있는 정사암靜思庵으로 본다.

변산반도에서도 절경으로 꼽히는 선계仙溪폭포는 멀리서 보면 절벽 사이로 물이 흘러내린다. 절벽 위 고지대에 평평한 땅이 있고 여기에 정사암이 있었던 것으로 전해진다. 선계폭포 위는 바위절벽의 고지대이면서도 분지처럼 넓은 공간을 이루고 있다. 여기에서는 몇 십 세대가 충분히 자급자족할 수 있는 여건이 된다. 해방 이후 외진 산골에서 공동체 생활을 하던 갱정유도(更定儒道. 1929년 강대성이 유儒·불佛·선仙·동학東學·서학西學 등을 화합하여 창시한 민족 종교) 일파가 이 선계폭포 위에서 수십 년 간 자급자족하며 은둔생활을 했다.

허균은 정사암에서 홍길동과 율도국을 상상했는데, 그 상상의 실마리를 얻기에 충분한 환경을 갖추고 있다. 박지원(1737~1805년)의 《허생전》에도 변산군도邊山群盜 이야기가 나온다. 변산에 도적들이 살고 있었고 그 도적들 이야기가 한양에까지 이미 알려져 있었다는 근거이다. 변산도적은 한양 정부에 상당히 위협이 되었던 모양이다. 공식 기록에 '변산도적은 토벌이 어렵다'고 나올 정도다. 변산도적이 얼마나 강력한 세를 규합하고 있었기에 토벌이 어렵다고 했을까.

또 하나 흥미로운 사실은 선계폭포 바로 밑의 변산 우반동에 반계 유형원(1622~1673년) 선생이 들어와 살았다는 사실이다. 선계폭포 물이 바다로 흘러내려 가면서 반계磻溪라는 냇물을 이룬다. 이 냇물의 오른쪽에 있는 동네가 우반동右磻洞이다. 반계 선생이 우반동에 들어온 시기는 32세 때인 1655년 무렵이다.

우리나라 실학의 원조가 반계 선생이고 실학파의 교과서가 《반계수록》이다. 《반계수록》은 한양의 기득권 집단들에는 불리한 책이었다. 기득권을 내려놓으라는 개혁안을 다뤘기 때문이다. 그래서 권력층들에게는 금서로 취급되었다. 약 100년간은 인쇄가 안 되

石潭溪
朴柳馨遠
遺跡地
碼深書堂
石潭溪亭

128

129

고 문제의식이 있던 개혁인사들에게 필사본으로만 읽혔다.

당시 권력에서 소외되어 있던 경상도 대구 쪽에서 저술된 지 100년이 훨씬 넘어서 이《반계수록》이 인쇄되었다는 사실도 아이러니하다(원래 대구 팔공산 자락의 백불암百弗庵에서 최초의《반계수록》인쇄를 위한 교정이 이뤄졌다). 1조祖 반계 유형원 – 2조祖 성호 이익 – 3조祖 다산 정약용으로 내려가는 조선 실학의 발원지가 바로 변산반도 선계폭포 밑의 우반동이었던 것이다. 이처럼 개혁사상의 교과서 역할을 한《반계수록》의 산실이 변산반도다.

변산반도가 어떤 지형이기에 도적들이 웅거할 수 있었을까? 토벌이 불가하다고 할 만큼 관군이 겁을 냈던 이유는 무엇일까? 독자적인 사상을 지니고 있으려면 독자적인 지형을 지닌 요새가 필요하다. 변산반도는 일종의 요새였다. 우선 반도半島라는 점이다. 서쪽은 바다로 둘러싸여 있고, 다른 한쪽은 줄포茁浦라고 부르는 만灣이 깊숙하게 들어와 변산반도를 감싸고 있다. 또 다른 한쪽에는 동진강이 역시 감아 돌아와 반도를 둘러싸고 있다.

병목 부분만 육지로 직접 연결되어 있고, 나머지 부분은 바다와 강이 천연 해자垓字처럼 둘러싼 요새 지형이 변산반도이다. 360도 가운데 350도는 물로 둘러싸여 있다는 말이다. 나머지 10도에 해당되는 병목 부분은 오늘날 '호벌치'로 불리는 고개다. 변산반도에 진입하려면 호벌치 고개를 넘어가야만 했다. 아니면 배를 타고 들어가야 한다. 변산반도 쪽에서는 호벌치 고개만 막으면 변산에 들어올 수 없었다.

고려 후기에 이규보가 변산에 벌목伐木하는 일을 감독하러 들어갔다가 갑자기 해일이 몰아닥쳐서 1주일간이나 변산 밖으로 나올 수 없었다는 내용이《남행월일기南行月日記》에 나온다. 여몽麗蒙 연합군이 일본을 정벌하기 위해서 대규모의 선박을 건조했는데 그 선박을 만들던 큰 조선소가 변산반도에 있었다. 변산에 목재로 쓸 만한 숲이 울창했고 이때 벌목작업이 한창이었던 것이다.

이규보가 왔던 시기가 1200년 무렵이다. 1주일간 갇혀 있었을 정도로 변산반도는 섬과 비슷한 지형이었다고 보면 된다. 변산邊山이라는 지명도 그렇다. 변邊은 변두리·변방·끝이라는 뜻이다. 변산이 땅끝마을도 아니다. 절해고도에 위치한 것도 아니다. 그런데도 '변'을 썼다. 그 이유는 접근하기 어려운 요새 지형이고 공권력이 원활하게 작동하기 어려운 치외법권 지대라는 의미가 내포된 작명이 아닐까 싶다.

변산반도는 '장광長廣 80리'라고 불린다. 가로 세로 각각 80리라는 뜻이다. 가로 세로가 32킬로미터씩인 셈이다. 이 안에는 작은 산봉우리가 300개쯤 포진해 있다. 그리 높지도 않다. 200~500미터 안팎의 봉우리들이 촘촘하게 박혀 있다. 봉우리들이 서로 산맥처럼 연결되어 있는 게 아니고 각기 독자적으로 솟아 있다. 제주도 가는 비행기를 타고 가다가 변산반도를 내려다보면 둥그런 타원형 지대 안에 녹색의 산봉우리들이 밀집해 있는 모습이 보인다. 주변의 평야지대와는 확연하게 구분된다.

산들이 밀집해 있으면서도 이 봉우리들이 서로 연결되어 있지 않고 각기 독자적으로 솟아 있는 지세라는 점이 변산을 요새로 만든 원인 가운데 하나다. 외부인이 변산에 들어가면 미로와 같은 혼란을 겪게 된다. 어디가 어디인지 잘 모른다.

변방에서 움튼
만민평등의
꿈

변산반도가 조정 쪽 보고서에 '토벌이 어렵다'고 할 정도로 도적들의 본거지가 될 수 있었던 배경에는 천혜의 요새적 지형이 큰 몫을 했다. 강물과 바다, 그리고 줄포만이 사방을 둘러싸고 있는 데다가(요즘은 간척을 해서 지형이 변했다.) 대략 300여 개에 달하는 산봉우리들이 각기 솟아 있어서 미로와 같은 지형을 만들었기 때문이다.

변산반도를 두고 '양의 내장과 같다.'는 말이 있는데, 그만큼 미로와 같이 길이 복잡하다는 얘기다. 관군이 도적떼들을 잡기 위해 변산에 들어와도 어디가 어딘지를 알 수 없게 되어 있는 것이다. 거기다가 변산반도 주변에는 포구들이 많다. 내가 지금까지 찾아본 것을 헤아리면 대략 20개가 넘는다. 20여 개의 포구에는 배들이 정박해 있고, 유사시에는 쫓기는 자들이 그 배를 타고 서해로 탈출할 수 있었다.

변산 앞바다에는 서해 쪽으로 한 시간 정도만 가면 위도가 있고, 약간 북쪽으로는 고군산군도가 포진해 있고, 남쪽으로는 전남 영광의 섬들이 즐비하다. 영광 쪽의 섬들은 옛날부터 황금어장 소리를 들어온 조기의 산지다. 가장 풍성한 바다였다. 영광 밑으로 내려가면 신안의 수백 개 섬들이 흩어져 있다. 무인도까지 합하면 1,000개가 넘는 섬들이다.

만약 관군들이 잡으러 오면 배를 타고 이들 서해의 섬으로 도망가면 피할 수 있었다. 그리고 변산반도 가로 세로 80리 이내에는 산과 들판, 바다가 있었으므로 먹을거리 걱정은 적었다. 산에서 산나물이 나오고, 들판에서 곡식이 나오고, 바다에서 생선이 나왔다. 특히 서해안의 뻘밭에는 조개 등 각종 해산물이 풍부하다. 굶어죽을 염려가 적었다고 할까. 도망쳐 나온 사람들이 자급자족할 수 있는 자연환경을 갖추고 있었다는 말이다.

십승지十勝地가 있다. 난리가 났을 때 자급자족이 가능하며 숨어 살 수 있는 지형을 갖춘 곳이다. 변산반도는 이러한 십승지에 당연히 포함되었다. '양백지간'이 제도권의 십승지 1번지라고 한다면, 변산반도는 비제도권, 즉 불법체류자들에게 최적의 1번지가 아니었나 싶다. 조선시대의 불법체류자라고 한다면 노비와 도적들이다. 노비들이 도망가서 살 수 있었던 곳, '추노推奴꾼'들을 피해서 생존이 가능했던 곳이 바로 변산이었다. 변산邊山은 이름 그대로 세상의 끝에 있는 동네였던 것이다.

한반도는 땅이 좁아 사실 도망갈 곳도 많지 않았다. 도망가서 주인공이 살아있어야만 대하소설도 가능하다. 바로 잡혀 죽어 버리면 소설을 쓸 공간과 시간이 너무 부족해진다. 그래서 우리에게는 《삼국지》와 《대망大望》 같은 대하소설이 나오지 못했다고 본다.

세계의 십승지가 어디인가 찾아봤다. 우선 중국의 장가계張家界가 있다. 장가계는 지형이 독특하다. 칼날같이 솟아 있는 300~500미터 높이의 바위 봉우리 수천 개가 독립적으로 솟아 있는 지형이다. 밀림에 들어선 느낌도 준다. 그래서 그 안이 미로와 같다. 일찍이 《초한지楚漢志》에 나오는 장량이 도망갈 때 이곳 장가계로 도망갔다. 유방의 추적대가 도저히 못 쫓아올 곳으로 이미 장가계를 점찍어놓고 있었던 것이다.

장가계를 보면서 단지 먹을 것이 좀 부족한 게 단점이라는 판단이 들었다. 농사지을 곳이 부족하다. 바위절벽에서 나오는 석이버섯 먹고, 야생동물 잡아먹고, 지나가는 사람들 봇짐이나 털 수밖에 없는 구조였다. 중국의 마오쩌둥 정권이 1949년에 수립된 뒤 다른 지역은 인민해방군이 모두 들어가 치안을 확보했지만, 장가계는 1962~1963년까지도 치안을 확보하지 못했다고 한다. 그때까지 도적떼들이 활개 치던 아지트로 기능하고 있었던 것이다. 비록 변산반도가 규모는 작지만 장가계와 비슷한 미로 지형이라는 점에서는 같은 조건이다. 장가계 다음으로 주목하는 세계의 십승지는 터키의 데린쿠유다. 일명 지하도시다. 이 동네는 지형이 화산암으로 되어 있다. 손이나 간단한 호미로 쉽게 땅을 팔 수 있는 부드러운 암반이다. 그래서 동굴 파기가 좋다. 기원전 수천 년부터 천연동굴이 있었고, 사람들이 이 동굴에 들어가 살다가 조금씩 굴을 더 파고 들어가기 시작했다고 한다.

이쪽 지역은 높은 산이 없다. 거의 평지다. 외적이 쳐들어오면 어디 도망가서 숨을데가 없었다. 그러니 지하로 들어가는 수밖에 없었던 것 같다. 천연동굴이 많았고 바위가 부드러워서 파고 들어가기가 쉬웠으니까. 데린쿠유는 지하 10층 정도까지 된다. 지하 50~60미터까지 파고 들어가 개미집처럼 수백 군데의 공간을 만들어놓았다. 기독교도들이 박해를 받을 때 이 지하 동굴로 들어가서 살았다고 전해진다. 수용 규모가 2만~3만 명이나 된다. 지하에 물을 저장해놓는 우물도 있고, 환기통도 있고, 마구간·공부방·교회도 자리 잡고 있었다. 그리고 지하 동굴의 통로 곳곳에는 방어 장치도 해놓았다. 커다란 맷돌 같은 둥근 돌들을 배치해두고 여차하면 그 돌로 통로를 막을 수 있는 장치를 해뒀다. 바위 속을 깎아 만든 깜깜한 좁은 통로는 사람이 허리를 굽히고 기어가다시피 해야 하는데, 여기를 지름 2미터에 가까운 맷돌로 막아 버리면 외부 침입자가 어떻게 해볼 수가 없었을 것이다.

변산반도라는 한반도 최고의 요새 지형에 숨어든 사람들은 다름 아닌 노비들이었다. 노비들이 자유를 찾아 이곳으로 도망 온 것이다. 노비가 누구인가? 조선의 노예들이다. 돈으로 사고팔 수 있는 노예들이다. 미국의 흑인 노예와 같은 처지였지만, 나라가 다르고 피부색도 조금씩 다른 흑인에 비해 조선의 노비들은 피부색도 같고 말씨도 같고 식성도 같았다.

조선시대 인구 구성비에서 노비의 비율이 얼마인지는 정확하게 알 수 없다. 전문가들의 연구를 종합해보면 조선 중기까지 대략 인구의 30% 정도로 추정된다. 10명 중에 3명은 노예였다는 말이다. 노비를 사고판 기록들을 보면 여자 노비가 비쌌다. 힘을 쓰는 남자 청년 노비보다 20세 전후의 여자 노비가 높은 몸값으로 매매되었다. 아마도 미모가 있었다면 훨씬 더 비싸게 팔렸을 것이다.

노비를 사고팔 때는 가족 단위 매매가 많았다. 노비와 그 엄마·형제자매를 굴비처럼 묶어 사고팔았다. 도망을 방지하기 위해서였다. 서너 명의 가족이 한꺼번에 도망가기는 현실적으로 어렵다. 만약 한 명이 도망가면 나머지 가족들은 인질 노릇을 하게 되므로 쉽게 도망갈 생각을 내지 못하는 것이다.

그럼에도 불구하고 조선 중기 이후로 넘어오면서 도망가는 노비가 증가했다. 특히 임진왜란과 병자호란을 겪고 난 후에는 노비 도망이 하나의 트렌드가 될 정도로 노비 엑소더스(대탈출)가 커다란 사회문제였다. 전쟁을 겪고 나면 사회 시스템이 붕괴되거나 흔들린다. 임진왜란 때 한양(서울)이 일본군에 의해 점령되자 가장 먼저 발생한 사건이 노비문서를 보관하고 있던 기관인 '장예원掌隸院'의 화재였다.

전쟁 났을 때 가장 먼저 발생하는 사건은 주목해볼 필요가 있다. 그 사회에서 가장 큰 불만과 원성이 많았던 사건일 가능성이 높다. 한양의 노비문서를 보관한 장예원이 가장 먼저 불탔다는 사실은 한양 노비들이 자신들의 신분 해방을 위해 직접 가서 불을 질렀을 확률이 높다. 당대 최고의 민원사항이었던 셈이다.

임진왜란·병자호란 이후로 사회체제가 느슨해지고 사회경제적 변화가 오면서 전국의 노비들이 자유를 찾아 이 골 저 골로, 아니면 바닷가 후미진 섬으로 도망을 갔다. 노비를 잡아다주고 돈을 받는 '추노꾼'들이 직업으로 등장했다. 추노꾼의 비싼 품삯을 대기 어려운 사람들은 주인이 직접 노비를 잡으러 전국을 돌아다녔다. 노비의 연고를 찾아 나섰으며, 전국의 오일장을 돌아다니며 입소문을 수집했다. 그러다가 노비한테 맞아죽는 수도 있었다고 한다. 잡으러온 옛 주인을 노비가 선제공격하는 것이다. 쫓는 추노꾼과 쫓기는 노비들과의 혈전도 많았다. 추노꾼을 하려면 주먹이나 무술능력이 있어야만 했다. 10년 전 즈음 재미있게 본 텔레비전 연속극 〈추노〉가 바로 이러한 시대배경을 가지고 제작된 드라마다. 임진왜란과 병자호란 이후로 전국의 노비들 사이에서 '어디로 가면 잡히지 않고 살 수 있다'고 소문난 곳이 아마도 변산반도였던 듯싶다. 중국 후난성의 도적 소굴 장가계나 터키의 지하동굴 도시 데린쿠유의 역할을 한 곳이 변산반도였다.

변산으로 모여든 노비들에게는 사상적인 중심이 있었다. 도적이나 반란세력이 조직화되고 세력을 유지하려면 신념체계가 반드시 있어야 한다. 신념은 요즘 식으로 이데올로기적인 성격도 있고 종교적인 신앙 형태로 존재할 수도 있다. 그 이데올로기와 종교 신앙이 합쳐진 것이 바로 미륵불이다. 미륵불彌勒佛. 조선시대 주자학朱子學의 반대는 '미륵불'이었다. 주자학이 양백지간 사이에서 뿌리를 내리면서 조선왕조체제를 유지하는 국교國敎였다면, 미륵불은 이 주자학을 흔드는 사상·신앙체계였다. 먼저 미륵불이 세상에 출현하면 양반·상놈이 없어진다고 믿었다. 그것이 용화회상龍華會上이다. 용화회상은 만민평등의 세상을 가리킨다. 인간 주자와 부처님인 미륵이 붙으면 누가 이기겠는가. 당연히 미륵이 이긴다.

'彌勒(미륵)'을 파자하면 '이爾, 활弓로 힘(力)을 키워서 바꾸자(革)'가 된다. 이 해석은 내가 대학에 다니던 1980년대 초반에 들은 이야기이다. 일제강점기 때 일찍이 좌파에 투신해 고려공산당 초대 당수를 지냈던 김철수(金綴洙, 1893~1986년)에게서 들었다. 그는 말년에 춥고 배고팠다. 배가 고프면 광주 무등산의 지기知己 허백련이 살던 춘설헌春雪軒에가서 추위를 녹이곤 했다.

김철수의 경력은 김일성보다 앞선다. 공산당 짬밥에서 그렇다. 마오쩌둥이 죽었을때 그를 애도하는 만장輓章을 써서 보낸 인물이 김철수다. 그는 마오쩌둥급 짬밥이었다. 김철수가 불교의 미륵을 이렇게 혁명적으로 해석하는 것을 듣고 깜짝 놀랐다. 그리고 그해석은 김철수 본인이 한 것도 아니다. 윗대 선배들로부터 들은 이야기였다. 김철수의 고향은 전북 부안이다. 부안은 변산반도에 붙어 있는 지역이다. 미륵이 일제강점기 시절 좌파로 변신했다고나 할까.

변산반도 노비들이 신봉하던 미륵불은 바로 선운사 마애불磨崖佛이 아니었을까 추측해본다. 선운사 대웅전에서 3킬로미터 정도 더 올라가면 도솔암이 나오고, 도솔암 바위절벽에 거대하게 새겨진 부처님이 바로 변산반도 일대를 지배했던 미륵불의 모습이었다.

137

충청도는 옷
전라도는 맛
경상도는 집

한반도의 남쪽 세 지역을 삼남三南이라 부른다. 충청도·전라도·경상도다. 삼남은 각기 산세가 다르고 물산이 다르기 때문에 사람들의 기질도 약간씩 차이가 있다. 취향도 다르다. 돈이 생겼을 때 무엇을 먼저 할 것이냐를 놓고 삼남이 서로 다르다는 이야기가 있다.

우선 충청도 사람들은 옷을 사 입는다고 한다. 충청도는 옷을 중요시한다는 말이다. 조선시대 기준으로 볼 때 옷이라는 것은 의관衣冠에 해당한다. 경상도는 벼슬을 못 한 양반이 많았지만 충청도는 고위 벼슬을 한 양반이 많았다. 경북 안동에 가서 놀랐던 게 집의 택호宅號가 '교리댁' '정언댁' '승지댁' 등이 많았다는 것이다. 높은 벼슬이 아니다. 지금으로 치면 중앙정부 과장급 정도의 벼슬을 집의 택호로 사용하고 있었다. 안동 양반들이 높은 벼슬을 못했다는 징표다.

반대로 충청도에 가서 보면 '정승' '판서' 집이 발에 챈다. 이 집은 '정승댁', 저 집은 '판서댁', 옆집은 '참판댁'일 정도로 고위 벼슬을 지냈던 집안이 시글시글하다. 양반은 옷 매무새를 함부로 하면 안 된다. 의관을 정제整齊해야 하는 것이 양반의 기본 예의다. 예禮 는 우선 옷매무새에서 나타나기 마련이다. 물론 궁극적으로는 그 사람의 내면세계가 정제되어야 하지만, 눈으로 볼 수 있는 외면도 깔끔하고 가지런해야 하는 것이다. 내면세계 는 일단 밖으로 나타날 수 없다는 게 양반들의 생각이었다. 그러자니 옷을 잘 입고 있어야 한다는 생각이 지배적이었다. 더군다나 충청도는 서울에서 가깝다. 왕이 혹시 벼슬 주려고 부르면 언제라도 달려가야 한다. 옷을 잘 입고 준비 상태가 되어 있어야 하는 것이다.

전라도는 돈 생기면 음식을 해먹는다. 전라도는 먹는 데 치중한다. 우선 삼남 가운데 물산이 가장 풍부하다. 조선시대 물산이라고 하면 우선 쌀이다. 먹고사는 일은 쌀의 생산 성에 달렸다. 전라도는 평야가 많다. 거기에다 해산물도 풍부하다. 한반도의 '좌하귀'가 바로 전라도 해안선이다. 남해안의 여수에서부터 서해안의 전북 군산까지다. 여기에는 '뻘밭'도 많다. 경상도 동해안에는 뻘밭이 없다.

뻘밭에서는 1년 사시사철 먹을 게 나온다. 갈고리 하나만 들고 있으면 굶어죽지 않는다는 말이 있다. 육지에는 흉년이 있지만 바다에는 흉년이 없다. 바다는 배를 타고 나가야 하지만 뻘밭은 썰물만 되면 육지가 되므로 여자들과 아이들도 갈고리를 들고 조개·낙지·미역·해삼 등을 채취할 수 있다. 뻘밭이 있는지 없는지에 따라 조업환경이 엄청 달라지는 것이다. '개땅쇠'라는 말은 '갯땅에서 일하는 마당쇠'라는 뜻이다. '갯땅'은 갯벌을 가리킨다. 전라도에는 갯벌이 많았으므로 조선시대에 '갯땅쇠'가 많았던 것이다.

전라도가 음식이 푸짐했던 또 하나의 사회적 요인은 빈부격차가 컸다는 사실이다. 만석꾼 지주들이 전라도에는 시글시글했다. 경상도에서는 부자라고 해봐야 3천 석 정도가 최고다. 만석꾼 부자는 요즘으로 치면 재벌급에 속한다. 이 만석꾼들로부터 음식문화가 나왔다. '무엇을 먹으면 맛이 있을 것인가'를 놓고 만석꾼 부자들이 연구를 거듭했다.

소작인들이야 먹는 게 형편없었지만, '조兆 단위' 부자들은 들판의 쌀과 산에서 나오는 산나물, 바다의 해산물을 어떤 조합으로 요리할 것인가를 두고 고민했다. 전라도의 음식문화는 이들 지주계급에서 발전한 것이라고 나는 생각한다. 오늘날 한정식 밥상의 원조는 전라도 지주계급들이 먹던 밥상에서 유래한 것으로 보인다.

경상도는 왜 돈이 생기면 집에다 투자하는가. 오늘날 수십 칸 규모의 기와집들은 대부분 경상도에 남아 있다. 물론 다른 지역에도 저택 기와집들이 있었지만 세월이 흐르면서 사라졌다. 경상도에는 잘 보전되어 있다. 왜 동학혁명, 한국전쟁, 산업화를 삼남이 공통적으로 겪었는데, 경상도에만 이런 고택들이 집중적으로 보존되어 있는지를 생각해 볼 부분이다.

경상도는 1623년 인조반정 이후로 1961년 5·16 군사정변 이전까지 정치적으로 야당 지역이었다. 300년 넘는 기간 동안 기호학파인 노론들의 탄압을 받았던 것이다. 안동 남인들은 300년 동안 노론의 칼바람을 견뎌야 했다. 그래서 '정3품 당상관 이상은 조령鳥

嶺 고개를 넘지 못했다.'는 말이 전해온다. 경상도는 벼슬하기 힘들었던 것이다.

　'헛제삿밥'과 '간고등어'를 왜 먹었겠는가. 벼슬에서 소외된 양반 식자층들이 혼자 있기는 뭐하고 서로 모여야만 했다. 집이 필요했다. 이때 집은 개인공간이 아니라 같이 공부하는 동료와 선후배가 함께 모이는 공간으로 해석해야 한다. 혼자 백수로 있으면 엄청 우울하다. 경상도는 정치적 탄압을 견디기 위해 동지들끼리 같이 모여서 회합會合해야 할 일이 많았다고 여겨진다. 그래야 덜 외로우니까 말이다.

　300년 정치적 탄압을 버티는 일은 종가宗家를 중심으로 결속을 다지는 것이었다. 오늘날 경상도가 문중門中 간 결속이 남다른 역사적 배경이라고 생각한다. 결속을 하려면 공간이 반드시 필요하고, 그러다 보니 집을 중시하게 됐지 않았나 싶다.

주암정
연못에서 만난
신선

이름하여 '4대 꽃향기'가 있다. 사람의 심금을 울리는 향이다. 이른 봄 달빛에서 맡는 매화의 암향暗香, 4~5월에 피는 라일락 향, 한여름에는 연향蓮香, 그리고 11월 초에 피는 만리향萬里香이다.

삼복더위가 찾아오면 연향을 맡는다. 더위와 궁합이 맞는 게 연향이다. 연향을 맡으면 기운이 아래로 착 가라앉으면서 머리가 상쾌해지는 느낌을 받는다. 그래서 이맘때면 연꽃이 피어 있는 정자를 찾아다닌다. 옛 선인들은 새벽녘에도 연꽃을 즐겼다. 연꽃은 새벽에 핀다. 이때 미세한 소리가 난다. 새벽에 연지에 배를 띄우고 들어가 연꽃이 피는 소리를 듣는 풍류를 가리켜 '청개화성聽開花聲'이라 했다.

경북 문경시 산북면 서중리에 주암정舟巖亭이라는 정자가 있다. 지인의 안내를 받아 한적한 시골 동네길을 돌아 들어가니 거기에 있었다. 배(舟) 모양의 바위가 불뚝 솟아 있었고, 그 바위를 타고 정자가 올라앉아 있는 형국이었다. 한눈에 보기에도 신선이 놀 만한 형세였다. 운달산 줄기가 수십 리 내려와 월방산이라는 야산에서 기운이 뭉쳤고, 월방산 바위자락 끝에 정자가 붙어 있는 모양새다.

정자 앞으로는 대략 660제곱미터(약 200평) 규모의 연못이 조성되어 있었는데, 연못에 홍련紅蓮이 가득했다. 홍련 밭에 배가 한 척 떠 있는 셈이었다. 정자 앞으로 보이는 산이 금품산錦品山이다. 쌀 창고와 필봉筆峰이 결합된 모양의 안산案山이다. 조선 팔도의 이름 난 정자를 순례해봤지만 이만한 풍류와 정취를 지닌 정자를 보지 못했다. 이런 정자가 어찌 이런 시골에 숨어 있었단 말인가. 어떤 복 많은 사람이 이런 풍류를 누리고 있단 말인가. 감탄이 절로 나왔다.

정자에 올라 수인사를 했다. 70대 중반의 노인이 정자 마룻바닥에 선풍기를 틀어놓고 연꽃을 감상하다가 나를 맞이했다. 채훈식 씨다. 가식이나 허세가 전혀 보이지 않는 시골 농부의 순박한 얼굴이다. 그런데 허리가 꾸부정하면서 거동이 자연스럽지 않은 모습

이다. 알고 보니 20대부터 허리통증이 있었다고 한다. 허리 병을 고치려고 좋다는 데는 다 가봤지만 고치지 못했다. 그래서 바깥출입을 잘 못하고 동네 안에서만 대부분 살았단다.

주암정은 그의 10대조인 채익하(蔡翊夏, 1633~1675년)가 세운 정자였다. 당시만 하더라도 정자 앞으로 냇물이 흘렀단다. 그러다가 어느 때인가 태풍으로 물길이 바뀌면서 정자 앞은 흙으로 메워져 밭이 되었다. 그 뒤 정자 앞을 지나가는 사람들마다 '배 바위가 있는데 물이 있으면 좋겠다.'는 의견을 냈다. 그래서 20년 전인 1990년대 중반 후손인 채 씨가 밭의 흙을 파내고 둘레에 돌을 쌓아 연못으로 조성한 것이다. 여기에 연을 심어놓으니 이제는 연꽃이 가득한 연못이 되었다.

　흡사 배처럼 생긴 널따란 바위 위에 정자를 지었으니, 마치 배 위에서 연꽃 밭을 내려다보는 형국이다. 정자 마루에 앉아 있으면 꽃도 꽃이지만 연꽃의 향기가 코로 가득 들어온다. 도로와 떨어져 있어 차 소리도 들리지 않고, 관광지도 아니어서 사람도 북적거리지 않아 사방 고요함이 그득하다.

　정자와 100미터쯤 떨어진 거리에 채 노인의 집이 있다. 집에서 밥만 먹고 나면 정자에 앉아 하루 종일 논다. 말년 팔자가 이만하면 가히 신선급이다. 그러나 그의 인생 사연을 들어보니 곡절이 있었다. 곡절 없는 인생은 없다.

　"젊었을 때부터 불치의 허리 병이 있어서 신세를 비관했어요. 이렇게 살면 뭐 하나 하는 생각을 했지요. 남자가 돈도 못 벌고 활동도 제대로 못 하니까 한이 맺혔어요. 그래서 서른네 살 무렵인 1976년 속리산 문장대에 올라갔습니다. 까마귀밥이 되려고 간 것이죠. 문장대 바위에서 떨어져 죽으려고 했어요. 그날이 양력 8월 20일이었던 것 같아요. 문장대를 올라가는데 어떤 젊은 여자 혼자 문장대를 올라가고 있었어요. 나와 여자 두 사람뿐이라 자연스럽게 이야기를 하면서 산길을 올라갔죠. 문장대 바위 정상에 도착했는데 여자가 내 옆을 떠나지 않았어요. 여자가 내려가고 나 혼자 남으면 절벽에서 뛰어내리려고 했는데, 계속 여자가 옆에 있는 거예요. 못 뛰어내렸죠. 하는 수 없이 또 같이 내려왔어요. 문장대 밑에 있는 구멍가게에서 음료수를 마시면서 '당신 시간 있냐?'고 물으니 '시간 많다.'는 거예요. 그래서 처음 본 그 여자랑 3박 4일 동안 설악산·경포대·경주 등지를 여행했어요. 물론 허리가 아파 이야기만 했지만요. 여행을 하고 나니까 신기하게도 죽고 싶은 마음이 싹 사라졌어요. 여자와 나는 서로 이름도 주소도 안 물어본 채 마지막 여행지인 경주에서 헤어졌어요. 그러고 나서 집에 돌아와 10년을 살았어요. 그리고 10년 만에 또 문장대에 올라갔어요. 다시 죽으려고 올라간 것이죠."

"10년 만에 다시 문장대에 죽으러 올라가니까 어떤 감회가 들던가요?"

"갑자기 시詩가 가슴 속에서 터져 나오더라고요."

시라는 것을 한 번도 써본 적 없는 채 노인이 죽음을 앞두고 이때 읊조린 시는 감동적이었다. 대강 옮겨 적으면 이런 내용이었다.

> 세월은 흘러서 백발이 되었는데,
> 문장대 너는 무슨 약을 먹고 늙지도 않았느냐?, 물으니
> 문장대 바위가 말하기를
> 늙지는 않았지만 발이 없어서
> 보고 싶은 사람을 찾아가지 못하는데,
> 너는 발이 있어서 보고 싶은 나를 찾아왔으니
> 나보다는 낫지 않으냐.
> 남은 인생 즐겁게 살다 가거라

채 노인이 문장대의 대답을 듣고 바위에 엎드려 통곡했단다. 실컷 울고 난 다음 용기를 얻어서 '지금 헤어지면 언제 다시 만나볼지 모르겠구나. 잘 있거라 나는 간다.' 하고 속리산을 내려왔다는 것이다.

주암정 연꽃 밭에서 들은 사연이다.

낡은 세상을 해체하고
새 세상을 만드는
부처

추노꾼의 추적을 피해 변산으로 도망간 조선 중기 이후의 노비들은 미륵불을 신봉했다. 석가불은 이미 죽었고 새로 올 부처님인 미륵불이 이 세상에 나타나면 양반 상놈 구분 없는 평등세상이 올 거라고 믿었기 때문이다. 노비들이 믿었던 미륵불이 어디 있었을까. 나는 전북 고창 선운사禪雲寺 미륵불이라고 생각한다.

선운사는 조선시대까지만 하더라도 요새지형이었다. 바다 쪽에서 바라보면 줄포만苗浦灣을 사이에 두고 왼쪽에는 변산반도의 내소사來蘇寺가, 오른쪽으로는 선운사가 있다. 지금은 터널이 뚫리고 도로가 났지만 조선시대 선운사는 줄포만으로 배를 타고 들어가 다시 인천강仁川江을 거슬러 올라가야만 접근할 수 있는 구조였다. 육지로 가려면 참당암懺堂庵 쪽의 고개를 힘들게 넘어서 들어가야 했다. 접근이 어려웠다는 이야기다.

그래서 조선 후기 당취黨聚들의 훈련도장으로 사용되었다는 이야기가 야사에 전해진다. 당취는 반체제 비밀승려 결사조직을 일컫는다. '땡추'가 이 말에서 유래했다고 한다. 조선조의 억불정책에 반발하는 승려들이 비밀결사를 조직해 부자들의 재물을 털고 정부조직에 저항했다. 한마디로 반체제 승려조직이다. 줄포만을 사이에 두고 변산반도와 밀접하게 연결되어 있었던 것이다.

동백꽃으로 유명한 선운사의 본당 대웅전에서 미륵불이 있는 쪽으로 가려면 3킬로미터 정도 계곡길을 타고 올라가야 한다. 거기에 도솔암이 있다. 도솔암은 기도발이 영험하다고 알려진다. 특히 오래된 귀신을 잘 떼어내는 영험이 있다고 전국에 소문이 났다. 도솔암은 바위 언덕 위에 자리 잡고 있다. 그리고 그 주변을 바위 봉우리들이 병풍처럼 빙 둘러쌌다. 바위 언덕 끝의 지점을 바위 봉우리들이 둘러싸고 있으니 마치 압력밥솥 같다. 기운이 빠져나가지 않고 뭉쳐 있어서 기도발이 잘 받는 구조다.

기도발은 바위와 암벽, 절벽으로 이루어진 지점에서 잘 받는다. 도솔암 터가 전형적으로 기도발 터다. 무협지에 나오는 무당파나 소림파의 장문인(掌門人, 문파의 우두머리)이

거처할 만하다는 느낌을 받기도 한다. 그만큼 비밀스럽고 신비한 느낌을 주는 암자 터다. 도솔암은 그 옆으로 바위 계단을 통해서 돌아 올라가게 되어 있다. 거기서 사흘만 기도를 하면 어지간한 일은 성취한다고 한다. 도솔암에는 산신령도 두 명이나 있다. 검단 선사와 의운 조사. 이 두 명의 고승이 산신령이 되어 도솔암 터를 지키고 있다는 게 주위의 영발도사靈發道士들의 말이다. 산신령이 있는 터와 없는 터는 효험에서 차이가 난다. 산신령이 있는 터에 가서 기도해야만 효과가 크다.

　도솔이라는 명칭도 그렇다. 미륵불이 계신 하늘나라가 도솔천이다. 불교는 천당이

33겹이다. 33천天인 것이다. 절에서 종을 칠 때 저녁에는 33번, 새벽에는 28번을 치는데, 33번을 치는 이유는 불교에서 말하는 33천에 각각 한 번씩 콜사인(호출부호)을 넣는 셈이다. 지상에서 나는 쇳소리(종소리)만이 영계靈界까지 전달된다고 한다. 다른 소리는 전달이 안 된다. 그래서 종鐘을 만들 때 시주를 많이 하면 복을 짓는 셈이 된다. 28번은 28수(宿, 별)를 향해, 안녕을 빌며 종을 치는 것이다.

도솔암은 정면 쪽이 절벽으로 되어 있다. 그 바위 절벽에 마애불이 조각되어 있다. 미륵불이다. 지상에서 3.3미터 높이에 있다. 책상다리를 하고 있는 미륵불의 높이는 15.6미터, 폭이 8.4미터이다. 우리나라 바위 암벽에 새겨진 마애불(미륵불) 중에서는 가장 큰 크기이다.

그런데 표정이 온화하지 않다. 약간 위압적이다. 눈의 표정과 입술 모습이 자상하고 편안한 모습보다는 약간 화를 내고 있는 모습 같기도 하다. 대개의 불상이 자비롭고 편안한 모습인데, 선운사 미륵불의 모습은 사람을 위압하는 압인지불壓人之佛의 형상으로 느껴진다. 선운사 도솔암의 미륵불은 낡은 세상을 해체하고 새 세상을 만드는 부처님이기 때문에 온화할 수가 없다. 앙시앵레짐(구체제)을 해체하는데 어찌 미소만으로 되겠는가. 힘이 들어가 있는 것이다.

1894년 동학농민혁명의 발화 지점이 바로 이 미륵불 앞에서였다. 고창 일대에서 민심을 장악한 손화중이 선운사 미륵불의 배꼽에 숨겨져 있는 비기秘記를 꺼낸다는 소문이 일대에 퍼졌다. 혁명은 대중 동원에서 시작된다. '어떻게 사람을 모을 것인가.' 이게 관건이다. 미륵불의 배꼽 자리에는 오랫동안 내려오는 풍수도참의 예언이 숨겨져 있다고 인근 사람들 사이에 전해져왔다. 미륵불의 비기를 꺼내면 한양 정부가 망한다는 예언이다.

고창 일대에서 돈도 있고 인심도 얻고 친화력도 있어 가장 신망 받는 접주가 바로 손화중이었다. 대나무를 밧줄로 엮어 사다리를 만들어 미륵불이 새겨진 절벽에 걸쳐놓고 부처님 배꼽 자리에 숨겨져 있는 비기를 꺼냈다는 소문이 일대를 나돌았다. '이제 한양 정권은 끝나고 새로운 세상이 온다.'는 소문이 휩쓸었다. 조선 체제를 전복시키는 비결은 바로 선운사 미륵불의 배꼽에 있었던 셈이다. 조선조의 체제 이데올로기인 주자학을 뒤집는 대항 이데올로기는 미륵불의 배꼽에 있었다. 이건 무슨 의미인가. 변산에 숨어 살던 천민계급, 즉 노비들이 선운사 미륵불에 자신들의 희망을 투사시켜 놓았다는 말이다. 미륵불은 혁명불革命佛이 되었다.

그날 왜
노비 도적들은
움직이지 않았나

1728년이 누렁 원숭이의 해인 무신년戊申年인데 이때 반란이 일어났다. 영조가 왕이 된 지 4년째 되던 해였다. 당시 야당이었던 소론과 남인이 집권당인 노론에서 추대한 영조를 인정할 수 없다고 일으킨 반란이었다. 이 무신란의 특징은 사대부 양반집안들이 일으킨 반란이라는 점이다. 다른 반란은 밥 먹고 살기 힘든 밑바닥 계층에서 일으켰는데, 무신란은 내로라하는 양반집안들이 주축이 되었다는 점에 주목해야 한다.

반란은 '이래 죽으나 저래 죽으나 잃을 것이 없는 사람들'이 일으킨다. 가진 게 많은 기득권 계층은 시도하기 어렵다. 자기 생명과 재산을 다 건다는 게 쉬운 일은 아니다. 목숨과 재산을 다 거는 거사에는 어떻게 가담하는가? 그것은 혈연·학연·지연이 겹치는 경우라야 가능하다. 친척과 혼사로 맺어진 인연, 같은 선생 밑에서 동문수학한 인연, 같은 고장에서 자란 인연이 겹쳐지면 목숨을 거는 반란에 가담할 수밖에 없다.

오늘날 한국사회는 여전히 삼연三緣이 중요하다. 돈이 되고 영양가 많은 자리는 혈연과 학연, 지연으로 결정된다. 능력은 그 다음이다. 겉으로는 손사래를 치고 아니라고 부인하며 온갖 명분을 갖다 붙이지만, 속으로 들어가 보면 거의 다 세 가지 인연이 밑에서 은밀하게 작동하고 있다. 인간사에서 어찌 이 인연을 무시할 수 있겠는가. 외국도 마찬가지다. 정도의 차이일 뿐.

무신란은 경상도에서는 거창의 정희량이 주동을 했고, 충청도에서는 청주 일대의 이인좌가, 전라도에서는 태인현감 박필현과 나주羅州 나씨羅氏 집안이 가담을 했다. 정희량은 '의리의 선비' 동계桐溪 정온(鄭蘊, 1569~1641년)의 후손이다. 정온이 누구인가. 병자호란의 치욕을 당하자 할복을 했다. 그러나 배를 찢었어도 모진 목숨이 끊어지지 않자 거창의 산속으로 들어가 다시는 세상에 나오지 않았다. 고사리만 먹고살았던 그의 거처가 모리재某里齋다. 몇 년 전 모리재에 가보니 지프차를 타고 산길을 한참 올라가야만 도달할 수 있는 그야말로 심산유곡이었다.

정희량은 반란에 실패해 처형당했지만 거창 정씨 집안은 반란 후 몇 십 년 있다가 복원되었다. 과거에 집권여당인 노론의 종주 격인 우암 송시열이 당파는 달랐지만 대쪽 같은 선비 정온을 매우 존경했기 때문에 이 집안은 봐주었던 것이다. 대개 반란 주동자의 고택은 땅을 파서 연못으로 만들고 후손들은 노비로 만든다. 그런 세상에서 연못으로 만들지 않고 후손들이 집안을 유지하도록 해준 조치는 매우 이례적인 일이었다.

무신란이 실패한 이유는 병력문제였다. 죽기 살기로 싸울 전투 병력이 부족했던 것이다. 왜냐하면 양반집안 후손들과 돈 있는 상인계층이 반란의 주력이었기 때문이다. 관군과 싸우려면 자기도 죽을 각오를 해야 한다. 말이 그렇지 죽을 각오를 하고 싸운다는 것은 쉬운 일이 아니다. 어떤 투철한 신념이나 피맺힌 한이 쌓여 있어야만 인간은 목숨을 건다. 명문 양반과 돈 많은 상인들이 어찌 목숨을 걸겠는가.

조선시대 반란사건 전문가인 고故 정석종 영남대 교수는 '변산의 노비 도적이 무신란의 선봉에 서지 않았던 점이 패인'이라고 분석했다. 당시 가장 강력한 무력을 보유하고 있던 집단은 변산에 웅거하고 있던 노비와 도적 무리였다. 그들은 나주 나씨 집안과 연결되어 있었고 반란 지도부와도 거사를 하면 출동하기로 모종의 합의는 했던 모양이다.

변산 노비 도적의 두목은 정팔용이라는 인물로 알려져 있다. 노비 출신이다. 원래 전북 남원에서 태어났다고 하는데 흘러 흘러 도망을 와 변산에 숨어살면서 노비 도적의 지도자가 된 모양이다. 당시 변산 노비 도적의 수는 얼마였을까? 자료가 전혀 남아 있지 않아서 정확한 숫자는 알 길이 없지만 정황을 종합해보면 7,000~8,000명 정도로 가늠된다. 이 무리가 '장광 80리'의 변산반도 곳곳에 산재해 있었을 것이다.

변산반도의 들판과 바닷가의 갯벌이 이들을 먹여 살릴 수 있는 환경이었다. 그리고 변산반도 앞을 지나가는 세곡선稅穀船과 상선商船을 공격해 식량과 물자를 조달했다고 본다면 1만 명은 족히 먹고살 수 있는 조건이었다. 변산 노비 도적은 육지는 물론 변산 앞

바다를 지나가는 각종 선박을 약탈했다. 변산은 해적의 본거지이기도 했다.

정팔용은 육군과 해군을 총괄하는 대장이었다. 무신란 주도 그룹 내에서도 혁명군의 제1장將인 청룡장靑龍將으로 추대되었다. 양반들이 노비 도적 출신 정팔용을 최선봉인 제1장으로 추대한 모양새도 흥미롭다. 혁명은 역시 무력이고, 그 무력에서 노비 도적들이 최강이므로 아무리 신분이 다르고 노비 집단이라 할지라도 활용하지 않을 수 없었을 것이다. 그만큼 당시 조선사회에 변산 노비 도적 집단의 무시무시한 이름이 널리 알려져 있었다.

그러나 어쩐 일인지 관군과 싸움이 붙었을 때 노비 도적들은 움직이지 않았다. 참여한다고 약조는 되어 있었지만 결정적인 순간에 참여하지 않았다. 만약 노비 도적이 청주성 일대의 전투에 참여했더라면 상황은 바뀌었을 수 있다. 그런데 결정적 순간에 참여하지 않은 이유는 무엇일까. 통신이 여의치 않아서 그랬을까? 무신란 주도 그룹이 노비 신분에서 해방시켜준다는 혁명 공약을 제시하지 않았을 가능성이 있다. 노비 도적의 최대 관심사는 신분 해방이다. 앞에서 주도한 양반들이 자신들의 명분만 내세우고, 실제 싸움에 들어갈 노비들의 이해를 대변하지 않았을 가능성이 크다. 정팔용은 이를 간파하고 그냥 변산에 남아 움직이지 않았을 것이다.

황금을
강물에
던져 버리다

옛날에는 나라의 수도를 정할 때 강물을 끼고 있는 곳인지 반드시 살폈다. 배를 통해 물건을 운반했기 때문이다. 수운水運이 물류의 핵심이다. 강물이 흐르면 돈이 모인다고 봤고 물이 없으면 돈이 없는 터라고 했다. 또한 강물은 생태계의 습도를 조절해준다. 건조한 터에서는 인물이 나오지 못한다. 한강은 이런 점에서 아주 중요하다. 한강이 없었으면 서울은 존재하지 않았다. 대도시에서 발생한 열기를 식혀주고, 근대까지 지방에서 올라오는 모든 물류의 종착지 역할을 했다.

한강 서쪽이 현재의 서울 강서구江西區다. 예전에는 외부에서 서울로 배를 타고 들어오려면 꼭 강서구를 통과해야만 했다. 한강의 길목인 셈이다. 가양동 겸재정선미술관 뒤로는 자그마한 야산이 하나 있다. 이름이 '관산關山'이다. 옛날부터 여러 가지 군사시설물이 있던 곳이다. 이름도 의미심장하다. 관문關門이라는 뜻이다. 표고는 낮지만 이 산은 군사적 요충지였다. 산에 오르면 한강 입구를 한눈에 조망할 수 있기 때문이다. 관산 건너편에 있는 경기 고양시 덕양구의 행주산幸州山과 함께 양쪽에서 서울로 들어오는 모든 선박의 출입을 통제할 수 있었다.

관산 아래쪽으로 내려가면 가양동 26~28번지다. 여기 '공암孔巖바위'가 있다. 멀리서 보면 구멍이 뚫린 것처럼 생겨서 붙여진 이름이다. 바위 절벽에는 동굴이 하나 있다. 가로 6미터, 세로 2미터, 길이 5미터 정도로 사람 10여 명이 들어갈 수 있는 크기다. 양천陽川 허씨許氏 시조인 허선문許宣文이 출생한 곳이라고 알려져 있다. 그래서 '허가바위'라고도 불린다. 고대에는 강물 옆에 있는 이런 바위동굴이 사람 살기에 좋은 공간이었다. 물고기를 잡아먹기 좋은 데다 추위와 더위를 피할 수 있고, 배가 닿을 수 있는 나루터 구실도 했기 때문이다.

이런 바위동굴 속에 사람이 들어가 있으면 바위로부터 기를 받는다. 동굴 내부는 마치 압력밥솥처럼 기운이 빵빵하다. 도를 닦는 데 필수적인 요소가 땅에서 올라오는 강력한 기운인데 그 기운은 바위 속이 가장 강하다. 기를 받아야 번뇌를 털 수 있고, 기운이 강한 곳에서 '기도발'도 받는다. 접신接神 내지는 계시를 받을 수 있는 지점이기도 하다. 그래서 동서양을 막론하고 모든 종교적 천재들이 수도했던 장소는 바위산과 바위동굴이다.

양천 허씨 집안에 선가仙家 취향의 인물이 많이 배출되었는데, 그 시조가 출생한 곳이 도사들이 좋아하는 장소였다는 사실이 흥미롭다. 허선문 본인도 아마 도사였을 것이다. 양천 허씨인 《동의보감》의 저자 허준도 공암바위 앞에서 움막을 짓고 몇 년 살았다고 한다. 《동의보감》은 도가道家 계통의 서적이라고 봐야 한다. 당시 한의학은 불로장생을 추구했던 도교의 일부였다.

《동의보감》에는 중국 한의서에 없는 내용인 '정기신精氣神 삼보三寶'에 대한 내용이 들어가 있다. 도가에서는 인간을 정기신, 세 가지 보배로 이루어졌다고 본다. 이 셋의 조화로 양생할 수 있다고 여겼다. 정精은 생식과 장부 등 생물학적 조건이며, 기氣는 정을 기반으로 한 생명 에너지, 신神은 정신적 기운이다. 흔히 초에 비교하는데 정은 초의 몸통이요, 기는 심지의 불꽃, 신은 불꽃에서 퍼지는 빛이다. 정이 충실하면 기가 강해지고 기가 강해지면 신이 밝아진다고 보았다. 정기신은 도교 내단內丹 수련에서 빼놓을 수 없는 핵심이다. 《동의보감》을 저술할 때 허준의 상관이었던 유의(儒醫. 유학자로 의학지식이 있으면서도 의술을 업으로 하지 않는 사람을 총칭하는 말) 정작(鄭碏, 1533~1603년)도 주목할 만한 인물이다. 정작은 조선 단학丹學의 비조(鼻祖, 창시자)라고 일컬어지는 북창 정렴鄭磏의 동생이다. 정렴은 단학의 교과서인 《용호비결龍虎秘訣》의 저자이다.

공암바위 앞에는 공암진孔巖津이라 불렸던 나루터가 하나 있었다. 나루터에는 돛이 한 개 있는 배와 돛이 두 개 있는 배가 섞여 있었다고 한다. 돛 한 개짜리는 근거리를 항해하는 배고, 두 개짜리는 바닷가와 강물 모두를 오갈 수 있는 원거리용 배이다. 공암나루 앞의 강물은 투금탄投金灘이라고도 불렸다.

투금탄이 무슨 말인가? '황금을 던져 버린 강물'이다. 고려 말에 개성으로 과거를 보러가던 두 청년이 있었다. 이억년과 이조년 형제다. 둘은 개성으로 가던 길에 금 두 덩어리를 주웠다. 횡재를 한 것이다. 각자 금 한 덩어리씩을 품고 공암진 나루에서 배를 탔는데 아우 이조년이 갑자기 금덩어리를 강물에 던져 버렸다. 놀란 형이 물었다.

"왜 귀한 금덩어리를 물에 던지느냐?"

"자꾸만 형님이 가진 금덩어리에 욕심이 생겨서 던졌습니다. 우리 형제가 우애가 좋은데 자칫 이 금덩어리 때문에 저와 형님 사이가 안 좋아진다면 이까짓 금덩어리가 무슨 소용입니까?"

이 말을 들은 이억년도 자기가 지닌 금덩어리를 미련 없이 강물에 던져 버렸다. 이후로 공암진 앞을 '투금탄'이라 불렀다. 이런 아름다운 이야기가 서려 있는 장소가 바로 서울 강서구 가양동 공암나루 앞이다.

인걸과
지령의 신비로운 관계

풍수학에서 말하는 문필봉文筆峰이 있다. 붓끝처럼 뾰족하게 생겨서 그렇게 부른다. 또는 삼각형처럼 보이는 산이다. 이런 산이 동네 혹은 묏자리 앞에 있으면 동네 주민들이나 그 후손들 가운데에서 문필가가 나온다고 믿는다. 많은 현장을 답사해본 결과 문필봉이 보이는 동네에서는 거의 대부분 유명한 학자나 문장가 등 인물이 배출되었다. 아무리 생각해도 신기한 일이다.

20년 전쯤 중국의 오지와 시골을 돌아다녔을 때다. 동네 입구에다 인공으로 문필탑塔을 조성해놓은 모습을 보고 깜짝 놀랐던 적이 있었다. '저게 뭐냐?'고 현지 주민에게 물으니 '문필탑'이라고 대답했다. 문필봉이 없으니까 인공으로 굴뚝 같은 탑을 벽돌로 차곡차곡 쌓아 세워놓은 것이었다. 중국도 역시 우리처럼 풍수지리를 신봉해 이런 문필봉의 지령적地靈的 기능을 중시했다는 증거다. 꿩 대신 닭을 준비할 줄도 아는 게 지혜다. 이런 각도에서 보자면 이집트의 피라미드 역시 무덤이면서 한편으로는 거대한 문필봉으로 조성해놓은 것이 아닌가 싶다. 뾰족한 삼각형 모양의 피라미드야말로 완벽한 '인공 문필봉'에 해당한다. 고대 이집트인들도 뭔가 알긴 알았던 게 아닐까.

그래서 우리 산천을 답사 다닐 때 가장 눈여겨보는 대목이 산의 모양이다. 수·화·목·금·토 5개의 모양 중에서도 목형木形인 문필봉을 가장 관심 있게 관찰한다. 문필봉이 멀리 보이면 나름대로 계산해서 봉우리의 가장 적당한 높이와 각도에서 보이는 동네나 지점을 찾아가보는 게 습관이다.

경남 산청의 필봉산筆峰山은 유명한 문필봉이다. 문필봉도 급이 있는데, 산청 필봉산은 A급에 속한다. 왜 A급일까? 삼각형 모양이 제대로 잡혀 있기 때문이다. 기울어지거나 한쪽이 찌그러지지 않고 반듯하다. 뿐만 아니라 그 높이도 해발 848미터로 우뚝하다. 누가 봐도 문필봉임을 대번에 알아차릴 만큼 교과서적으로 생겼다. 고속도로를 지나가면서 멀리 이 필봉산을 볼 때마다 배가 부르고, 가슴이 뿌듯하고, 때로는 어떤 텔레파시가 오는 것 같은 느낌을 받는다.

산청군 생초면生草面에 가면 이 필봉산을 정면으로 볼 수 있다. 동네 앞에는 경호강
이 흐른다. 몇 년 전까지만 해도 생초면 어서리에는 생초초와 생초중·생초고가 거의 붙
어 있다시피 쭉 자리 잡고 있었다. 3개 학교가 이리저리 분산되지 않았던 이유도 이 필봉
산 때문이다. 어서리에서 보면 동네 앞으로 멀리 필봉산이 보인다. 필봉산이 보이는 가장
유리한 지점에 3개 학교를 배치한 셈이다. 문필봉은 앞에서 보여야 한다. 동네 뒤에 있으
면 효과가 적다.

우선 법조계에 많은 인재들을 배출했다. 조선시대 과거합격의 전통에서 보자면 현
재의 고시합격자를 객관적인 인재로 생각할 수 있다. 고시 합격자만 해도 어림잡아 30명
이 생초면에서 배출되었다. 산골 동네에서 30여 명이라면 적은 수가 아니다. 교수와 박사
만 해도 역시 30여 명에 육박한다. 한 집 건너 판사와 검사이고 두 집 건너 교수와 박사인
것이다.

법무장관을 지낸 김두희, 법무차관을 지낸 김상희가 이 동네 출신이다. 두 사람은 경
주慶州 김씨金氏 집안인데 그 윗대로 올라가면 김신석이 있다. 일제강점기에 호남은행장
을 지냈던 인물이다. 부산상고를 나온 김신석은 회계업무에 아주 탁월했다. 능력을 높이
평가한 전라도의 무송撫松 현준호(玄俊鎬, 1889~1950년)가 호남은행을 창립하면서 김신석
을 스카우트 했다. 현준호는 당시 인촌 김성수와 쌍벽을 이룰 만큼의 재벌이었고 일본인
의 금융지배를 막기 위해 호남은행을 세웠던 것이다. 현정은 현대그룹 회장의 조부이기
도 하다. 당시 김신석이 호남은행 목포지점장을 하면서 호남으로 옮겨와 살았다. 이때 낳
은 딸이 김윤남이고, 김윤남의 딸이 이건희 삼성 회장의 부인 홍라희다. 거슬러 올라가면
홍라희의 외조부가 생초면 출신의 김신석이다.

최근 베트남 축구를 한 차원 끌어올리면서 '베트남의 히딩크'로 추앙받는 박항서 감

독도 생초면 출신이다. 한국이 베트남전쟁에 참전하면서 베트남 국민들에게 쌓여 있던 반한 감정을 상당히 녹여주는 역할을 이번에 박 감독이 했다고 본다. 굉장히 큰 역할을 한 셈이다. 현재 생초면장인 박춘서 씨(60)는 박 감독도 자기와 같은 반남 박씨 서緖 자 항렬이라고 했다.

또 박 면장은 동네 출신 인물들을 나에게 여러 명 알려주었다. 배준현 서울고등법원 부장판사, 성낙송 사법연수원장, 오동호 국가공무원인재개발원장, 유재열 예비역 육군대장, 한승의 전 육군사관학교장, 곽재성 전 해병대부사령관, 박찬수 목아박물관장이 생초면 출신이다. 교수들도 10여 명 배출되었다. 이게 모두 필봉산 정기 덕분이라고 생각한다.

'인걸人傑은 지령地靈이다.' 풍수라는 말을 기록에 처음으로 남긴 중국 동진東晉의 곽박郭璞이 한 말이다. 한자문화권에서 적어도 5,000년이라는 세월의 임상실험 끝에 정립된 이치이다. 몇 년 사이에 '인걸'과 '지령'의 상관관계를 입증하기란 어렵다. 이는 실험실에서 몇 주 사이에 나오는 임상 데이터가 아닌 것이다. 적어도 수백 년이라는 시간이 흘러야 이 양자의 함수관계를 깨닫게 된다.

범이 웅크리고
용이 꿈틀대는 터

《주역》의 64괘 가운데 '화산여火山旅' 괘가 있다. 위에는 불이 있고 아래에는 산이 있는 형국인데, 이 괘의 이름에 '여행할 여旅'자를 썼다. 전해오는 이야기로는 공자가 50대 초반에 자신의 인생이 어떨 것인지 점쳐봤을 때 나온 괘가 바로 화산여괘였다고 한다. 정처 없이 떠돌아다닌다는 의미다.

여旅는 여인숙旅人宿이라는 단어에도 쓰인다. 인도에서 평생 빈민구제를 한 테레사 수녀가 죽기 전에 "인생은 낯선 여인숙에서의 하룻밤"이라고 말했다지 않은가! 우리 모두 여인숙에서 하룻밤 머물다 가는 것이니 인생에 대해 너무 큰 기대와 의미를 부여하지 말자. 그러면 번뇌가 쌓인다.

이런 멋진 의미의 여旅 자를 넣어 자신의 호로 삼은 인물이 조선시대에 두 명 있었다. 여헌旅軒 장현광(張顯光, 1554~1637년)과 여암旅菴 신경준(申景濬, 1712~1781년)이 그들이다. 두 인물의 호가 결국 '여인숙'이라는 뜻이다.

여암은 여행을 많이 다녔다. 북청부사·순천부사·제주목사 등의 벼슬을 지냈으니 조선팔도가 머릿속에 있었을 것이다. 그는 지도와 관련된 저술들을 남겼는데, 〈동국여지도東國輿地圖〉는 김정호의 〈대동여지도〉보다 훨씬 앞선다. 또 하나의 명저가 《산경표山經表》다. 우리나라 산의 족보다. 한반도의 산줄기가 백두산에서 지리산으로 이어지는 백두대간白頭大幹으로 되어 있으며, 이 백두대간이 1개의 정간과 13개의 정맥으로 구성되었다고 밝혀놓았다. 우리나라에만 있는 독특한 등산법이 '백두대간 종주'다. 이 백두대간 종주 마니아들이 한 번쯤 탐독해야 하는 책이 여암이 남긴 《산경표》인 것이다. 조선시대 학자가 남긴 저술 가운데 21세기에도 여전히 실용적인 책이라는 말이다.

이 외에도 여암은 최초의 시 이론서 《시칙詩則》, 철학서 《소사문답》, 훈민정음을 한자음표기에 맞춰 정리한 《훈민정음운해》를 썼다. 관직과 유배, 낙향으로 서산, 강화, 제주, 순창 등 잦은 이주가 여암에게는 많은 저술의 기회였던 것이다. 지리, 역사, 국문학을 모두 아우르는 보기 드문 학자로 평가받는 신경준을 가리켜 위당爲堂 정인보는 '신경준이 높은 자리에 있었다면 조선이 일본에 패망하지 않고 오히려 일본을 능가했을 것'이라고 했다.

'인걸人傑은 지령地靈'이라고 했다. 여암의 족보와 내력은 어떨까? 이만한 학자가 나오려면 지령을 받고 태어난 게 분명하다. 그 인물이 태어난 동네에 어떤 지령이 있는가를 살펴보는 일이 나의 취미다. 여암을 다른 말로 보통 '남산대南山臺 신씨'라고 부른다. 공식적으로는 고령高靈 신씨申氏지만 그가 태어나고 성장한 지역이 전북 순창의 '남산대'라는 곳이기 때문이다.

순창은 전북의 내륙에 해당한다. 적성강(섬진강 상류)이 맑게 감아 돌고, 들판이 있고, 적당한 높이의 산들이 둘러싸서 고려시대말부터 살기 좋은 '가거지지(可居之地. 머물러 살 만하거나 살기 좋은 땅)'로 꼽혀 왔다. 남산대는 순창 읍내에서 2킬로미터 정도나 떨어져 있을까. 옛날 양반들은 시내 한복판에 살지 않았다. 약간 떨어진 곳, 걸어서 1시간 정도 걸리는 위치를 적지로 꼽았다. 남산대는 100~200미터 높이의 낮은 봉우리들이 소쿠리처럼 둘러싼 곳이다. 원래 대臺는 그리 높지는 않지만 주변 풍광을 굽어볼 수 있는 언덕 정도의 지점을 가리킨다. 지금은 해발 500~600미터의 산에도 도로를 내고 사람이 왕래하면서 거처할 수 있지만, 조선시대에는 사찰이나 심산유곡深山幽谷의 화전민 빼고는 높은 곳에 거주하지 않았다. 나지막한 언덕을 선호했다.

남산대도 바로 그러한 지형이다. 여암의 윗대 조상은 신숙주 동생인 신말주(申末舟, 1429~1503년)다. 신말주는 세조가 단종을 죽이고 정권을 잡자 벼슬을 그만두고 처가의 고향인 남산대로 돌아갔다. 형인 신숙주는 정권 실세로 잘나갔지만 동생은 그 재미를 보지 않고 낙향해 버린 것이다. 도연명의 '귀거래사'를 실천한 드문 사례. 그 의미를 따서 남산대 언덕 위에 귀래정歸來亭이라는 정자를 짓고 한운야학(閑雲野鶴. 하늘에 한가히 떠도는 구름과 들에 노니는 학)처럼 살았다.

　　남산대는 전체적으로는 U자 모양의 회룡고조回龍顧祖 형국이다. 앞에 보이는 안산은 둥그런 금체金體 형태로 생겼다. 봉우리가 세 개다. 마치 어미 거북이가 새끼 거북이 두 마리를 차례로 이끌고 올라오는 형국이다. 이 모습이 볼 만하다. 이 터는 옛날부터 명당으로 소문났던 모양이다. 당대의 학자였던 서거정徐居正도 귀래정에 놀러왔다가 이 터를 보고 '전해지는 바로는 범이 웅크리고 있고, 용이 꿈틀대는 터'라고 기록해놓았다.

남쪽에 제일가는
그림 같은 산

윤선도가 '신선이 사는 곳'이라 하고, 매월당 김시습이 '남쪽에 제일가는 그림 같은 산'이라 했다. 전남 영암에 있는 월출산月出山이다. 월출산은 보면 볼수록 명산이다. 평지에 우뚝 솟은 바위산 봉우리들이 불꽃같다. 화체火體 산의 전형이다. 화체산은 기도발이 잘 받는다. 더군다나 월출산은 바위의 강도가 아주 단단하다. 화강암에 속하는 맥반석도 많이 섞여 있다. 맥반석은 화강암 중에서도 무척 단단해서 기가 강할 뿐만 아니라 '약돌'이라고 소문이 나 있다. '신령한 바위'라는 뜻의 '영암靈巖'이라는 지명도 월출산 때문에 붙여진 이름이다.

월출산의 바위 정기는 서남쪽으로 그 맥이 흘러내려와 주지봉朱芝峰에 맺혔다. 인간이 받아먹을 수 있는 산의 기운은 높은 지점에 있지 않다. 낮은 데 있다. 호박은 줄기의 끝에 맺힌다. 그런 이치로 산의 기운도 끝쪽에 맺혀 있다. 주지봉이 바로 월출산 영봉들의 끄트머리쯤에 해당한다. 월출산 최고봉인 천황봉이 해발 813미터, 주지봉은 491미터다. 바위 봉우리가 '붉은 영지버섯'처럼 생겼다고 해서 붙은 이름이 주지봉이다. 주지봉의 '지芝'는 영지버섯의 '지'자다. '지초芝草 지'라고 한다. 풍수가의 입장에서 볼 때 뚜렷한 문필봉이다. 월출산의 정기는 주지봉, 즉 문필봉에 와서 결실을 맺었다고 본다.

이 주지봉 아래에 있는 동네가 바로 구림鳩林마을이다. 옛날부터 호남의 명촌을 꼽을 때 가장 먼저 회자되는 마을이 구림이었다. 역사가 무려 2,200년에 이르는 마을이다. 그만큼 옛날부터 사람이 살기 좋은 조건을 지녔던 것이다. 거기에다 명촌으로 소문나려면 뚜렷한 인물이 많이 나와야 한다. 도선 국사, 왕인 박사, 최지몽 태사가 이 마을에서 태어나고 배출되었다. 도선은 풍수도참사상의 시조로 불교 중흥을 일으켰다. 왕인은 백제 때 일본으로 건너가 일본의 고대 문화를 만드는 데 공헌했다. 최지몽은 고려의 개국 공신이다. 국사(國師. 임금의 스승) · 박사博師 · 태사(太師. 왕세자의 교육을 담당한 벼슬) 즉 사師 자 돌림인 3명의 연고지다.

구림마을에서는 동쪽으로 월출산의 주지봉이 보인다. 국암서원國巖書院과 죽림정竹林亭을 비롯한 마을의 주요 건물들은 남향이 아니라 동향으로 지어졌다. 왜 남향이 아닐까? 동쪽의 문필봉을 바라보기 위한 의도적인 배치다. 구림은 둥그렇게 능陵으로 둘러싸여 있다는 점이 참 보기 좋다. 월출산이 바위산이라서 기가 너무 강할 수 있는데, 소쿠리처럼 마을이 둘러싸여 바위산의 암기巖氣를 순화시켜준다.

천황봉 줄기가 바위산의 노기怒氣를 풀고 문산재에서 순한 언덕으로 변한 것이다. 문산재에서 시작된 구림능이 구림을 반달처럼 감싸는 형태다. 그리고 반대편에서는 죽정竹亭에서 시작되는 능이 마을을 감싼다. 능의 높이는 40~50미터나 될까. 흙으로 덮인 능 위에는 잘생긴 소나무들이 서 있다. 월출산이 양陽이라면 둥그런 능은 음陰에 해당한다. 만약 이 야트막한 언덕인 능이 없었더라면 구림은 월출산의 강한 기운을 직격탄으로 맞을 것이다. 능이 강한 기운을 부드럽게 완화시키는 쿠션 역할을 해줘 구림이 명촌이 될 수 있었다.

게다가 마을을 동서로 나누면서 가로지르는 냇물이 있다. 월출산 도갑사 쪽에서 내려온 구림천鳩林川이다. 구림천이 태극의 음양을 가르는 무늬 역할을 한다. 구림이 하나의 태극이라면 구림천이 가운데를 흐르면서 마을을 동서로 나눠주는 것이다.

구림에서 또 하나 명물은 국사암國師巖이라는 바위다. 마을 가운데 평지에 돌출되어 있다. 높이는 2미터가 채 안 되고 길이는 10미터쯤 된다. 도선 국사의 어머니는 처녀의 몸으로 아이(도선)를 낳은 게 부끄러워 핏덩어리를 바위 위에 놓아두었다고 한다. 그런데 버려진 아이를 비둘기들이 보호했다. 비둘기 구鳩, 수풀 림林의 구림과 국사암은 모두 도선 국사의 일화에서 유래한다.

국사암은 월출산의 맥이 땅속으로 내려오다가 마을 중심부에 솟아난 것이다. 이 지점이 주지봉의 끝자락이라 할 수 있다. 그러니 명물이다. 국사암에서 동쪽을 바라다보면 정면에 주지봉이 보인다. 문필봉의 기운이 직통으로 내려오는 곳이다. 바로 이곳에 국암서원이 자리 잡았다.

낭주朗州 최씨崔氏 최지몽의 유적비도 여기에 서 있다. 고려를 세운 왕건이 꿈을 꿨는데, 그 의미를 몰랐다. 원래 꿈은 해몽이 어렵다. 그래서 최지몽에게 물어보니 '삼국통일의 꿈'이라고 해석해줬다. 그래서 왕건이 '지몽知夢'이라는 이름을 준 것이다. 내가 보기에 구림은 '천호봉필千戶奉筆'의 형국이다. '천 가구가 문필봉을 받들고 있다.'는 뜻이다.

저수지가 가득하면
흉년은 없다

한반도의 지세는 동산서야東山西野다. 동쪽은 산이 많고 서쪽은 들판이 많다. 기차를 타고 가다 보면 전남 장성에서부터 충남 논산까지는 중간중간 야산을 빼면 거의 평야지대로 연결되어 있다. 가보지는 못했지만 이북도 그렇다. 북한 최대의 평야인 연백평야와 재령 평야는 황해도에 있다. 전라도의 김제·만경 평야는 한반도 최대의 평야다.

이들 평야지대의 고대 신은 용龍이었다. 용이 비를 내리게 해주는 신이었기 때문이다. 쌀농사를 지으려면 물이 반드시 필요하다. 쌀농사를 짓는 논(畓, 답)은 '물(水)' 밑에 '밭(田)'이 있는 것이다. 모내기를 할 때 비가 오지 않으면 굶어죽는다. 비를 주관하는 우신雨神이 바로 용이라고 생각했다. 십이지十二支에서도 용을 상징하는 게 진辰이다. 진은 물이 섞인 질퍽질퍽한 흙에 해당한다. 모내기할 때 질퍽한 논이 진이다.

평야지대에서는 고대부터 농사용으로 커다란 저수지를 축조해놓았다. 전라도에는 3개의 거대 저수지가 있다. 황등제黃登堤, 눌제訥堤, 벽골제碧骨堤가 그것이다. 마한시대부터 백제 중기에 축조한 것으로 추측된다. 황등제 호수는 전북 익산 미륵산 밑에 있었다. 둘레가 70리(27.5킬로미터)에 해당했다. 익산 원광대 후문 뒤로 황등 가는 길에 '요교腰橋 다리'라고 하는 지명이 남아 있는데, 여기는 황등제의 입구였다. 병목처럼 좁은 지형이다. 허리 '요腰' 자를 쓴 이유도 이 호수 입구가 잘록한 모양이기 때문이다.

구한말에 예언자 강증산姜甑山이 황등제 옆을 지나가면서 "앞으로 여기는 호수가 없어지고 농사짓는 땅이 되겠구나!"하고 예언을 했다. 황등제는 일제강점기 때 물을 빼며 논으로 바뀌었다. 백제 초기부터 존재했던 호수가 1,500년을 이어오다가 일제강점기 때 없어진 것이다.

충청도를 호서湖西라고 하고 전라도를 호남湖南이라고 하는데, 호남의 지명 유래는 미륵산 밑에 있던 황등제가 기준이었다. 황등제 이남이 호남인 셈이다. 지금은 황등제가 논으로 바뀌고 호수가 없어졌기 때문에 '호남'이라는 말을 이해하기 어렵게 되었다.

황등제를 배 타고 건너가면 미륵산 자락 미륵사彌勒寺에 도착하게 되어 있었다. 백제 무왕 때 대대적인 국책사업으로 지은 절이 미륵사다. 일부 남아 있는 석탑의 크기만 보더라도 이 절이 얼마나 컸는지를 알 수 있다. 백제 미륵사는 황등제를 끼고 있는 절이었다는 점을 주목해야 한다.

벽골제 역시 거대한 저수지였는데, 이 저수지 옆에 모악산 금산사金山寺가 자리 잡고 있다. 금산사 역시 진표 율사가 세운 미륵전으로 유명하다. 눌제는 전북 정읍시 고부면과 부안군 줄포면 사이에 있던 저수지다. 이 근처에 바로 변산반도 노비도적과 당취들의 신앙 대상이었던 선운사 미륵불(마애불)이 있다. 조선시대의 학자 성호 이익은《성호사설》에서 '호남의 3대 저수지만 가동하면 흉년은 없다'고 기록했다.

공교롭게도 이 3대 호수 옆에는 미륵불을 모시는 사찰들이 포진하고 있다는 점에 주목하자. 호수는 용이 살던 곳이었다. 용이 비를 내리게 해서 농사를 짓게 한다는 신화 구조가 발견된다. 미륵사의 창건설화에도 용이 등장한다. 미륵사 터가 원래 용이 살던 늪지대였다. 용이 살던 곳에다가 미륵불을 모신 것이다. 금산사도 마찬가지다. 미륵전彌勒殿을 지을 때 숯으로 땅을 메웠다고 전해진다. 숯으로 메웠다는 것은 물이 있는 늪지였음을 의미한다. 그렇다면 여기도 역시 용이 살던 곳이다.

선운사도 창건설화에 용이 살았던 곳이라고 나온다. 미륵계통 사찰은 공통적으로 용이 등장한다. 그리고 그 옆에 거대한 저수지(호수)가 포진하고 있다는 공통점이 발견된다. 이것이 의미하는 바는 무엇인가? 불교의 미륵신앙이 한반도에 들어오기 이전에는 평야지대의 농민들이 용을 신앙하다가 불교가 전래되면서 미륵으로 바뀌었다는 추측이 가능하다. 용이 미륵으로 바뀐 셈이다. 둘 다 비를 내리게 해주는 수신水神, 또는 농사의 신 역할을 했다.

그런데 왜 미륵이 나중에 혁명의 부처로 변하게 되었을까? 수탈 때문이다. 농사를 지어봤자 권력자와 기득권층이 다 뜯어갔다. 원래부터 아무것도 없었으면 그런가 보다 하고 체념하고 숙명으로 받아들인다. 그러나 자기가 농사지어 놓은 것을 눈앞에서 수탈당하면 분노가 치솟는다. '이거 때려 부숴야겠다.'는 마음이 들 수밖에 없다.

경상도 양백지간의 산골짜기에 사는 사람들은 이런 반항심이 적었다. 원래 가진 것이 없었으므로 뺏길 것도 없었다. 그러나 전라도의 변산반도 일대 평야지대에 사는 사람들은 사정이 달랐다. 눈에서 천불이 솟았다. 농사지어 놓은 쌀을 빼앗아가는 권력층에 대항할 수밖에 없었다. 이때 농민의 이익을 대변하는 부처님이 미륵불이었다. 미륵불이 세상에 나타나면 착취하던 놈들을 다 쓸어버리고 새 세상이 올 것으로 고대했다. 그래서 한국 역사에서 전환기의 민중지도자들은 스스로 미륵불의 화신이라고 주장했다. 그리고 미륵 계통의 사찰들이 레지스탕스(저항세력)의 거점 역할을 했다.

조선조에 미륵 계통의 사찰들이 특히 많이 폐사廢寺되었는데, 이 절들은 전라도 지역에 많이 있었다. 조선시대 반대세력의 은거지가 바로 미륵사찰들이었다는 말이다. 용이 미륵으로 바뀌고, 미륵이 혁명으로 바뀌었다.

한반도에서
가장 안전한
땅

'정체성(identity)'이라는 게 있다. 영남의 정체성은 '양백지간兩白之間'에 있고, 호남의 정체성은 '변산반도邊山半島'에 있다는 게 나의 주관적 생각이다. 주관적이니까 틀릴 수도 있을 것이다. 객관적으로 보면 또 다른 관점도 충분히 있을 수 있다. 이를 전제하면서 이야기하는 것이다. 그러나 따지고 보면 객관적이라고 하는 내용도 대개 주관적인 게 많다. 심하게 이야기하는 사람은 "이 세상에 객관이 어디 있느냐, 다 주관이지."라고 말하기도 한다. 주관에서 시작해 객관이 된다. 주관을 포장해 객관이라고 우기는 경우가 많다.

그렇다면 양백지간은 뭐냐? 태백산太白山과 소백산小白山 사이에 해당하는 지역을 일컫는다. 두 산 이름에 모두 '백白' 자가 들어간다. 산꼭대기에 눈이 오랫동안 쌓여 있는 모습을 보이는 산에 백 자가 들어간다. 흰색의 눈은 성스러운 색깔이다. 숭배의 색깔이다. 한민족은 성스러운 산에다가 흰 백 자를 붙였다. 백두산과 함께 태백과 소백은 한민족의 성스러운 산이다. 중국 소림사가 자리한 산도 보니까 소실산小室山과 태실산太室山이 있었다.

양백지간, 즉 소백과 태백 사이라고 하면 안동·봉화 같은 지역이 여기에 속한다. 풍수도참風水圖讖을 신줏단지 모시듯 신봉하고, 난리 나면 '어디로 피해야 목숨을 부지할 수 있나' 골몰한 끝에 도달한 곳이 십승지十勝地다. 풍수도참과 십승지를 추구했던 조선조의 많은 방랑자와 도사道士·술사術士들이 한국에서 가장 안전한 지역을 양백지간으로 봤다.

우선 난리가 났을 때 안전하고 산세가 아름다우며 최소한의 기본적인 먹을거리는 나오는 지역으로 본 것이다. 이 가운데 최우선으로 고려한 사항이 바로 '난리 났을 때 안전하다.'는 점이다. 식량이 풍부하고 교통이 좋아도 난리 나서 적군에게 짓밟히면 만사 끝이다. 우선 살고 봐야 한다. 그래서 양백지간이 주목받았다. 난리라고 하면 북쪽에서 내려오는 오랑캐와 남쪽에서 치고 올라온 왜적(왜구), 그리고 한반도 자체 내의 반란사건을 꼽을 수 있다. 이중에서 왜적이 가장 문제가 되지 않았나 싶다.

양백지간의 지리적 이점은 왜구가 왔을 때 가장 효과적으로 방어가 되는 지역이라는 점을 꼽고 싶다. 일본에서 배를 타고 왜구가 왔을 때 한반도 서남해안은 거의 무방비 상태였다. 고려 후기에서 조선 중기에 걸쳐 서남해안은 해양경찰이 없었다. 왜구가 부녀자를 납치하고 사람을 찔러죽이고 집에 불 지르고 식량을 약탈해 갔다. 그래서 해안가에서 살 수 없어 내륙으로 들어갔다. 해안으로부터 떨어진 내륙이 안전할 수밖에 없었다.

한반도 지형에서 볼 때 해안가로부터 떨어져 있으면서 가장 내륙의 산지에 둘러싸인 지점이 바로 양백지간이다. 동쪽은 험준한 태백산맥이 장성처럼 둘러쳐져 있다. 왜구가 동해안으로 와서 이 태백산맥을 넘어 안동이나 봉화 지역을 공격하기는 매우 어렵다. 어떻게 태백산맥을 넘겠는가. 넘었다 하더라도 약탈한 쌀가마니를 들고 다시 산맥을 넘어 동해안으로 되돌아가는 건 불가능하다고 본다. 아무리 머리 나쁜 왜구라도 최소한 그 정도는 계산하지 않았겠는가.

더구나 안동과 봉화 지역에서는 쌀가마니도 별로 안 나온다. 산간지역 중간중간 조그마한 밭이 있고 간혹 논이 보인다. 양곡이 부족한 산골지역이다. 털어갈 것이 없다. 만약 왜구가 서해안이나 남해안에 배를 대놓고 내륙으로 들어온다고 가정하면 양백지간은 가장 먼 지역이다. 서해안의 금강 하구에다 배를 대놓고 안동으로 쳐들어온다 해도 적어도 보름은 걸렸을 것이다.

무기를 휴대하고 중간에 산 넘고 고개 넘고 물 넘어 와야 한다. 여기까지 접근하면서 중간에 현지인들과 맞붙는 크고 작은 전투도 겪어야 한다. 되돌아가는 것도 큰일이다. 왜구 입장에서 볼 때 양백지간은 타산이 안 나오는 지역이라고 생각하지 않았겠는가.

그렇다면 우리 역사에서 왜구가 가장 창궐한 때가 언제였던가. 고려 말이다. 고려 말에는 왜구가 한반도의 서남해안을 털어서 먹고살았다. 물론 중국 동해안 지역인 상하이 부근이나 저장성 등지에도 가서 털었지만 말이다. 전남 진도珍島는 고려 말에서 조선 초에 해당하는 1350년에서 1430년까지 80년 정도를 왜구가 점령했었다. 고려 말에 왜구 피해가 하도 심하니까 정부에서는 주민들이 섬을 떠나도록 하는 공도空島정책을 실시했었다. 이때 진도 사람들도 육지로 이주했다. 지금도 진도와 가까운 해남海南에는 그때 피난 온 진도 사람들이 돌아가지 않고 그대로 눌러앉은 씨족이 남아 있다.

진도는 큰 섬이다. 농지가 넓어서 논이 많고 쌀도 많이 생산되는 농도農島라고 할 수 있다. 이런 진도를 두고 조정이 나서서 백성들을 옮길 정도면 고려 말에 왜구 피해가 얼마나 심했는지를 짐작할 수 있다. 그래서 고려 말에는 물산이 상대적으로 풍부했던 해안 지역에 사대부들이 거주하기를 꺼렸고, 내륙으로 숨어들어갔다. 그 내륙 중에서 가장 안전한 곳이 바로 양백지간, 즉 안동·봉화가 아니었나 싶다.

오늘날 안동·봉화는 유학의 본고장이다. 퇴계 선생이 여기에 살면서 퇴계학을 뿌리내렸다. 다른 지역은 유학의 먹물이 피부나 근육까지만 들어갔다면, 안동·봉화 일대는 그 먹물이 뼛속까지 들어가 있음을 느낀다. 양반문화의 본고장이 된 것이다.

179

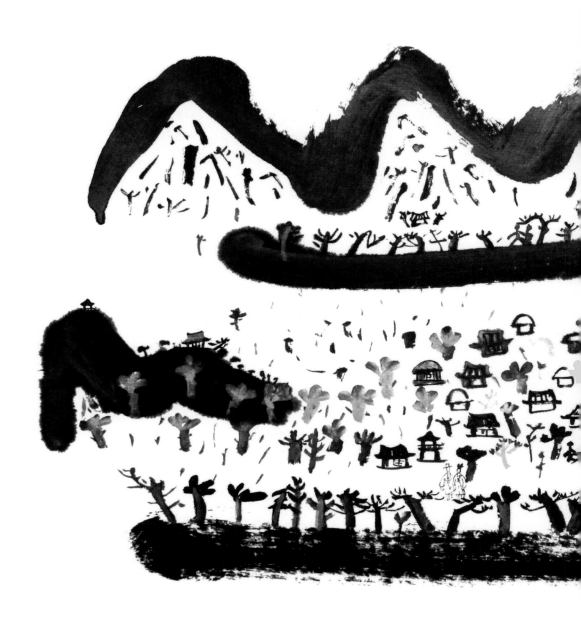

절대 고독의 터

일연 스님이 쓴《삼국유사三國遺事》는 내가 보기에 '영발유사靈發遺事'다. 영발에 대한 내용이 풍부하다. '영발 앞에 가방끈은 무력하다.' 일연은 매우 학문적 성향이 강한 인물이었음에도 불구하고 '신비한 영험'에 대한 이야기를 가치 있다고 여긴 듯하다.

《삼국유사》를 보면 '진표전간眞表傳簡' 항목이 있다. 진표 율사가 어떻게 도道를 통했는지, 어떻게 지장보살과 미륵보살을 만났는지에 대한 이야기가 소상히 소개되어 있다. 진표는 전북 김제시 만경읍 사람이다. 만경은 들판이고 중간중간에 얕은 언덕들이 솟아 있는 지형이다. 이런 비산비야非山非野 지형에서 큰 인물이 나온다. 조선 중기 진묵 대사도 김제 들판 출신이고, 일본 가라데의 명인인 '바람의 파이터' 최배달도 이 근방 출신이다.

진표는 백제가 멸망하고 100년쯤 지난 후인 700년대 중반에 활동했던 백제 유민 출신 고승이다.《송고승전宋高僧傳》에는 진표가 백제인이라고 기술되어 있다. 그의 도력은 대단했던 모양이다. 그가 강원 지역으로 갈 때 동네사람들이 머리카락을 잘라서 길에다 깔아줬고, 강물을 건널 때는 물고기와 자라들이 나타나 다리 역할을 해줬다는 이야기가 전해진다.

그뿐만이 아니라 진표는 한국 미륵신앙의 원조에 해당한다. 물론 그전에 미륵신앙이 한반도에 전해지기는 했지만, 당시 이론만 전해진 상태였고 몸으로 체험은 안 된 수준이었다. 미륵불(보살)이 정말 실재하는 세계이고 영험한 신앙이라는 사실을 몸으로 보여준 인물이 진표인 것이다. 입보다는 몸으로 보여주는 게 신심을 일으킨다. 그만큼 그는 영적인 힘이 대단했던 것 같다.

그렇다면 진표가 도통道通한 자리가 어디인가? 종교적 신비체험을 한 장소가 어디인지가 매우 궁금했다. 도꾼들 사이에는 '변산의 어느 절벽 중간에 있었다.'는 이야기만 구전으로 전해져왔다. 나도 1980년대 후반부터 진표의 도통지인 부사의암不思議庵 자리를 찾기 위해 변산 일대 이 골짜기 저 골짜기를 헤매고 다녔다. 흔히 부사의방房이라고 불렸던 이 터는 신비한 장소였다. 글자 그대로 부사의방에서 수도를 하면 불가사의不可思議한 영력을 얻는다고 구전되어 왔기 때문이다.

도 닦는 사람은 어느 터에서 수도하느냐가 관건이다. 자기에게 맞는 공부 터를 발견하면 공부의 반절은 끝난 셈이라고 본다. 자기에게 맞는 수도 터를 찾기 위해 수행자는 수십 년을 찾아 헤맨다. 그만큼 터가 지니는 비중이 크다. 자기에게 맞는 지령地靈이 있는 곳을 찾아내는 일이 무엇보다 중요하다. 물론 공부가 어느 정도 된 사람은 터의 제약을 크게 받지 않지만 말이다.

내가 변산에서 부사의방을 찾고 있던 즈음인 1993~1994년에 지인으로부터 부사의방 터를 발견했다는 정보를 입수했다. 그 사람도 역시 이 터를 찾고 있었던 모양이다. 부사의방 자리는 변산의 가장 높은 바위 봉우리인 의상봉(義湘峰, 508미터) 아래 절벽 중간에 있다는 것이었다. 의상봉 위에는 공군 레이더 기지가 자리 잡고 있다. 레이더 기지 철조망을 끼고 돌아가다가 돌출된 바위 지점에서 아래로 내려가야만 했다.

바위의 소나무에 밧줄을 매어놓고 이 밧줄을 잡고 5~6미터 암벽을 타고 내려가니 서너 명이 발을 디딜 만큼의 작은 공간이 나왔다. 이 공간에서 다시 절벽 틈을 따라 폭이 30센티미터 정도 되는 길을 타고 10미터 쯤 걸어가면 거기에 조그만 암자 터가 나타난다. 10제곱미터(3평)나 될까. 8세기 중반, 여기에 부사의방이 있었던 것이다.

터가 아주 좁으니 절벽 중간 1미터 50센티미터 높이에 고정용 커다란 쇠못을 하나 박아놓았던 것 같다. 흑갈색의 쇠못 뿌리가 아직 남아 있다. 짐작건대 고지대 절벽이고 바람이 강하니까 암자를 보호하는 밧줄을 쇠못에 연결해 고정시켜놓았지 싶다. 부사의방 아래를 내려다보면 오금이 저린다. 30~40미터 높이의 깎아지른 절벽이기 때문이다. 지금은 암자 건물은 없어지고 터만 남아 있다. 부사의방이었다는 증거는 암벽에 박혀 있는 쇠못과 그 아래로 까마득히 떨어지는 형세 정도다.

지금은 수십 층 고층건물이 즐비한 시대여서 높은 곳에서 아래를 내려다보는 게 일상적인 경험이 되었다. 하지만 고층건물이 없던 고대사회에는 이러한 절벽 위 좁은 터에 암자를 지어놓고, 쇠줄로 그 암자를 묶어놓은 구조물에서 사람이 거주한다는 게 정말 위험하게 보였을 것 같다.

정신세계의 여러 고단자들이 도를 닦았던 터를 여러 군데 가보았다. 의상 대사가 중국 종남산終南山 자오곡子午谷 암벽 꼭대기에서 공부하던 터인 천공대天供臺도 가봤고, 그리스의 바위 봉우리 정상에 자리 잡은 메테오라 수도원도 가봤다. 그렇지만 진표가 수도했던 의상봉 아래 절벽 수도 터인 부사의방이야말로 정말 기가 막힌 터였다.

여기는 백척간두百尺竿頭다. 진표는 이 자리에서 바위 바닥에 하도 오체투지를 많이 해서 낭떠러지에 피가 철철 흘렀다고 한다. 그래도 감응이 없자 몸을 버리기로 하고 더 피를 흘리며 고행을 하자 지장보살이 나타났다고 전해진다. 그리고 변산 영산사靈山寺에서 미륵보살로부터《점찰경占察經》2권과 간자(簡子. 점괘가 적혀 있는 대쪽) 189개를 전수받는다. 이때 미륵보살이 말했다.

"……너는 이것을 가지고 세상에 법을 전하여 남을 구제하는 뗏목을 삼도록 하라."

절대고독의 장소에서 자신을 모두 버리자 비로소 세상을 구하는 도를 구했던 것이다. 변산은 한국 미륵신앙의 원천(오리지널)이다.

수백 년 응결된
기도의 향

최고의 향을 꼽는다면 침향沈香, 사향麝香, 용연향龍涎香이다. 용연향은 서양에서 엠버그리스Ambergris라고 부른다. 향유고래가 오징어를 먹고 창자 속에 만들어진 퇴적물을 배설한 것이다. 이게 왁스 같은 형태로 바다에 둥둥 떠다니다가 운 좋게 뱃사람에게 발견되거나 해안가로 밀려온다. 이 덩어리를 알코올에 녹여 향료를 추출하면 아주 귀한 향수가 된다. 몇 년 전 호주 바닷가를 산책하던 어떤 노부부가 용연향 덩어리를 주워 큰돈을 벌었다는 뉴스를 본 적 있다. 용연의 연涎은 '침' 연자다. '용의 침으로 만들어진 향'이라는 뜻이다. 여기서 용은 고래를 뜻한다.

사향은 사향노루의 배꼽에서 채취하는 향이고, 침향은 동남아시아인 베트남·미얀마·인도네시아 등지의 밀림 속에서 채취하는 향이다. 침향나무가 따로 있는데, 이 나무가 자기 상처를 치료하려고 거무스름한 진액을 배출한다. 이 진액을 배출하는 나무가 침향 원료가 된다.

침향은 가라앉을 침沈자를 쓰는 데서도 알 수 있듯이 향을 맡으면 마음이 차분하게 가라앉는다. 정신을 안정시키는 기능이 있다. 10분 정도 맡고 있으면 스트레스가 확 풀리고 불안하거나 성난 마음이 가라앉는다. 그래서 고대부터 침향은 왕실에서만 사용했다. 신라에서도 왕실에서만 침향을 사용했고, 귀족계층에서는 쓰지 못하도록 금지시켰다. 그만큼 비쌌다.

조선시대 부산 동래부사의 역할 중 하나가 침향을 일본에서 수입해 한양의 궁궐에 갖다 바치는 것이었다고 전해진다. 일본은 동남아시아와의 교역을 통해 침향을 수입했고, 이를 조선 왕실에도 팔았던 것이다. 침향은 나뭇가지, 나뭇조각의 형태로 유통된다. 큰 것도 있고 작은 것도 있다. 등급이 높은 것은 손바닥만 한 크기의 조각 하나에 수억 원을 호가한다.

베트남 군부에서 요즘은 침향의 국외 유출을 통제한다. 프랑스가 베트남을 식민지로 지배할 때 침향을 대량으로 가져다가 향수를 만들었다. '샤넬 NO5'라고 하는 향수다. 천연 침향을 미량 집어넣으면 샤넬 향수가 된다. 베트남에서 수탈해간 이 침향 원료를 100년 넘게 쓰다 보니 근래에 재고가 거의 바닥이 났다고 들었다. 그만큼 침향은 사람의 정신을 안정시켜주는 영약이자 구하기 어려운 귀물貴物이었다.

불교가 성행한 고려시대에는 우리나라 해안가 여러 곳에 매향지埋香地가 있었다. 참나무를 묻어놓은 장소다. 강원도 쪽의 해안가, 전라남도 쪽의 섬이나 해안가에서 매향지가 발견된다. 국산 참나무를 바닷물과 밀물이 교차하는 뻘밭에 오랫동안 묻어놓으면 침향이 된다는 이치를 발견한 것이다. 베트남·미얀마의 오리지널 침향을 구하기가 어려웠던 우리 조상들은 국산 침향을 제조한 셈이다. 나는 그 원조가 바로 전북 고창 선운사 옆의 갯벌이라고 생각한다.

이 침향은 미륵불이 세상에 나타날 때 쓰기 위한 용도였다. 새 부처님이 나오면 침향을 피워서 대접하기 위한 것이다. 그런데 미륵불은 천 년 후에 나타날 수도 있고, 이천 년 후에 나타날 수도 있다. 적어도 수백 년 후라고 생각했다. 그 미래를 대비해서 미리 참나무를 갯벌 속에 묻어놓고 삭히다가 부처님이 세상에 오시면 쓰리라 생각했다. 천 년짜리 정기적금을 들었다고나 할까.

전국의 매향지는 미륵불이 세상에 오기를 염원하면서 참나무를 묻어놓은 곳이다. 미륵신앙의 현장인 셈이다. 선운사는 원래 도둑들의 아지트였다고 전해진다. 검단 선사라는 고승이 와서 이 도둑들에게 소금 굽는 법을 알려줘 바닷가 마을로 이주시키고, 이곳에 선운사를 창건했다. 선운사 참당암에서 고개를 넘으면 곧바로 고창의 서해바다와 갯벌이 나온다. 지금은 '사등마을'이라고 부른다. 아마도 우리나라 최초의 소금 생산지가 아닌가 싶다.

이 갯벌에서 소금을 굽기 시작했다. 지금 같은 천일염이 아니다. 과거 소금밭은 갯벌을 쟁기로 갈고, 중심지에 웅덩이를 파서 만들었다. 바닷물이 고이도록 말이다. 내부에는 우물 정井 자 형태로 참나무를 집어넣어 웅덩이를 지탱하도록 했다. 그 위에 솔잎을 덮었다. 이렇게 정화시킨 바닷물을 솥단지에 넣고 끓여 소금을 만들었다.

소금 굽던 갯벌 웅덩이 속에 있던 참나무를 교체하다가 어느 날 우연히 오래된 참나무에 불을 붙여보니 거기서 독특한 향기가 나오는 게 아닌가. '아, 갯벌 속의 참나무가 세월이 흐르면 향나무가 되는구나.' 소금 굽던 웅덩이의 받침대 나무 재료가 참나무였다는 이야기는 미당 서정주 시인의 친동생인 서정태(1923~) 선생으로부터 들었다.

미당 서정주는 선운사 옆을 흐르는 인천강仁川江 바로 옆 동네인 질마재가 고향이다. 그는 자신의 시에서 홍수가 나면 인천강 갯벌 속에 묻혀 있던 침향나무가 둥둥 떠오른다고 기술한 바 있다. 어렸을 때 봤던 모양이다. 아마도 수백 년 전 조상들이 묻어놓았던 참나무였을 것이다.

인천강은 밀물 때면 줄포만의 바닷물이 내륙으로 역류해 4~5킬로미터 정도 들어온다. 이 지점은 참나무를 매향하기에 적지였다. 선운사의 바위 절벽에 새겨놓은 미륵불이 인간으로 환생해 등장할 때 사용하기 위해 축하용품을 준비해놓아야 할 것 아닌가! 갯벌에 묻어놓은 참나무 침향은 미륵불 공양용供養用이었다.

불 위에 흐르는 물,
섞여야 건강하다

2000년 무렵 중앙아시아를 여행한 적이 있다. 중앙아시아 키르기스스탄에 있는 이시쿨 Issykkul 호수가 보고 싶어서였다. 해발 1,600미터에 자리 잡은 이 커다란 호수가 호기심을 크게 자극했다. 산 위에 연못이나 호수가 자리 잡고 있으면 매우 귀한 것이다. 《주역》의 64괘 가운데 수화기제水火旣濟 괘에 해당되기 때문이다. 물이 위에 있고 불이 아래에 있는 형국인데, 이런 배치라면 '잘 섞였다'고 본다. 잘 섞이면 건강하다. 머리는 시원하고 아랫 배는 따뜻한 상태라고나 할까. 백두산 천지와 한라산 백록담이 그런 사례다.

삼도봉三道峰에 살면서 《천부경天符經》을 깊이 연구했던 어느 도사가 "우리 한민족의 시원은 천산산맥에 있는 이시쿨 호수에서 시작되었다."라고 한 이야기가 여행의 기폭제 였다. 처음 이시쿨호 옆에 신시神市가 있었고, 이것이 계속 옮겨왔다는 주장이다. 중국 서 안西安 근처에 해발 3,700미터가 넘는 태백산太白山이 있다. 이 태백산의 정상 부근에도 연못이 있다는 것이다. 신시가 태백산에서 산둥반도의 태산泰山으로 옮겨왔고, 태산에서 천지天池가 있는 백두산으로, 그리고 강원도 태백산으로 이동했다고 본다. 강원도 태백산 에도 황지潢池라고 하는 신성한 연못이 있다.

이러한 이동은 민족의 이동이라기보다는 영적 지도자 그룹의 이동이라고 이해한다. 그 이유는 산 위에 호수나 연못이 있는 장소가 기도발이 잘 받기 때문이다. 예를 들면 백 두산 천지는 산꼭대기에 놓인 거대한 정한수와 같은 역할을 한다. 물이 있어야 기운이 모 인다. 우리 민족에게는 정한수를 떠놓고 기도하는 습관이 수천 년 동안 이어져 왔다. 우리 가 이만큼 사는 것도 우리네 어머니들이 수천 년 동안 새벽에 정한수 떠놓고 기도한 공덕 덕분이라고 생각한다.

비행기를 타고 3,000~4,000미터 높이의 설산들로 온통 둘러싸인 키르기스스탄에 도착하니 《삼국지三國志》의 여포가 타고 다닌 한혈마汗血馬가 이 나라에서 배출되었다는 말에 수긍이 갔다. 온 천지가 풀밭이었다. 보통 말 한 마리 값도 당시 한국 돈으로 30~40

만 원 정도에 지나지 않았다. 한혈마의 한汗은 '땀'이다. 한혈마는 달릴 때 피땀을 흘린다고 해서 붙여졌다. 말의 피부가 붉어서 땀을 흘리면 피땀처럼 보인다. 말 중에서 최고의 명마로 여겨지는 한혈마는 사마천의 《사기》에 하루에 천리를 달릴 수 있다고 쓰여 있다. 《삼국지》에서 여포가 타다가 나중에 관우가 타게 된 한혈마는 적토마赤兎馬라고 했다.

키르기스스탄의 수도인 비슈케크에 도착하니 여름인데도 날씨가 서늘했다. 비슈케크는 해발 800~900미터에 위치한 도시였다. 멀리 눈 덮인 설산이 보이는 노상 카페에 자리 잡고 맥주를 한 잔 들이켰다. 그런데 건너편에서 중년의 동양인 여자 한 명을 둘러싸고 젊은 백인 남자들 6~7명이 흥겹게 춤을 추고 있었다. 이국의 낯선, 사람들도 별로 없는 한적한 노상 카페에서 보는 아시아 중년 여자와 백인 남자들의 조합은 매우 이색적인 광경이었다.

직감적으로 그 여인이 보통 사람이 아니라는 느낌을 받았다. 나도 슬금슬금 다가가서 같이 춤추며 끼어들었다. 여자가 나를 보고는 말을 걸어왔다. 중국어였다. 여자는 대만 출신의 도사였다. 인도의 명상센터에서 몇 년 살다가 거기서 백인 남녀 추종자들이 생겨, 그 추종자 그룹을 데리고 천산산맥에 기氣를 받으러 왔단다. 중국어로 무슨 말을 하는데 알아들을 수가 없었다. 나와 함께 여행 온 일행 가운데 한 명이 중국어와 러시아어를 할 줄 아는 미국 교포였다. 통역이 가능했다. 그 여자가 나에 대한 예언을 했다.

"당신은 앞으로 책을 쓰게 된다. 그 책이 좀 팔릴 것이다. 너는 나중에 명치 부근인 '아나하타 차크라Anahata Chakra'가 막혀 고생하겠다. 그걸 푸는 게 과제다. 글만 쓰다 보면 한계를 느낄 것이다. 그 한계를 넘어서는 영적 세계에 대한 진입이 필요하다."

만리타국 객지에서 오가다 길에서 처음 만난 이방인에게 친절한 예언을 해준 여도사가 지금도 생각난다. 그 예언대로 그 뒤 나는 책을 쓰게 되었고, 오목가슴 부위인 아나하타 차크라가 막혀 무척 고생했다. 심근경색 증상이었다.

그때 여도사가 나에게 밀교의식을 행해주었다. 자신의 숙소 바닥에 카펫을 깔고 향을 피워놓고 나를 기다렸다. 그녀는 돈 한 푼 받지 않고 알 수 없는 주문을 외우면서 나를 축복해주었다. 이름도 알지 못하는 그녀의 후덕한 마음을 지금도 잊을 수 없다.

곤륜산처럼
무거워야 하는
입

한자는 해석의 여지가 풍부하다는 것이 장점이다. 사물의 모양을 나타낸 상형문자象形文字의 특징이기도 하다. 이 상형한 글자들이 서로 모여서 또 다른 뜻을 나타낸다. 그래서 한자는 상상력과 추리력을 자극한다. 그것이 한자의 묘미다.

나에게는 여행을 다니다가도 우연히 한자 지명이 눈에 띄면 유심히 살펴보는 습관이 있다. 예를 들면 '입술 순脣' 자가 그렇다. 순脣 자를 뜯어보면 별 진辰 밑에 달 월月이 있다. 여기서 월月은 달(Moon)이 아니다. 육달월(肉)의 월月 자다. 육달월은 인체의 살점, 즉 고깃덩어리(肉)를 가리킨다. 인체의 살점에 달(月)의 영향력이 있다는 의미다.

우리나라 한자학의 권위자였던 고故 진태하 선생이 쓴 《상용한자 자원常用漢字 字源풀이》라는 책에 이 순脣 자에 대한 해석이 나온다. '진辰은 진(震·떨다)으로서 움직이다의 뜻이 있어, 입술은 말할 때나 먹을 때 움직이기 때문에 취하였다'고 되어 있다. 입술은 '움직이는 육肉'이라는 이야기다.

전문가의 해석은 그렇지만 나는 이 순자를 달리 해석하고 싶다. 진辰을 용龍으로 보고 싶은 것이다. 띠를 나타내는 십이지 가운데에 진辰이 있다. 예를 들면 1952년생은 임진생壬辰生이고, 1964년생은 갑진생甲辰生이다. 모두 용띠에 해당한다. 용띠를 나타낼 때 진辰을 쓰는 것이다. 진辰을 용으로 본다면 순脣은 용의 밑에 있는 살점이라는 뜻이 된다. 따라서 순脣은 '용의 입술'이라는 해석이 가능하다.

용은 상상의 동물이다. 용은 수水·화火·목木·금金·토土, 오행五行을 모두 갖춘 동물로 여겨진다. 몸통도 모두 비늘로 덮여 있다. 그런데 주둥이가 좀 길다. 용은 주둥이를 쭉 내민 형상으로 묘사된다. 이 주둥이 끝부분인 입술 부위만 유일하게 비늘이 없다. 입술은 말랑말랑한 살점이다. 그리고 이 입술이 날카로운 이빨을 덮고 있다.

만약 이 입술이 없으면 이빨이 바로 드러난다. 순치관계(脣齒關係. 입술과 이처럼 서로 관계가 깊고 밀접함을 비유적으로 이르는 말) 또는 순망치한(脣亡齒寒. 입술이 없으면 이가 시리다는 뜻으로 서로 도우면서 떨어질 수 없는 밀접한 관계를 일컬음)이라는 말이 그래서 나왔다.

얼마 전 북한 김정은 국무위원장이 중국을 방문해 시진핑 국가주석과 회담했을 때다. 김정은 위원장이 "두 나라가 떼어놓을 수 없는 하나로 이어졌다."고 하자 시진핑 주석은 "북한과 중국은 운명공동체, 변함없는 순치관계다."라고 발표했다. 북한이 입술이라면 중국은 이빨에 해당될 것이다.

용은 주둥이가 길게 뻗어 나왔고, 주둥이 끝에 입술이 있다. 이와 비슷한 구조로 이뤄진 동물이 바로 돼지다. 돼지도 주둥이가 길고 그 끝에 입술이 있지 않은가! 그래서 용띠와 돼지띠의 관계를 '원진살怨嗔煞'이라고 부른다. 띠 궁합을 볼 때 용과 돼지가 만나면 흔히 원진살이 끼었다고 말한다. 괜히 서로를 미워한다는 뜻이다.

그렇다면 왜 용이 돼지를 미워할까? 돼지의 주둥이와 입술모양이 용을 닮았기 때문이다. '아니 저 같잖은 돼지 녀석이 감히 내 입모양을 닮아? 이거 되게 기분 나쁘구먼!' 그래서 용이 돼지를 보면 화를 낸다고 한다.

지명에도 순脣 자가 들어가는 사례가 있다. 전북 익산에 미륵산이 있다. 백제 무왕이 세웠다는 미륵사지가 그 미륵산 아래에 자리 잡았다. 미륵산 지맥이 쭉 뻗어 나온 지점에 한적한 시골 동네가 있는데, 그 동네를 지나가다보니 지명이 '용순리龍脣里'였다.

그 이름이 흥미로웠다. 지역의 풍수를 봐야 동네 이름을 '용의 입술'이라고 지은 이유가 이해된다. 미륵사가 용의 눈 부위에 자리 잡았다고 본다면, 그 동네는 용의 주둥이가 쭉 뻗어 나온 부분에 있다는 뜻이다. 그곳은 용의 입술 부위이면서 동시에 용의 주둥이 자리에 해당되는 것이다. 그러니 풍수를 모르면 이런 지명이 왜 붙었는지 알기 어렵다.

묏자리 잡을 때는 전순前脣이라는 용어가 쓰인다. 묏자리 앞 여백으로 지맥이 좀 뻗어 나온 부분을 전순이라고 부른다. 묏자리는 사람 얼굴에 비유하면 코 바로 밑에 잡는다. 코 밑으로 인중이 뻗었고, 인중 끝에 입술이 있는 것이다. 묏자리를 볼 때 이 전순이 너무

짧으면 후손이 귀하다고 여긴다. 관상에서도 인중이 좀 길어야 장수하는 도인의 얼굴이라고 보듯이 말이다.

천기를 흡입하는 코와 지기를 섭취하는 입의 중간에 있는 부위가 바로 인중人中이다. '사람의 가운데'란 뜻이다. 이 부위에 '인중'이라는 이름을 붙인 이유는 천기와 지기의 중간이기 때문이다. 또 다른 이유는 인중 위쪽으로는 구멍이 2개씩이다. 콧구멍도 2개, 눈구멍도 2개, 귓구멍도 2개이다. 2라는 숫자는 동양의 상수학에서 음을 상징한다. 인중 밑으로는 구멍이 1개씩이다. 입도 1개, 항문도 1개, 요도尿道도 1개, 산도産道도 1개이다. 1이라는 숫자는 양을 상징한다. 인중을 중심으로 위로는 음이, 아래로는 양이 배치되어 있는 상황이다.

여기서 입의 위치를 다시 살펴보면 인중 아래로 양이 시작되는 지점이다. 인체의 양은 입에서 비롯된다. 달리 표현하면 인간 만사가 입에서부터 시작된다는 의미이다. 입에서 먹을 것도 오고, 복도 들어오지만, 화禍도 들락거리는 문이다. 말을 잘못하면 재앙이 들어온다. 그래서 '구시화문口是禍門'이라는 말이 나왔다. '입은 화禍가 들어오는 문'이라는 의미이다.

원불교의 2대 종법사였던 정산鼎山 송규(宋奎, 1900~1962년)는 생전에 제자들에게 '심심창해수心深滄海水, 구중곤륜산口重崑崙山'이라는 말을 수시로 강조하였다. '마음 씀씀이는 창해수처럼 깊어야 하고, 입은 곤륜산처럼 무거워야 한다.'는 뜻이다. 입이 무거워야 한다는 말이다.

술잔을
강물에 띄워 마시니
더 바랄 게 무어랴

사람들을 보면 대부분 기쁨과 즐거움은 못 누리고 고생만 하면서 살고 있다. 있는 사람은 있는 대로 시달린다. 돈을 지키기 위해 재판도 여러 번 치른다. 없는 사람은 없어서 시달린다. 이런 근심과 걱정을 상쇄해줄 기쁨과 즐거움은 과연 무엇일까? 나는 그 대안으로 '유상곡수流觴曲水'를 꼽는다. 구불구불 돌아가는 물에 술잔을 띄워 놓고 주거니 받거니 하면서 풍류를 즐기는 것이 유상곡수다. '상觴'은 술잔이라는 뜻이다.

경북 경주 포석정鮑石亭이 유상곡수를 하던 장소다. 신라시대 유적지 가운데 최고는 이 포석정이 아닌가 싶다. 포석정은 인공으로 만든 시설이다. 평지에 50센티미터 깊이의 도랑을 파고 그 도랑에 돌을 대서 곡수거曲水渠를 만들었다. 곡수거에 물을 끌어들여 술잔을 띄워서 돌릴 수 있었다. 이러한 인공 유적이 남아 있는 곳은 동아시아에서 포석정뿐이라고 한다.

"정승 벼슬도 이 강산과 바꿀 수 없다."고 한 사나이가 있었다. 말년에 벼슬을 그만두고 고향에 돌아와 〈어부가漁父歌〉를 부르며 신선처럼 살았던 농암聾巖 이현보(李賢輔, 1467~1555년)다. 돈과 권력, 명예보다 자연을 더 좋아하는 사람은 신선급이다. 바로 농암이 유상곡수를 즐겼다.

농암의 고향은 지금의 안동 도산서원 근처다. 낙동강 상류에 위치해 계곡과 물이 어우러진, 마치 동양화에 나오는 풍경을 연출했던 곳이다. 당시에는 이 낙동강 상류를 분강汾江이라고 불렀다. 중간중간에 바위들이 있고 물살도 적당히 있던 강이었다.

농암은 이 강가에 강각江閣이란 정자를 지어놓고 항상 분강의 모습을 감상했다. 날씨가 좋으면 지인들을 불러다가 배를 타고 나가 강 가운데에 있던 '자리바위(점석, 石)'에 자리를 잡았다. 자리바위는 아마 대자리처럼 평평하게 생긴 바위였던 모양이다. 이 자리바위에서 유상곡수를 했다. 강물이 흘러오다가 자리바위에서 물길이 완만하게 두 갈래로 갈라졌다고 한다. 강물이 자리바위 양옆으로 나눠지며 흘렀던 것이다. 위쪽에 앉은 사람이 술잔을 띄우면 아래쪽 사람에게 전달될 정도로 잔잔하면서도 느린 유속流速이었던 듯 싶다. 중간에 술잔이 엎어지면 안 될 것 아닌가! 이 광경에 대해 농암이 남긴 기록이 있다.

> 조그만 배를 타고 귀먹바위(巖) 아래로부터 뱃줄을 풀어 천천히 흘러
> 갔다…… 이윽고 어두워져서 촛불을 밝히니, 자리바위는 강 한가운데
> 드리워 있고, 강물은 여기에서 좌우로 나누어져 흘렀다. 한 줄기는 내
> 가 앉은 자리 곁으로 흘렀고, 그 아래에는 퇴계가 앉아 있었다. 내가 취
> 하여 흥이 올라오면 술잔에 술을 부어 나뭇가지로 만든 조그만 뗏목에
> 올려 띄우니, 퇴계가 아래쪽에서 웃으며 받아 마시기를 왕복 서너 차
> 례, 금계錦溪 황준량(黃俊良, 1517~1563년)의 친구들이 이 정경을 보고
> 부러워했다.
>
> (__ 농암의 종손 이성원李性源의 《백성들이 무슨 죄가 있기에 이처럼 고통스럽게 합니까》, 112쪽)

농암의 집 앞을 흐르던 분강. 그 가운데에는 조그만 배를 타고 닿는 자리바위가 있었고, 날씨 좋을 때에는 선비들이 자리바위 위아래에 앉아 즐겼다. 그 놀이가 유상곡수였다. 당시 농암이 81세, 퇴계 이황은 47세, 금계 황준량은 31세였다. 퇴계와 금계는 사제지간이었다. 당시에는 이처럼 나이 차이가 있어도 함께 어울리며 풍류를 즐겼던 모양이다. 자리바위에서 이뤄졌던 당대 영남선비들의 유상곡수 모임을 모태로 영남가단嶺南歌壇이 형성되었다. 호남의 면앙정 송순, 석천 임억령, 송강 정철로 이어지는 호남가단湖南歌壇과 쌍벽을 이루는 풍류전통이다.

　농암과 금계는 퇴계보다 세상을 먼저 떠났다. 퇴계는 무척이나 안타까워하며 둘의 행장을 직접 썼다. 특히 한참 나이가 아래인 제자 금계의 죽음을 크게 슬퍼했다. 20년 관직에 있었던 금계는 관직자의 청빈함을 첫 손에 꼽곤 했는데 퇴계는 행장에 이렇게 기록

으로 남겼다.

> "(금계가) 운명하던 날 이불과 속옷 등이 마련되지 않아 베를 빌려 염斂
> 했는데 그의 옷이 관을 다 채우지 못했다. 사람들이 그제야 그의 청빈
> 함이 거짓으로 꾸며 스스로 세상에 드러내지 않은 것임을 알았다."

물을 바라보면 욕심이 사라지고 마음이 가라앉아서 지혜가 생긴다. 또 인간을 이완시키는 효과가 있다. 신경을 많이 쓰는 사람일수록 물 옆에서 살아야 한다. 머릿속에서 타는 불을 식혀주기 때문이다. 물에는 바닷물이나 호수 물도 있지만 완만하게 흐르는 강물을 우리 조상들은 좋아했다. 특히 강물 위에 넓적한 바위가 있으면 그 바위에 걸터앉아서 강물에 발을 담그고 바라보는 것이 좋다. 거기에 술잔을 물에 띄워 마실 수 있다면 무엇을 더 바라겠는가!

황제 3대가 꾸민
환상의 정원

중국 청나라는 따지고 보면 동이족東夷族이 만든 나라였다. 고구려는 망했지만 그 땅에 살았던 백성들은 그대로 만주에 남았을 것이다. 청나라는 북경에 궁궐 짓는 데 돈을 쓰지 않았다. 명나라 때부터 쓰던 궁궐이 그대로 보존되어 있었기 때문이다. 어디에다 돈을 썼느냐 하면 정원을 짓는 데였다. 거대한 원림園林 말이다. 원명원圓明園이 바로 그것이다. 크기가 자금성의 5배 정도였다고 한다. 청나라 최전성기를 구가했던 3명의 황제 즉 강희제·옹정제·건륭제, 3대가 원명원을 가꾸려고 돈을 들였다. 약 100년에 걸쳐 완성된 정원이다.

지금 북경의 자금성을 가보면 너무 삭막하다. 자금성 내에는 나무도 심지 않았다. 나무에 자객들이 숨을 수 있다고 여겼다. 자금성 내에는 건물들만 있을 뿐 정서적인 충족감을 주는 숲이나 정원이 없다. 업무 공간일 뿐이다. 청나라 사람들은 말 타고 산야를 뛰어다니던 민족이다. 이런 습성이 있는 사람들이 자금성이라는 건조한 공간에만 있을 수 없었다. 별도로 북경의 서쪽 교외에 거대한 정원을 조성한 이유가 여기에 있다.

원명원 내에는 장춘원長春園과 기춘원綺春園도 있었다. 이 3개의 원을 합하여 원명삼원圓明三園이라고 불렀다. 호수가 전체 면적의 35퍼센트를 차지했고, 주위에 9개의 섬이 있었다. 이 섬에 정원을 꾸몄다. 그리고 요소요소에 화려한 전각들을 배치했다. 서양식 건물들도 화려하고 웅장하게 지었다. 바로크와 로코코식의 건축물도 여기저기 들어섰다.

중국의 부자들이 지은 졸정원拙政園이나 개원价園에 가보면 그 규모와 화려함에 놀란다. 곳곳에 연못이 있고 연못들 사이에 전각이 있다. 그곳을 연결하는 회랑 그리고 대나무숲과 괴석들을 모아 석가산石假山을 만들어놓았다. 다른 한쪽에는 수백 명의 인원을 수용하고 파티를 할 수 있는 숙박 공간도 마련했다.

민간인이 만든 정원 규모가 이 정도인데, 청나라 최전성기 황제 3명이 국가예산을 투입해 공들여 지은 원명원의 아름다움과 웅장함은 어떠했겠는가! 상상을 초월했을 것이다. 원명원에 편액이 걸린 건물이 무려 600채, 장춘원에 200채가 있었다고 한다. 그런데 원명원은 1860년 제2차 아편전쟁 때 절단 나버렸다. 영국과 프랑스 연합군이 북경에 들어오자마자 원명원으로 쳐들어갔던 것이다. 중국은 최고의 보물을 약탈당했다. 현대 중국의 식자층들은 아편전쟁의 치욕을 잊지 못한다. 특히 원명원의 황실 보물들을 약탈한 영국과 프랑스에 대한 원한이 있다. '너희들이 겉으로는 문명국가 운운하지만 아편전쟁 때 총칼과 대포로 세계적인 보물인 원명원을 약탈하지 않았느냐. 그런 강도 같은 짓을 해놓고도 인권과 문명을 거론하느냐.' 대만의 고궁박물관 전시품을 보면 감탄을 금할 수 없다. '어떻게 저런 보물들을 만들었을까.' 하는 감탄 말이다. 만약 원명원이 약탈당하지 않았더라면 대만 고궁박물관의 소장품들보다 훨씬 차원 높고 방대한 보물들이 남아 있었을 것이다.

근래에 함재봉 교수가 쓴 《한국사람 만들기1》을 흥미롭게 읽었다. 함 교수는 파리 유네스코 본부에서 몇 년간 연구한 경력이 있다. 여기에서 원명원 약탈에 대해 당시 프랑스 식자층이 남긴 기록들을 섭렵한 것 같다. 프랑스의 대문호 빅토르 위고(1802~1885년)가 원명원 약탈에 대한 소감을 남겼다.

> "파르테논이 이데아를 기본으로 하는 예술의 극치였다면 원명원은 환상예술의 극치였습니다. 거의 초인적이라고밖에 할 수 없는 사람들의 상상력에서 나올 수 있는 모든 것이 그곳에 있었습니다. 달나라에 있는 건물 같은 것 말입니다. (중략) 어느 날 두 강도가 원명원에 들어갔습니다. 하나는 약탈했고 다른 하나는 불을 질렀습니다. (중략) 역사는 그 두 강도 중 하나를 프랑스라고 부를 것이고 다른 하나는 영국이라고 부를 것입니다. (_《한국사람 만들기1》, 291쪽)"

빅토르 위고가 자신의 친구였던 영국인 버틀러 대위에게 쓴 편지의 내용이다. 영국과 프랑스는 아주 야만적으로 중국 문명의 정수를 파괴하고 보물들을 약탈해갔다. 이 약탈물들이 요즘 소더비(Sotheby's, 세계 최대 미술품 경매회사)나 크리스티(Christie's, 런던 예술품 경매회사) 경매에 하나씩 나오는 모양이다. 그 약탈 문화재들을 볼 때마다 중국인들은 속이 뒤집어질 것이다.

사이렌 여신과
옥녀의 가야금

미국에서 만든 커피숍 스타벅스. 그 기업의 로고에는 여자의 상반신 모습이 그려져 있다. 여자가 왕관 같은 것을 쓰고 머리를 길게 풀어 늘어뜨린 모습이다. 그리스 신화에 나오는 여신 사이렌Siren이라고 한다. 그리스 신화에 뱃사람들이 바다를 통과할 때 사이렌의 노랫소리를 들으면 바다 속으로 빨려 들어가 결국 죽는다는 내용이 나온다. 선원들은 사이렌의 노랫소리라는 '유혹'을 못 이긴다는 것이다.

사이렌의 노래를 듣고 싶었던 오디세우스는 다른 선원들은 귀를 막게 하고, 자신은 기둥에 밧줄로 몸을 묶어 바다를 무사히 통과하여 고향으로 돌아온다. 스타벅스가 이 여신을 로고로 정한 이유는 커피숍에 사람들이 빨려 들어오기를 바라는 의미에서였다. 손님이 구름같이 오라는 바람이 담겨 있다.

이탈리아를 여행했다. 북쪽은 산세가 평탄한 편인데 남쪽의 시칠리아 쪽으로 내려가니 높은 바위산들이 보였다. 북쪽보다 남쪽의 산세가 훨씬 험했다. 나는 산세가 강하거나 문필봉文筆峰이 있거나 토체土體 형태의 창고사(倉庫砂, 곡식을 쌓아놓은 모양) 봉우리가 차창 밖으로 보일 때는 가이드에게 질문하곤 한다. 그에게는 굉장히 난도가 높은 질문에 해당한다. 가이드가 지나가는 차창 밖 동네에서 배출한 인물들을 어떻게 알겠는가.

"저 산 밑에서 어떤 인물이 나왔습니까?"

"이 근방은 마피아 두목들이 많이 배출된 동네입니다. 유명한 장군들도 이곳 남쪽 출신이 많습니다."

이탈리아는 남쪽에서 조폭 아니면 장군들이 배출되었다는 말이다. 북쪽은 돈이 많은 터이고, '주먹'은 남쪽이다. 화산재에 묻혀 있다가 발굴된 도시 폼페이의 유적을 보고 해안가로 접어드니 그림 같은 풍광이 나타났다. 아말피 해안이다. 해안절벽에 들어선 주택들과 바닷가의 풍경이 어우러져 그대로 그림엽서다. '우리는 보릿고개 밥 굶을 때 이탈리아는 이렇게 풍요롭게 살았구나.' 하는 생각이 들었다. 바다가 달짝지근할 것 같은 느낌을 줬다.

아말피 해안과 이어져 있는 곳이 유명한 소렌토다. 이탈리아 남쪽의 유서 깊은 항구 도시다. 이탈리아의 민요 〈돌아오라 소렌토로〉의 무대이다. 가사를 보면 '아름다운 저 바다와 그리운 그 빛난 햇빛, 내 마음속에 잠시라도 떠날 때가 없도다…… 이곳을 잊지 말고 돌아오라.'는 내용이다. 소렌토는 고대 로마시대부터 휴양지로 여겨졌다. 그리스에서 배를 타고 올 수도 있다. 로마 황제의 별장이 있었던 카프리섬과도 배로 가깝다.

관광버스를 타고 해안가 바위절벽을 돌면서 아름다운 소렌토 시내를 한눈에 내려다보는 지점에 이르렀을 때 불현듯 한 대목이 떠올랐다. '옥녀탄금玉女彈琴'이로구나!' 소렌토를 뒤에서 받쳐주는 가장 높은 산봉우리는 둥그런 철모 모양으로 생겼다. 바가지나 또는 군인들 철모처럼 둥그렇게 생긴 봉우리는 옥녀가 머리칼을 단정하게 빗어 올린 모습으로 본다. 이런 봉우리는 옥비녀를 꽂고 단정하게 쪽진 머리모습과 비슷하다고 해서 옥녀봉玉女峰이라고도 부른다.

멀리서 보니 소렌토 해안가는 깎아지른 절벽으로 되어 있다. 절벽이 깎인 모양이 직선으로 되어 있는데, 그 모습이 내 눈에는 가야금이 비스듬하게 놓여 있는 모습처럼 보였다. 소렌토 뒤에는 옥녀봉이 있고, 바닷가 절벽에는 가야금이 한 대 놓여 있는 형국이었다. 그렇다면 '옥녀탄금'이다. 이런 장소를 풍수에서는 옥녀가 가야금을 연주하는 형세라고 본다.

충남 논산에 가면 조선 숙종 때 소론의 당수를 지냈던 명재明齋 윤증尹拯 선생 고택이 있다. 이 명재 고택의 풍수가 바로 '옥녀탄금'에 해당한다. 고택 입구의 낮은 동산에 가야금이 놓여 있다. 퍼뜩 짚이는 게 있어서 경험 많은 노련한 가이드에게 물었다.

"소렌토의 원래 지명이 뭡니까?"

"고대에는 사이렌이었다고 합니다. 사이렌이 나중에 소렌토로 변한 것입니다."

〈오디세이Odyssey〉에 나오는 사이렌 여신이 살던 곳이 바로 소렌토 바닷가였던 것이다. 아마도 소렌토에는 미녀들도 많았던 모양이다. 풍광이 낭만적이고, 풍요롭고 미녀들도 많았으니 뱃사람들이 소렌토에 상륙하는 순간 장사해 번 돈과 가진 것을 다 털리고 뼈만 남았을 것으로 짐작된다.

동양 풍수가의 입장에서 보면 사이렌 여신이 부르던 노랫소리는 바로 옥녀가 가야금을 연주하던 소리였다. 옥녀탄금의 '옥녀'는 다름 아닌 '사이렌 여신'으로 해석된다. 소렌토가 원래 사이렌이었다는 이야기를 듣고 참으로 묘하다는 생각이 들었다. 고대 동서양의 신화적 상상력이 어찌 이리 비슷한가 하고 말이다. 옥녀의 탄금 소리를 듣고 여기를 지나던 그 수많은 뱃사람이 유혹을 당했던 것이다. 소렌토의 산동네 쪽 골목길을 돌아다녀 보니 곳곳의 입간판에 성모 마리아로 짐작되는 여신의 모습이 그려져 있었다. 짐작건대 이 근방에서 기도를 하면 성모 마리아를 볼 수 있다는 메시지로 여겨진다.

소렌토는 가톨릭 기도처로도 유명한 모양이다. 기도를 하면 영험이 있어야 하는데, 이곳은 성모 마리아 기도가 영험하다는 증거다. 한국의 토속신앙 측면에서 보자면 소렌토 옥녀봉에는 남성 산신령이 아니고 여성 산신령이 산다는 뜻이다. 여성 산신령이 서구 가톨릭에서는 성모 마리아가 아닌가 싶다. 물론 이는 한국 토속신앙을 연구한 나의 주관적인 해석이다.

고대의 제사장과
시공을 넘나들며
대화하다

영발靈發과 접신接神은 인간과 신神의 통신, 산 자와 죽은 자의 연락, 인간과 자연의 교감에 필수적이다. 지붕에 올라가기 위한 사다리와 같다고나 할까. 풍수는 바로 이 영발과 접신의 상태에 들어가기 위해 필요한 신성한 땅의 기운을 탐지하는 비의학秘義學이다.

나는 동서양의 고대 신전 터나 종교적 영감을 주는 터를 추적해왔다. 영발과 접신이 잘 되는 터 말이다. 현재까지 내린 결론은 동서양의 영발 받는 터는 비슷한 조건을 갖추고 있다는 점이다. 그리스 크레타Creta섬의 크노소스 궁전은 이러한 나의 이론을 증명하는 데 최적의 조건이 되는 곳이었다.

크레타섬은 그리스 남쪽 에게해 남단부 중앙에 있다. 이집트와 그리스의 중간쯤이라고 보면 된다. 이 위치가 절묘하다. 이집트 문명이 그리스로 넘어가는 중간 기착점에 해당하기 때문이다. 이집트 문명은 붙박이로 농사짓는 농경문명이고, 그리스는 뱃사람들이 배 타고 다니며 무역과 전쟁·해적질을 일삼은 해양문명이다. 크레타섬은 농경이 해양으로 건너가는 중간이다. 농경이 해양으로 넘어가다가 중간에 기착해 형성한 문명이 '크레타 문명'이다.

크레타 문명의 핵심이 크노소스 궁전 터다. 기원전 2600년경부터 건축물이 들어서기 시작해서 기원전 1700년경에는 궁전이 들어섰다. 건축물이야 무너졌다가 다시 새로 지어지고 했지만, 그 궁전의 터만큼은 기원전 2600년경부터 바뀌지 않고 계속 같은 자리에서 이어져 왔을 가능성이 높다. 신성한 장소는 갑자기 생겨나는 새로운 곳보다는 오래전부터 사용되어 왔던 곳이 훨씬 카리스마를 풍기기 때문이다.

오래될수록 역사가 깊고, 역사가 깊다는 것은 그만큼 사연이 많다는 것이고, 사연이 많아야 인간은 거기에서 깊은 감화를 받고 종교적 신심을 일으킨다. 자연의 신성한 터를 형성하는 산천은 고정되어 있어서 인공적으로 새롭게 만들 수 없다.

크노소스 궁전은 해안가 항구도시 이라클리온에서 버스를 타고 15분 남짓 가면 도

착한다. 항구에서 불과 6킬로미터의 거리다. 궁전 터 입구에는 조그만 숲이 있다. 그 숲을 통과하는데 어디서 새 우는 소리가 들려온다. 보통 새소리보다는 꽤 소리가 커서 주위를 둘러보니 숲의 나뭇가지에 커다란 공작새 두세 마리가 앉아 울고 있었다.

고대의 신성한 터에는 그 터를 지키는 신령神靈들이 존재하기 마련인데, 이 공작들은 그 수호 신령들이 환생한 것이라는 생각이 들었다. '멀리 동양에서 영발을 연구하는 학자가 오니 터를 지키는 신장神將들이 반갑게 인사를 하는 것이구나!' 싶은 생각이 들었다. 동양의 고대 전통에서는 '비란飛鸞'이 와서 내방객에게 메시지를 전한다고 되어 있다. 공작새가 비란 아니겠는가.

크노소스 궁전 터는 사신호위四神護衛의 명당이었다. 사신이라면 청룡·백호·주작·현무를 가리킨다. 궁전 터를 주변 산들이 동서남북으로 호위하고 있었다. 가운데에 알처럼 둥글게 솟아오른 언덕에 궁전이 있었고, 그 궁전 주변을 사신사四神砂가 물샐틈없이

호위하고 있는 것이다.

　고구려 고분 벽화에 청룡·백호·주작·현무가 망자를 지키고 있는 그림이 나온다. 이것이 지상에 내려오면 산봉우리로 나타난다. 하늘의 별은 땅에서 봉우리로 상징된다. 궁전 터는 군사적으로는 요새 지형이 아니었다. 큰 바위 절벽이나 강물이 앞을 가리고 있지 않았다. 방어하기에 특별히 유리한 지형이 아니었다. 그러나 접신과 영발의 측면에서 보자면 주변 동서남북이 땅의 지기地氣를 빠져나가지 못하도록 보호하고 있었다. 압력밥솥처럼 말이다.

　거기에 기가 막힌 포인트가 하나 더 있었다. 남쪽으로 멀리 해발 1,000미터가 넘게 보이는 높은 산이 하나 포진해 있었다는 점이다. 주변 산들은 해발 200~300미터로 낮은 야산 형국임에 비춰볼 때 남쪽으로 솟아 있는 이 봉우리는 우뚝 솟아 보였다. 이 산을 보는 순간 이 궁전 터의 비밀은 여기에 있다는 생각이 들었다. 이 고봉高峯이 와이파이 안테나 역할을 하고 있다는 판단에서다.

　이 남쪽 고봉에서 궁전(신전) 터에 신의 메시지를 전하고 있었다. 하도 신기해서 현지 전문가에게 물어보니 아니나 다를까 이 산에서 제우스 신이 탄생했다는 답변이다. 그리스 신화 최고의 신 제우스가 탄생한 곳이 이 산이라는 것이다. 그 남쪽의 제우스 봉우리를 향해 크노소스 궁궐과 크노소스 신전의 방향이 향하고 있었다.

　한자 문화권의 경복궁 터만 인군남면人君南面이 아니고 고대 크레타 문명도 남면南面이었다. 말하자면 제우스 봉우리는 남산에 해당하는데, 높이 솟아 있어서 문필봉文筆峰의 역할과 접신봉接神峰의 역할을 하고 있었다. 사신사가 완벽히 감싸면서 남쪽에는 높이 솟아 있는 접신봉이 포진한 크노소스 궁전 터를 보고 풍수학을 공부한 나는 엄청난 희열을 느꼈다.

　'동양에서 공부한 학문이 서양의 고대문명에도 그대로 적용되는구나!' 이런 터에 발을 내딛자 지금으로부터 5,000년 전에 처음 이 터를 잡았던 고대의 제사장들과 시대와 공간을 뛰어넘는 대화를 주고받는 느낌이다. '당신들이 그때 이 터를 잡을 수밖에 없었던 이유를 내가 충분히 이해하겠소.'라고 말이다.

3장

人
事
인사

빈손으로 와서 무엇을 가지고 돌아갈 것인가

축사의 달인과
워딩의 비결

다선 국회의원에게 들었다. 선거는 공중폭격과 땅개작전이 필요하다고. 공중폭격이란 워딩Wording이다. 워딩은 글이나 연설의 요지를 밝힌 핵심 단어이다. 특히 선거에서 단어 하나는 비행기가 공중에서 투하하는 폭탄과 같은 위력을 발휘한다. 여러 말이 필요 없다. 강력한 말 한 마디로, 어떤 이는 주목을 받고 어떤 이는 나락으로 떨어진다. 그러나 긍정적 반응을 만들어내는 워딩을 만들기란 쉽지 않다. 그 정치인이 살아온 인생의 총체적 경험과 사색과 통찰이 버무려져야 나올 수 있다.

워딩으로 공중폭격을 하고 나면 그 다음에는 땅개작전이 이뤄져야 한다. 보병이 총을 들고 점령해야 한다. 시장을 돌면서 상인들과 악수하고, 떡볶이 사먹고, 사거리에서 지나가는 유권자들에게 일일이 머리 숙이고 악수하고, 각종 모임에 나가 명함 나눠주는 일이 땅개작전에 해당한다. 그 사람의 업보에 따라 공중폭격을 잘하는 사람이 있고, 땅개작전에 익숙한 사람이 있다.

문화계에서 내가 주목하는 두 명의 인물이 있다. 이어령 전 문화부 장관과 김종규 문화유산국민신탁 이사장이다. 이어령은 20대 후반부터 붓을 잡고 필명筆名을 떨쳤던 인물이다. 말하자면 공중폭격하면서 살아온 인생이라고나 할까.

김종규 이사장은 땅개작전의 인생이다. 이어령이 비행기 타고 공중에 떠 있을 때 김종규는 시장바닥을 돌았다. 형의 뒤를 이어 삼성출판사를 운영하면서 문화계·정재계 인사들과 밥 먹고 술 마시면서 씨줄 날줄의 교분을 쌓았다.

출판사는 문사文士들을 상대하는 직업이다. 젊었을 때부터 구상 선생, 중광 스님과 같은 수많은 기인 문사들과 어울리면서 풍류를 배우고 격조를 접하며 내공을 쌓았다. 그 내공이 70대에 들어와 만개했다. 어디 가서 축사를 잘하는 내공이다. 그래서 '축사祝辭의 달인'이란 이채로운 칭호를 득得했다. 80세 다 되어가는 분이 하루에 평균 서너 군데 행사장에 가서 축사를 한다. 박물관, 미술관, 각종 문화행사의 오프닝 세리머니 축사가 대부분이다. 어떤 날은 일곱 군데나 가서 축사를 했다. 서울은 물론 경주·광주·부산에 내려가서도 축사를 한다. 물론 돈 받고 하는 것도 아니고 공짜로 한다.

"아니 선생님 그렇게 멀리까지 가서 축사하는 게 피곤하지 않으십니까?"

"아녀, 나를 불러준다는 게 고마울 뿐이야. 내가 필요하다는 거 아니겠어. 보람 있는 일이지!"

같은 일이라도 보람으로 생각하니까 몸도 건강하다. 어떤 때는 축사를 하러 중국 베이징까지 가는 일도 있었다. 하루에 일곱 군데 축사를 하려면 세심한 조정이 필요하다. 동선에서부터 행사장 개막시간도 겹치지 않도록 주최 측과 협의해야 한다. 언젠가 이 축사의 달인에게 "축사의 비결이 무엇입니까?" 하고 물었던 적이 있다. 아마 MBA(경영전문대학원) 커리큘럼에도 축사 비결은 안 나올 것이기 때문이다.

김 회장의 말에 따르면 비결은 우선 자신보다 앞서 축사한 사람이 한 말을 집어서 칭찬하는 일이다. 되짚어주는 것이다. '아무개 장관이 축사에서 이 말씀을 하셨는데 나도 몰랐던 부분이다. 이번에 알았다.'는 식이다. 그러고는 사회자를 칭찬해야 한다. 사회자는 행사의 중심이다. 사회자를 칭찬해야 분위기가 살아난다. 다음엔 주최 측과 주빈을 모두 고려해야 한다. 주최 측과 주빈을 언급하면서 한 마디 하는 것이다. 물론 한 마디는 짧아야 한다. 최적의 단어와 문장을 골라야 한다. 너무 길면 김이 빠진다. 유머도 중요하다. 두세 번 하객들을 웃겨야 한다.

칭찬을 할 때도 구체적으로 내용을 찍어서 하는 게 중요하다. 두루뭉술하게 칭찬을 하면 '립서비스'로 전락할 수 있다. 상황과 맥락에 어긋나지 않되 지나친 미사여구도 금물이다. 이 대목에서 주의할 점이 있다. 보통 축사에서 칭찬과 덕담을 하고 나면 균형을 잡는다는 생각에서 무엇인가 하나를 지적하고 집어내려는 경향이 있다. '옥에 티라면 뭣뭣이다.' 식으로 말하는 것이다. 그런데 이런 말을 하면 안 된다. 옥에 티 운운하지 말아야 한다. 그게 주최 측과 주빈을 기분 나쁘게 만드는 작용을 한다. 앞에서 한 칭찬을 한 방에 다 까먹으면서 분위기가 가라앉는다. 듣기에 따라서는 축사하는 사람이 자기 잘난 체하는 말로 들릴 수도 있다. 그리고 마지막에 하는 마무리 클로징 멘트도 어찌할지 고심해야 한다.

워딩은 단어의 신중한 선택과 정제 작업이다. 한국사회가 앵그리Angry 사회가 되었다. 정제되지 않은 생각이 분노와 욕으로 표현되고 있다. 그로 인한 상처와 화, 우울감이 가득하다. 상대방의 장점을 이야기하는 '축사'의 워딩이 부족하기 때문은 아닌가 생각해 봐야 한다.

뱃사람·상인·농부…, 그 다음을 준비하다

서양문명의 종갓집이자 기본 틀을 짠 나라가 그리스다. 그리스에 가서 확인한 사실이 있다. '뱃사람의 나라'였다는 것이다. 그리스는 수천 개의 섬으로 이루어진 섬나라이다. 태평양처럼 넓지도 않고 여름에 태풍도 없는 지중해의 수많은 섬들은 배를 타고 이동하기에 안성맞춤인 환경이었다.

여름에 우리처럼 태풍이 불지 않는다는 점은 뱃사람, 즉 선자船者에게 엄청난 장점이었다. 게다가 장마철이 없었다. 그리스는 여름이 건기다. 비가 오지 않으니 곡물이 잘 자랄 수가 없었다. 산들도 대부분 척박한 바위산이었다. 올리브 나무나 자랄 수 있을까, 다른 곡물은 자랄 수 없는 환경이었다.

결국 먹고살기 위해서는 배를 타고 이 섬 저 섬을 돌아다닐 수밖에 없었다. 배 타고 외국을 돌아다니면서 장사하는 문화가 형성되었던 것이다. '선자천하지대본(船者天下之大本, 뱃사람이 천하의 큰 기본)'의 문화였다.

장사라는 것은 배를 타고 바다를 건너 말도 다르고 음식도 다른 이방의 풍토와 인간들을 접하는 일이었다. 여차하면 사기 당하거나 물건을 뺏길 수도 있다. 장사를 하려면 다양한 문화를 이해해야 하고, 계약서를 철저히 따져봐야 하고, 무력을 갖춰야 한다. 해상무역에서 협상이 안 되면 다음 수순은 약탈하는 것이었다. 잘되면 무역이지만 여차하면 도끼 들고 해적질을 해야만 한다. 이 모든 생업의 기반에 뱃사람이 있었다. 전쟁도 해전에서 결판났다. 아테네가 페르시아 대군을 물리친 것도 살라미스 해전이었다는 점을 주목해야 한다.

들판에서 농사를 지으면 중앙 집중이 이뤄져 권력이 일원화되지만, 섬이 많은 그리스에서는 민주주의를 할 수밖에 없다. 수천 개의 섬을 일사불란하게 중앙에서 통제한다는 것이 불가능하기 때문이다. 민주주의·무역·계약서를 중시하는 관습과 여차하면 무력으로 제압하는 게 서양문명의 특징이다.

여기에 비해 우리는 농자천하지대본農者天下之大本의 문화였다. 그러나 우리가 옛날부터 농사만 짓고 살았던 민족은 아니다. 북방의 시베리아 문화를 연구한 주채혁 세종대 교수의 《순록치기가 본 조선·고구려·몽골》에 따르면, 고대 우리 조상들은 순록을 치면서 살았다고 한다. 시베리아 순록은 눈밭에서 이끼를 먹는 동물이다. 눈길에서 산타클로스가 타고 가는 수레를 모는, 사슴 비슷하게 생긴 동물이 바로 순록이다. 순록은 이끼를 먹고 사는데, 이끼를 한자로 선蘚이라고 한다. 풀 초艸를 떼어내면 선鮮이다. 선鮮은 순록의 먹이인 이끼(蘚)가 자라는 작은 동산이나 구릉을 가리킨다고 한다. 조선朝鮮이라는 말의 원래 뜻은 '순록치기'라고 한다. 조朝는 '찾는다'는 뜻이다. 조선은 '순록의 먹이를 찾아 옮겨 다니는 민족'이란 의미가 된다. '조용한 아침의 나라'가 아닌 것이다.

순록을 치다가 여력이 생겨 양을 유목하게 되었고, 양을 관리하려다 보니까 말을 키우게 되었고, 말을 타다 보니까 말 타고 활을 쏘는 기마사술騎馬射術을 익혀 몽골·청나라와 같은 유목제국이 발전했다고 본다. 고구려가 망하면서 유목의 전통은 끊어지고 우리는 한반도 내의 농사짓는 민족으로 정착했다.

농사짓는 문화는 이동이 드물다. 수대에 걸쳐 농토에 붙어살기 때문에 옆집 부엌에 숟가락이 몇 개 있는가도 환히 안다. 서로 속일 수가 없다. 굳이 계약서를 쓰지 않더라도 서로 속이지 못한다. 만약 한쪽에서 속이면 대를 이어 그 원망이 전수된다. 평판이 좋아야 한다. 농사철 모 심을 때는 서로 품앗이를 할 수밖에 없다. 그러자면 서로 관계를 좋게 맺어야 하고, 서로 피해주지 않도록 조심할 수밖에 없다. 이것이 농자천하지대본의 문화다.

그러다가 5·16 군사정변 이후 박정희가 등장하면서 중상주의重商主義가 등장했다. 물건을 제조해 외국에 수출해서 먹고사는 문화로 전환이 된 것이다. 순록에서 유목, 유목에서 농사로 살다가 20세기에 들어와 중상重商으로의 전환이 처음으로 이뤄진 셈이다.

대략 50년 동안에 우리는 상자천하지대본商者天下之大本을 열심히 학습했다. 상공사

농商工士農의 서열이었다. 다시 최근에 변화가 진행되고 있다. 농자農者가 주목받는 시대로 옮겨오고 있는 것이다. 중후장대의 중공업이 쇠퇴하고, 한국 산업화를 떠받쳤던 부울경(부산·울산·경남)의 일자리가 줄어들면서 베이비붐 세대가 귀촌·귀농·귀산歸山으로 옮겨가고 있다. 생활비를 월 200만 원 이하로 줄이려면 시골로 와야 하지 않을까?

문명사적 전환기에 변화를 대비하는 방법이 귀농이라고 생각한다. 절충안으로 나흘은 도시에서 사흘은 시골에서 생활하는 '4도3촌四都三村'이라도 강구해보기를 권한다.

꽃을 보며
인생 템포를
늦추다

세월이 왜 이리 빠르게 흘러간단 말인가! 흐르는 강물처럼 지나가는가, 아니면 KTX 고속철처럼 가는가, 그것도 아니면 화살처럼 가버리는가. 시간을 늦추는 방법을 알면 성공한 인생이다.

인생 템포를 늦추는 방법 가운데 하나가 꽃을 보는 일이라는 것을 근래에 깨달았다. 꽃은 계절에 맞춰 핀다. 각기 피는 타이밍이 다르다. 이 꽃을 보고 계절이 변하는 것을 알아차리는 인생은 시간이 천천히 가는 인생이다. 나의 글방인 전남 장성 축령산 휴휴산방 休休山房 뜰 앞에는 백도화白桃花가 있다. 부산의 화승원和承園에서 만발한 백도화를 처음 보고 매료되었다. 주인이 선물로 묘목 두 가지를 보내준 것이 벌써 7~8년이 되어가니 꽃이 갈수록 풍성해진다.

대개의 도화가 짙은 분홍색인데 비해 백도화의 꽃잎은 하얀색이다. 그래서 귀하다. 휴휴산방은 해발 300미터에 있으므로 꽃 피는 시기가 평지에 비해 1주일 정도 늦다. 이 백도화는 초봄이 지나고 중봄이 되는 무렵인 4월 하순에 만발한다. 백도화가 피면 봄의 가운데로 들어가고 있음을 알아차려야 한다. 지난해에도 뭐가 그리 바빴는지 백도화 피는 것도 모르고 지나쳐 버렸다. 올해는 만사 제쳐놓고 이때를 기다렸다.

다른 꽃은 '예쁘다' '좋다'는 느낌이 들지만 하얀색의 백도화를 보면 빨려 들어가는 느낌을 받는다. '뇌쇄적惱殺的'이라는 단어의 참뜻을 백도화를 보고 알았다. 왜 이 꽃이 중년 남자를 홀딱 빠지게 만드는지 생각해보니 그 순진무구함이다. 하얀색은 순진·순수·결백·무저항을 상징한다. 그런데 하얀색도 약간씩 차이가 있다. 그림물감의 하얀색이 있고, 옷감의 흰색도 있고, 자동차의 흰색도 있다. 백도화의 하얀색은 이러한 흰색들을 초월하는 그 어떤 신성함이 있다. 굳이 문자로 표현하자면 '고귀한 하얀색'이다. 물감이나 옷감에서 느끼는 흰색과는 다르다는 말이다.

인생을 살면서 때가 묻고 분별이 덕지덕지 쌓인 중년 남자의 '악어가죽'을 벗겨 버리

세월이 왜 이리 빠르게 흘러간단 말인가!
흐르는 강물처럼 지나가는가,
아니면 KTX 고속철처럼 가는가, 그것도 아니면
화살처럼 가버리는가. 시간을 늦추는 방법을 알면
성공한 인생이다. 인생 템포를 늦추는 방법 가운데
하나가 꽃을 보는 일이다. 꽃은 계절에 맞춰 핀다.
각기 피는 타이밍이 다르다.
이 꽃을 보고 계절이 변하는 것을 알아차리는
인생은 시간이 천천히 가는 인생이다.

는 힘을 가진 색감이라고나 할까. 백도화의 하얀색을 보면 무장 해제된다. 그 어떤 공격의 지도 퇴화된다. 고귀한 하얀색이 주는 마력이다. 고귀한 하얀색 앞에서는 무릎을 꿇을 수밖에 없다. 저항할 수 없다. 이기심이 작동할 수 없다. 가진 거 다 내놓고 싶은 마음이 든다. 그 고귀함은 절대의 순진무구純眞無垢이기 때문이다.

백도화의 꽃잎은 홑겹이 아니다. 여러 겹이 겹쳐 있다. 홑겹에 비해서 여러 겹의 꽃잎은 포근한 느낌을 준다. 속이 더 깊은 것 같다. 그리고 꽃잎이 바람에 팔랑거린다. 뻣뻣하면 덜 그럴 텐데, 꽃잎을 손에 쥐면 바스러질 것 같은 부드러움이 더 사람을 끌어당긴다. 인간의 보호본능을 촉발시킨다. 순진무구한 백도화의 꽃잎은 세상에 오염되기 이전의 인간 본성, 본래 고향을 상기시켜주는 작용을 한다. 인간 세상에 살면서 시루떡처럼 쌓인 분노·상처·회한을 씻어주는 꽃이 백도화라고 한다면 지나친 과장일까?

뜰 앞에 핀 백도화에 빠져 있다가 머릿속에 다가온 단어가 있다. 도화살桃花殺이다. 도화는 예쁘기 때문에 오히려 그 안에 살기殺氣를 머금고 있다는 뜻이다. 사주팔자에 도화살이 있으면 이성이 시도 때도 없이 달라붙는다고 해서 예로부터 도화살 긴 여자나 남자는 이성 때문에 시달린다고 봤다. '물 묻은 바가지에 깨 달라붙듯이 달라붙는다.'는 옛말이 그것이다. 잡아당기고 끌어당기고 매료시킨다. 이 매료시키는 힘이 오히려 자기를 망가뜨리는 힘으로 작용한다.

사주명리학에서는 자子·오午·묘卯·유酉를 도화로 본다. 십이지十二支에 이게 들어 있으면 도화살이 있는 것이고, 이성을 잡아끄는 매력이 내장되어 있다고 본다. 기차나 버스를 타고 가다가 옆에 앉은 사람과 결혼한 사람들은 대개 도화살이 있는 경우가 많다. 장희빈이 숙종에게 캐스팅된 것도 도화살의 힘이라고 해석한다. 장희빈의 사주에는 도화살이 서너 개쯤 들어 있지 않았을까.

옛날에는 도화살을 부정적으로 봤지만 지금은 아니다. 연예인이 되려면 도화살이 있어야 한다. 그래야 인기가 있다. 정치인도 마찬가지다. 도화살이 있는 정치인은 이성들의 표가 몰표로 쏟아진다. 받은 것도 없이 왠지 끌리는 것이다.

휴휴산방 뜰에는 백도화 옆에 분홍색 꽃잎의 보통 도화가 있다. 백도화의 색깔이 종교적 살기라면 분홍색 도화는 도화살로 분류하고 싶다. 종교적 살기는 때를 벗기는 작용을 하고, 분홍색 도화는 인간을 잡아끄는 성적인 매력을 풍긴다. 백도화가 성기聖氣라면 분홍색 도화는 성기性氣인 셈이다.

분홍색 도화의 성기性氣를 인수분해하면 나체(體) 도화, 월장越牆 도화, 곤랑滾浪 도화 등이 있다. 나체 도화가 있으면 속옷 입기를 싫어하고 아무 데서나 옷을 훌러덩 벗기를 좋아한다. 월장 도화가 있는 여자는 남자들이 담장을 넘어서라도 그 여인에게 다가가게 할 정도로 흡인력이 강력하다. 곤랑 도화는 색을 밝히다가 성병에 잘 걸리는 팔자다.

인터넷 등 각종 영상문화가 발달한 현대는 '화면발畵面發'의 시대다. 화면발의 시대에 가장 맞는 팔자가 도화살 팔자다. 단, 지성知性을 겸비해야 돈이 된다. 지성이 결여된 도화살은 색난色難이 발생한다. 색난은 이성 문제로 시끄럽고 어지러운 일을 겪는 것이다. 도화살이 좋다, 나쁘다 가를 수는 없다. 타고난 사주는 인생의 방향에 대한 힌트이다. 어떻게 쓰느냐에 달려 있다. 지성을 갖춘 도화살은 성공의 밑거름이다.

홀로 나를 달래며
철이 들다

독락당獨樂堂을 풀이하면 '홀로 있음을 즐기는 집' 또는 '혼자 있어도 외롭지 않은 집', '고독을 두려워하지 않는 집'으로 해석할 수 있다. 어떻게 해야만 혼자 있어도 외롭지 않은 경지에 들어갈 수 있을까. 그 사람이 공부가 됐나, 안 됐나를 가늠하는 기준은 바로 독락獨樂에 있다. 독락이 되는 사람은 공부가 된 것이다. 100세 시대라고 떠들 때마다 밀려오는 걱정은 말년궁핍末年窮乏과 말년고독末年孤獨이다. 나이 들어 힘 떨어지고 돈 떨어졌을 때 밀려올 고독을 과연 나는 감당할 수 있을까!

경북 경주시 안강읍에 가면 회재 이언적 선생(1491~1553년)이 벼슬을 그만두고 고향에 돌아와 지은 집이 있다. 그 집의 사랑채 이름이 바로 '독락당'이다. 옛날이나 지금이나 사람 심정은 똑같다. 다가올 고독을 받아들이기로 결심한 당호堂號가 아니겠는가. 오히려 '고독'을 '독락'으로 한 차원 더 승화시키겠다는 내면의 심경도 읽을 수 있다. 각자의 독락당에서 지내려면 무슨 준비가 있어야 할까도 생각해봤다.

우선 요가를 익히는 것이 필요하다. 나이 들어서 뛰고 달리는 운동은 무리가 된다. 혼자 방 안에서 할 수 있는 운동이 요가이다. 골프는 골프장에 가야 하고, 다른 게임을 하려고 해도 같이 운동할 사람이 있어야 하지만, 요가는 자기 혼자 할 수 있다는 장점이 있다. 특별한 장소도 운동장도 필요 없다. 방에 담요 한 장 깔아놓고 할 수 있다. 돈이 드는 것도 아니다. 전기요금이 많이 들어가는 것도 아니다. 근육과 경락을 풀어주면 병이 잘 오지 않는다. 홀로 견디려면 가장 먼저 몸이 건강해야 할 것 아닌가.

말년 운동의 최고봉은 요가라고 생각한다. 코브라 자세, 쟁기 자세, 옆구리를 양쪽 옆으로 기울이는 자세 등 우선 7~8개 동작만 익혀도 된다. 코브라 자세는 엎드려서 두 손을 바닥에 짚고 상체를 서서히 일으켜 세우는 동작이다. 코브라가 고개를 쳐드는 동작과 비슷하다. 이 동작은 허리 디스크를 예방해준다. 의자생활을 많이 하면 요추 3번 명문혈命門穴 쪽이 압박을 받는다. 디스크가 온다. 코브라 자세를 하면 이 압박을 풀어준다. 등이 굽는 것도 예방한다. 가슴이 펴져야 낙관적이 된다. 사람이 오그라들면 자꾸 우울한 생각만 든다. 쟁기 자세는 고혈압·중풍·뇌경색을 예방해준다. 누워서 두 다리를 들어 머리 뒤로 넘기는 동작이다. 신경을 쓰거나 나이가 들면 목뒤가 뻣뻣해진다. 이걸 풀어주는 자세이다. 앉아서 두 다리를 양옆으로 벌리는 박쥐 자세도 있다. 전립선 질환을 예방하는 아사나(동작)다. 동작이 수백 가지나 되지만 자기에게 필요한 동작 몇 개만 배워 매일 혼자 방 안에서 할 수 있는 운동이 요가다.

독락당에서 지내려면 또 필요한 것이 바로 차茶다. 아침을 먹고 뜰 앞에 핀 작약을 보면서 차 한 잔 하는 것은 동양의 풍류다. 차의 향이 코로 들어오고, 혀를 적시면서 목구멍으로 넘어가고, 아랫배로 찻물이 내려가면서 울림이 온다. '인생, 이만하면 됐다.' 하는 울림이다. 차를 마시면 피가 맑아진다. 피가 맑아지면 여러 가지 병을 예방할 수 있다. 신외무물身外無物, 이 세상 무엇보다 몸이 소중하지 않겠는가!

차도 종류마다 다르다. 향기가 다르고 맛이 다르다. 지리산에서 나오는 이맘때의 녹

차를 갈비 한 대 뜯고 한 잔 마시면 그렇게 고소하고 입안이 개운해질 수 없다. 더부룩한 뱃속이 깔끔하게 정리된다. 중국 무이산武夷山에서 나오는 대홍포大紅袍의 향도 깊다. 향이 깊다는 것은 질리지도 않으면서 정신의 안정감을 주는 차향이라는 뜻이다. 중국이 다른 것은 몰라도 차는 좋다.

술은 몇 시간 마시면 취해서 횡설수설하지만, 차는 서너 시간 마셔도 정신이 맑아진다. 방 안에 먹감나무로 만든 차장茶欌을 마련하여, 조그만 선반에 찻잔을 올려 두고 차호도 여러 개 진열하고, 그 외 여러 차 도구를 챙겨놓은 모습을 보면 아취雅趣가 느껴진다. 거기에 평화가 있다.

손님이 방문하면 차장의 조그만 먹장석 고리를 집게손가락으로 잡아 열고 조심스럽게 찻잔을 꺼낸다. 전기화로 위에 얹어진 놋쇠주전자에 물을 끓인다. 물이 끓는 소리를 듣는 것도 마음을 한가하게 해준다. 친분이 있는 도공이 제작한 차호茶壺에 차를 털어 넣고 뜨거운 물을 붓는다. 이 또한 하나의 과정이고 철학이다. 긴장되지 않는 반복이라고나 할까. 긴장하지 않으면서 반복된 동작을 하면 정신이 집중되면서 근심걱정이 사라진다. 거기에 맛과 향까지 가미되는 것이 차의 이로움이다.

독락당에서 살려면 악기 하나는 다룰 줄 아는 게 좋다. 자기가 자기 스스로를 달래야 한다. 다른 사람이 자기를 달래주길 기대하면 아직 철이 덜 든 것이다. 자신이 자신을 달래는 데 있어서 좋은 수단이 바로 악기다. 나는 20~30대에 기타를 안 배워 놓은 걸 후회하고 있다. 50대 후반에는 쉽게 익혀지지가 않는다. 보름달이 창밖에 휘영청 밝은 날도 좋고, 반달이 있는 날도 좋다. 밖은 고요하고 가끔 소쩍새와 휘파람새의 지저귐을 듣고 있다가 기타 소리로 내가 좋아하는 노래를 연주하면 독락이 되지 않겠는가!

회재 선생의 경주 독락당을 둘러보면서 선생의 속깊은 내면을 헤아려보다가 든 생각들이다.

5

벼슬, 칼날에 묻은
꿀을 핥는 일

새로운 정권이 들어서면 여러 가지 '벼슬'이 쏟아진다. 예전에 정권인수위원회가 꾸려지고 초장에 여기 들어간 인사들을 보면 어딘가 붕 떠 있는 느낌을 받았다. 벼슬에 대한 기대감 때문이다. 예로부터 한국 사람은 벼슬에 목을 맨다. 벼슬을 못 하면 죽어도 '학생學生'으로 남는다. 죽고 나서 쓰는 제사 신위神位에 벼슬자리 대신 '현고학생顯考學生'으로 적는 것이다.

벼슬에 대한 집착과 기대는 한자문화권의 오랜 전통과 관련이 있다. 서양은 과거제도가 없었다. 전쟁에서 싸움 잘하고 배 타고 다니면서 장사 잘하면 그 사람이 벼슬을 하고 자리를 맡았다. 로마의 귀족은 피가 튀는 전쟁터에 나가 승리를 해야만 입신양명立身揚名할 수 있었다. 서양의 전통은 칼과 돈이 자리를 결정하는 문화였다. 그리고 그 자리는 세습이 되었다. 시험 봐서 합격한 사람이 요직을 맡는 전통이 없었다. 물론 현대에 와서는 약간 바뀌었지만 말이다.

한자문화권에서는 과거科擧 시험에 합격해야 성공한 인생이었다. 장원급제해서 어사화 꽂고 금의환향하는 것이 인생 최대의 행복이자 성공이었다. 과거를 통한 관료제도가 나름대로 합리성도 지니고 있었기 때문에 이 전통은 오랫동안 유지되었다. 동양 삼국 중에서 일본은 과거제도가 없었다. 칼을 잘 쓰는 사무라이가 임자였다. 그래서 일본은 중국·한국과는 문화의 결이 좀 다르다.

동양의 삼교, 즉 유교·불교·도교 중에서 특히 유교는 이러한 과거 합격을 성공의 기준으로 여겼다. 수신修身을 했으면 그 다음에는 치국治國을 하는 게 인생의 순서였다. '부재기위 불위소능不在其位 不爲所能'이라고 했다. 자리(位)가 없으면 능력을 펴지 못했다. 자리가 벼슬이다. 벼슬을 못 하면 치국도 어렵다. 벼슬을 못 하면 사람 구실을 못 했다. 그러다 보니 벼슬을 하려고 박이 터졌다.

조선조에서는 늙어 죽을 때까지 과거 시험 준비하다가 끝난 인생도 많다. 벼슬을 하면 우선 월급이 나오고, 다른 사람들을 앞에서 굽실거리게 만드는 권력을 쥐고, 자기 생각을 현실세계에 실현한다는 쾌감이 있다.

동양의 전통에서 보면 유교의 벼슬중독(?)을 치료해주는 해독제가 불교였다. 불교는 벼슬·정치·현실·참여 이런 것을 모두 환상으로 보는 경향이 있다. 벼슬을 몽환포영夢幻泡影이라고 했다. 꿈과 같고 환상과 같고 물거품과 같고 그림자와 같은 것인데, 왜 거기에다 목숨을 거느냐고 혀를 차며 끊임없이 태클을 거는 셈이다. 벼슬 못 한 낙오자들을 달래주고 의미 부여를 해주는 데 있어서는 불교가 큰 몫을 했다. 불교에서는 명심견성(明心見性. 마음을 밝혀 스스로를 자각함)을 해서 번뇌를 없애는 게 인생의 중요한 목표라고 설파했다.

여기에 비해 도교는 재미있다. 도교는 왔다 갔다 노선이다. 잘 풀릴 때는 벼슬도 하고 정치에 참여도 하지만, 여차하면 다 때려치우고 산으로 도망가는 노선이었다. 유교와 불교 사이에 도교가 있었던 것이다. 삼국지 제갈공명의 장인이나 장인 친구들, 그리고 사람을 알아보는 지인지감知人之鑑이 뛰어났던 수경 선생 같은 인물들이 모두 도가道家 계열의 인물이었다. 평상시에는 산에서 한가하게 지내다가 역사적 전환기가 닥치면 알맞은 인물을 세상에 내보내 일정한 역할을 하게 했다. 제갈공명은 그 배후가 도가였다. 도사들이 대표선수로 공명을 무대 위에 올린 것이라고 봐야 한다.

서예로 유명한 중국의 왕희지도 도가 계열의 정신세계에 속한 인물이었다. 5호 16국이 명멸하는 시대적 혼란기에 살았던 그도 처음에는 몇 가지 벼슬을 했다. 그러다가 벼슬을 때려치웠다. 평소 경멸하던 인간이 그의 상관으로 와서 이것저것 자존심을 상하게 한 것도 원인 중 하나였다. 벼슬을 그만두고 아버지 무덤 앞에서 맹세를 했다. '다시는 벼슬을 하지 않겠습니다.'라고 쓴 문장이 그 유명한 〈고서문告誓文〉이다. 벼슬을 그만둔 뒤 주위에서 몇 번의 천거가 있었지만 왕희지는 끝내 사양했고, 산수 유람과 풍광 좋은 강과 호수에서 낚시하는 일로 일생을 마쳤다.

벼슬이 없는 것도 몇 가지 장점이 있다. 벼슬에 나가면 자기 시간이 없다. 매일 회의해야 하고 행사에 참석해서 내키지도 않는 억지 축사를 하고 잔술을 받아먹고 다녀야 한다. 마음에도 없는 축사를 의무적으로 하고 다니면 정신 건강에도 좋지 않다. 가족과 한가하게 저녁도 못 하면서 말이다. 주변 사람들로부터 민원 사항이 밀려오는 점도 엄청난 부담이다. 한국 사회는 지연, 혈연, 학연이 지배하는 사회다. 이 연줄을 타고 크고 작은 부탁이 쇄도한다. 민원을 안 들어주면 '의리 없는 인간, 인정머리 없는 인간, 너 그 자리에 얼마나 있나 보자' 등의 원망이 쏟아진다.

인간은 누구나 주변 사람들에게 베풀고 싶은 욕망이 있다. 공직에서 성공하려면 이 욕망을 억눌러야 한다는 데에 벼슬살이의 어려움이 있다. 자칫하면 빙공영사憑公營私가 된다. 공을 빙자해서 사익을 추구하면 감옥행이다.

오늘날 인터넷과 사회관계망서비스(SNS)라는 수단을 통해 벼슬아치를 감시하는 집단지성의 시대에 벼슬자리는 작두 위에 올라타는 무당 같은 느낌을 준다. 마치 날카로운 칼에 묻어 있는 꿀을 핥아먹는 일이라고나 할까. 오늘날에는 사명감과 능력을 두루 겸비하지 못한 사람이 벼슬을 하면 피를 보거나 감옥에 간다고 봐야 한다. 무관유한無官有閑도 인생의 큰 혜택이다.

6

키신저를 만든 사부
크레머

한반도를 사이에 두고 미국과 중국 간의 파워게임이 한창이다. 한반도는 대륙과 해양이 만나는 접점이므로 해양 세력과 대륙 세력의 충돌을 피할 수 없는 숙명으로 받아들여야 하는가.

이 충돌의 시점에 등장하는 인물이 있다. 바로 미국의 헨리 키신저(1923~)다. 이번에도 키신저는 '북한정권 붕괴 이후에는 주한미군을 철수시켜야 한다' '한국보다 더 직접적으로 연관된 나라는 없다. 중요한 목소리를 내야 한다'고 조언하고 있다. 미국 대중對中 정책의 큰 틀을 여전히 키신저가 조율하고 있는 듯한 인상을 풍긴다. 키신저는 우리 나이로 올해 95세다. 100세 다 된 노인네가 아직도 현업에서 뛰고 있는 셈이다.

1971년 핑퐁 외교를 주도하면서 모택동과 주은래를 만나던 키신저 아닌가. 그때가 언제인가! 46년이 지난 오늘에도 키신저는 중국 문제에 대한 장자방 역할을 하고 있는 게 놀랍다. 부동산 시행업자 출신인 트럼프에게 국제 정치의 고준한 세계를 한 수 지도하고 있는 것으로 보인다. 키신저는 중국 제자백가 가운데 합종연횡을 전문으로 하는 종횡가 縱橫家의 살아있는 우두머리 같기도 하다. 아니면 춘추전국시대의 말 잘하는 이들인 소진 蘇秦과 장의張儀를 합쳐놓은 인물이지 싶다.

북핵 국면에서 등장한 키신저를 보면서 외교는 역시 나이가 좀 있는 사람들이 해야 하는 분야가 아닌가 하는 생각도 든다. 다양한 사례와 노하우는 세월을 필요로 한다. 아울러 어떻게 키신저 같은 인물이 미국 사회에서 나왔을까 하는 의문도 든다. 미국은 생긴 지 200년밖에 안된 새파란 청년 같은 나라인데, 그의 외교 정책은 수천 년의 역사를 지닌 나라 출신 같은 경륜과 포스를 풍긴다.

이런 의문을 풀게 해준 사람이 '경영학의 창시자' '경영학의 멘토' 소리를 듣는 피터 드러커(1909~2005년)다. 오스트리아 빈은 유럽 최고의 왕가가 있었고, 19세기까지 유럽의 지성들이 모여 있던 합스부르크 제국의 수도였다. 고색창연한 제국의 수도였던 빈에서 태어난 드러커는 독일의 프랑크푸르트 대학에서 국제법을 전공했다. 대학 시절 드러커의 절친한 친구가 프리츠 크레머라는 인물이었다. 드러커는 그의 자서전에서 크레머가 키신저를 키웠다고 밝히고 있다. 크레머는 키신저에게 친구이자 개인교사·고문이라는 세 가지 역할을 해줬다는 것이다. 드러커는 지인지감이 뛰어난 사람이었다.

경영학은 사실 사람을 잘 봐야 하는 분야다. 싹수가 있는가, 먹고 도망갈 사람이 아닌가를 미리 짐작할 수 있어야 한다. 그러자면 사람을 관찰해야 한다. 관찰에서 분석이 나오고, 분석에서 결국 통찰이 나온다. 머리가 아주 명석했던 드러커가 대학 시절에 만난 라이벌 격의 인물이 바로 크레머였다. 크레머를 세심하게 관찰했다는 말이다. 강물의 얼음이 다 녹지 않은 추운 날씨에 프랑크푸르트의 마인강 위에서 수영복 바지만 입은 채로 카약을 젓고 다니던 괴짜가 크레머였다고 회고하고 있다. 그만큼 자기 소신이 강한 인물이었다는 것이다.

물론 드러커도 인정하지 않을 수 없을 만큼 명석했고, 드러커와 크레머는 밤을 새워 동이 틀 때까지 여러 가지 사안을 놓고 토론하곤 했다. 크레머는 스무 살 무렵이던 당시에도 이미 확고한 소신을 가지고 있었다. 바로 외교 분야였다. 첫째, 크레머는 외교 정책이 국내 정책을 우선해야 한다는 견해를 가지고 있었다. 외교 정책이 한 국가의 존립을 결정한다는 논리였다. 국가가 존립하고 나서야 헌법도 있고, 사회정의와 경제도 있다는 관점이었다.

두 번째 주장은 대외문제에서는 힘이 우선이라는 것이었다. 힘이 없으면 외교가 되지 않는다는 말이다. 물론 이때의 힘은 군사적 힘도 포함된다. 이데올로기도 힘에 포함된다. 이데올로기 때문에 국가가 합리적으로 행동하지 못할 수도 있다는 것으로 해석된다.

세 번째 주장은 천재적인 외무장관이 나와야 한다는 것이었다. 그래서 크레머는 이미 20대부터 자기의 소망은 천재적인 외무장관을 키우는 일이라고 드러커에게 밝히곤

했다. 크레머의 작품이 키신저였던 것이다. 크레머와 키신저는 어떻게 만났나? 크레머는 히틀러가 정권을 잡자 독일을 떠난다. 나치를 혐오했다. 미국 군대에 들어갔다. 이때 드러커가 크레머의 신원보증을 해줬다고 한다.

독일의 국제법 박사 출신이자 수재였던 크레머는 군대에서 갓 입대한 신병들을 상대로 교양강의를 했다. 이때 이등병으로 키신저가 들어왔다. 유대계 독일 난민으로 어디 갈 데도 없으니까 만리타국 미국에 와서 군대에 들어왔던 것이다. 크레머의 강의를 듣고 키신저가 질문을 했는데, 그 질문이 아주 날카로웠다. 같은 독일 출신이라는 점도 두 사람 사이에 작용했을 것이다. 두 사람의 나이 차이는 대략 15년 정도 된다. 이때부터 크레머는 키신저를 키우기 시작했다. '이 친구를 외교 전문가로 키워야겠다.'고 결심했지 싶다.

전쟁이 끝났을 때 돈도 없고 배경도 없었던 키신저는 퇴역군인들이 주로 가는 허접한 대학에 들어가려 했는데, 크레머가 하버드대에 집어넣었다. 하버드대의 아는 교수들에게 키신저를 부탁했고, 그 뒤 키신저가 하버드대 교수가 되는 데도 크레머가 힘을 썼던 모양이다. 95세가 된 키신저가 거의 50년 동안 초강대국 미국의 외교 정책을 정하는 외교 분야의 대가가 된 배경에는 사부였던 크레머의 뒷받침이 있었다는 사실을 알고, '사람은 스승복이 있어야 한다.'는 이치를 되새겼다.

7

죽음을 극복하는
의식

충북 괴산 화양구곡華陽九曲 중간에 우암尤庵 송시열의 암서재巖棲齋가 있다. 계곡의 골짜기 물이 감아 돌아 흐르는 암벽에 자리 잡고 있는 정자 형태의 집이다. '시냇가 바위 위에 벼랑이 열렸으니 그 사이에 작은 집을 지었다(溪邊石崖闢 作室於其間).' 우암의 시에 등장하는 그 집이다. 이곳에서 그는 머리 아플 때 쉬기도 하고 찾아오는 지인·제자들과 학문적 토론을 하기도 했다. 암벽에 있는 터는 아주 기가 강한 곳이다. 기가 약한 사람은 버티지 못한다. 게다가 넓고 깊은 물이 감아 돈다. 바위에서 나오는 화火의 기운을 감싸 안아주는 물이다. 불과 물, 수화水火가 어우러져 있는 것이다.

터를 보면 거기에 사는 집 주인의 기질도 짐작이 간다. 머리는 컴퓨터였고, 몸은 종합격투기 선수 같았던 우암의 기질이 그대로 드러나는 터다. 암서재 바위 밑으로는 글자가 하나 새겨져 있다. '비례부동非禮不動'이라는 문구다. '예가 아니면 움직이지 않겠다.'는 선언이다. 그는 예禮에 목숨 걸었던 인물이다. 조선조 당쟁의 주된 메뉴가 예송 논쟁이었고, 그 예송 논쟁의 요지는 상복 입는 기간을 1년으로 하느냐, 3년으로 하느냐의 문제였다. 우암은 1년 입어야 한다는 입장이었다. 말하자면 상례喪禮를 놓고 서인과 남인이 죽기 살기로 일전을 불사했던 것이다.

도대체 예가 무엇이기에 이처럼 심하게 싸웠을까. 지금으로서는 이해가 잘 안 가는 문제지만, 임진왜란 이후 조선사회에서는 예학禮學이 하나의 종교와 같은 기능을 했다. 예를 어기면 기독교 사회에서 행해졌던 이단재판(종교재판)을 받아야만 했다고나 할까.

조선 성리학의 예는 네 종류가 있다. 관혼상제冠婚喪祭다. 당쟁에서 문제가 되었던 부분이 상례다. 왜 이처럼 상례에 집중했을까. 죽음의 문제를 해결하기 위해서가 아니었을까. 상례가 궁극적으로 지향하는 바는 죽음에 대한 성찰이다. 무엇이 영원한 것이고, 무엇이 영원하지 않은 것인가에 대한 성찰이다. 죽음에 대한 사색은 삶이 지닌 무거움을 해방시켜주는 작용을 한다. 상례는 결국 남아 있는 사람들을 위로하기 위한 절차이다. 죽은 사람은 후한 장례식을 통해서 좋은 데로 가고, 살아있는 주변 사람들도 죽음의 슬픔을 극복하기 위한 의식이 필요한 법이다. 상례는 산 사람을 위한 예이기도 하다. 조선시대 양반가에서 상례에 얼마나 집중했는가를 살펴보자.

조선 후기에 김진형(1801~1865년)이라는 인물이 있었다. 영남에서 직언 잘하기로 유명한 안동 의성김씨義城金氏 집안으로, 학봉 김성일의 후손이다. 53세 때 권력 실세의 비리를 지적하다가 함경도 명천으로 유배를 갔다. 이때 남긴 〈북천가北遷歌〉가 유명하다. 60대 들어서도 권력 실세인 장동 김씨의 폐정을 탄핵하다가 전라도 고금도古今島라는 섬으로 유배를 갔고 그곳에서 죽었다. 우리나라에서 고구마가 처음 들어와 심어졌던 곳이 고금도라는 설이 있다. 고금도의 마麻라고 해서 '고금마'라고 했는데, 이게 유전되면서 '고구마'가 되었다는 설이다.

문제는 고금도에서 죽은 김진형의 시신을 고향인 안동까지 어떻게 옮기느냐에 있었다. 도로도 없고 자동차도 없던 시절에 바다를 건너고 수많은 고갯길을 넘어야만 했다. 더군다나 김진형의 신분이 보통 서민이 아니었다는 점이다. 안동 남인의 명문가 후손에다가 문과 급제해서 승지 벼슬을 하던 양반이었고, 권력에 대들다가 유배당한 정치범이었던 것이다.

당시 안동에는 김진형의 조카인 서산西山 김흥락(1827~1899년)이 있었다. 김흥락은 그 시절에 영남학파의 바통을 이어받은 학계의 중심인물이었다. 김흥락은 정치적으로 핍박받다 죽은 김진형의 장례에 대해 '대부大夫의 예를 갖춰라'고 지시했다. 대부의 예는 상여 행렬이 32명이라고 한다. 양반은 24명이었다. 상여 앞에는 소리꾼·영여(靈輿. 영혼과 신주를 모시는 작은 가마)·방상시(方相氏. 잡귀를 막는 신으로 상여 맨 앞 수레에 싣는다)·명정(銘旌. 죽은 사람의 이름과 신분을 적은 깃발) 등을 담당할 인원이 동원되어야 한다. 이게 8명이다. 상주와 집사자(執事者. 장례 과정을 진행하는 사람)도 동참해야 하므로 이 인원이 10~15명이었다. 안동에서 고금도까지는 장거리였으니까 상여를 메고 오는 데는 2개조가 필요했다. 이렇게 계산해보면 최소한 80~90여 명의 인원이 동원되어야만 했다.

학봉 집안에 전해오는 이야기로는 고금도에서 안동 검제마을까지 김진형의 시신을 대부의 예에 따라 운구해 오는 데 엄청난 비용이 들었다고 한다. 집안의 장례 때 쓸 비용을 충당하기 위해 미리 마련해두는 문중 위토位土의 절반이 소요되었다는 것이다. 기간도 두 달이 걸렸다. 산 넘고 고개 넘는 길의 연속이었기 때문이다. 두 달 동안 100명 가까운 인원이 상여를 메고 먹고 자고 하면서 안동까지 오느라고 엄청난 돈이 들어갔다.

김진형의 상여를 메고 오던 코스를 예상해보자. 고금도에서 강진으로 나와 아마도 남원 쪽으로 왔을 것 같다. 남원에서 지리산의 험준한 고개를 넘어 함양·거창으로 갔을 것이고, 거창에서 다시 고개를 넘어 상주로 갔을 것이고, 상주에서 예천을 지나 안동으로 가지 않았을까. 거의 두 달 동안 험한 산길만 넘는 길이었을 것이다. 중간에 숙식은 또 어떻게 해결했을지도 궁금하다. 주막집에서 사먹었을까, 혹 아는 양반집에서 신세를 졌을까. 아니면 쌀과 솥단지를 메고 다니면서 산속에서 해먹었을까. 잠자리도 큰 문제였을 것이다.

긴 시간에다가 집안 살림이 흔들릴 정도의 돈이 들어가고, 100명 가까운 사람들이 그 고생을 하면서 상례를 치렀다. 이 정도 금전·시간·노동력을 투입했으면 살아있는 사람들의 망자에 대한 미안함이나 애석함은 어느 정도 줄어들었을 것 같다.

오늘날 상례는 병원 장례식장에서 사흘이면 간단하게 끝난다. 조선시대에 비하면 상례는 거의 소멸한 수준이다.

8

세상을 흔든
반란의 혼맥

같은 산山이라도 동쪽에서 보면 반란이고, 서쪽에서 보면 혁명이다. 동전의 앞뒤 면이다. 박정희의 5·16 군사정변도 혜택을 많이 본 쪽에서 보면 굶주림을 해결해준 혁명이지만, 패가망신의 탄압을 받은 쪽 사람들이 보면 군홧발로 짓밟은 군사 반란이다. 소설가 이병주는 명언을 남겼다. '승자의 기록은 태양의 빛을 받아 역사가 되지만, 패자의 기록은 달빛의 조명을 받아 신화와 전설이 된다.'

조선시대 반란사건에 같이 참여한 사람들을 보면 혈연·지연·학연이라는 연줄로 엮여 있다. 그중에서도 혈연이 가장 크게 작용한다. 혈연 가운데서도 혼맥婚脈을 주목해야 한다. 전혀 다른 지역 사람들이 혼맥으로 연결되면 목숨을 거는 거사에 같이 행동을 했다.

1728년 일어난 무신란戊申亂을 보면, 경남 거창의 동계桐溪 정온(鄭蘊, 1569~1641년) 집안과 전남 나주 나씨 집안이 세월을 두고 겹겹이 혼사를 맺은 관계다. 두 집안 다 무신란에 적극적으로 참여했음은 물론이다. 고려 이래로 전라도에서 가장 부자들이 살았던 고장이 나주다. 나주에서도 가장 부자였던 집안이 나주 나씨 집안이다. 인물도 많이 나왔다. 다산학茶山學의 전문가이자 유신 반대 투쟁을 하다가 해직되어 광주 동구 충장로 골방에서 문집을 번역하며 먹고살았던 박석무 선생. 그는 호남 지역 명문가 족보에 밝았다. 박 선생은 호남 유학의 발원을 전남 해남지역과 금남錦南 최부(崔溥, 1454~1504년)로 보았다.

최부 밑에서 걸출한 제자들이 많이 나왔다. 최부의 사위 가운데 하나가 나질이다. 나질의 아들이 나사침이고, 나사침 다음 대에 6명의 뛰어난 아들들이 나왔다. 학문과 인품 모두 뛰어났다. 덕명·덕준·덕윤·덕현·덕신·덕헌이다. 덕德 자 돌림을 한 여섯 아들을 당시 호남에서는 '6덕'이라고 불렀다. 6덕 가운데 둘째 나덕준 밑으로 세 아들이 있었다. 찬소·계소·위소다. 이 셋은 또 각기 1만 석 부자였다고 한다. 조선시대 만석꾼이면 지금 돈으로 조兆 단위의 부자라고 보면 된다. 삼형제 재산을 합하여 3만 석이면 재벌급이다.

이 중에서 나위소의 사위가 정기수다. 정기수는 바로 동계 정온의 손자다. 거창의 명문가 동계 집안과 나씨 집안의 혼맥이다. 거창의 정기수와 결혼한 나주의 나씨집 따님이 시집올 때 친정으로부터 받은 논이 500석이라고 전해진다. 시집간 딸에게 혼수로 500석을 준 것이다. 매년 가을 추수가 끝나면 거창에서 사람이 나주로 가서 500석을 돈으로 바꿔 가져왔다고 한다. 동계 집안에서는 이를 '작전作錢'이라고 불렀다. 수확한 쌀을 돈으로 바꾸는 작업이다. 매년 사돈 동네인 나주에 가서 500석 값을 가져왔던 것이다.

정기수의 아들이 정중원이다. 나위소의 외손이다. 정중원의 아들이 유명한 정희량(鄭希亮, ?~1728년)이다. 정희량이 무신란 때 거창에서 병력을 동원했다. 무신란은 충청·전라·경상도에서 모두 참여했는데, 경상도의 거병을 대표한 인물이 바로 정희량이다. 정희량이 동원한 병력은 1,000여 명으로 추정된다. 어떻게 반란사건에 1,000명이라는 많은 사람들을 동원할 수 있었을까.

서양 역사에서 보면 이런 사건이 발생할 때 용병用兵이 등장한다. 돈을 주고 사람을 동원하는 것이다. 정희량 집안도 당시 영남의 '수부首富'라는 평판을 받았을 정도의 부자 집안이었다. 사돈 집안이 당시 전라도 부자 동네였던 나주의 '수부'였으니 그 재력을 짐작할 수 있다. 1,000명의 병력을 동원하려면 우선 식량과 무기, 의복까지도 감당해야 한다. 보릿고개가 있던 시절에 그 많은 사람들이 먹을 식량을 조달하는 일도 간단치 않다. 게다가 1,000명 대부분이 정씨 집안에 소속되어 있던 노비와 소작인들이었을 것이다.

로마식으로 보면 정씨 집안이 '파트로네스'이고, 1,000명의 노비와 소작 집단이 '클리엔테스'였다. 카이사르가 루비콘강을 건너는 결단을 내릴 때 가장 신뢰했던 부하 라비에누스가 카이사르와 행동을 같이 하지 않고 반대파인 폼페이우스 편에 가담한 이유도 대대로 라비에누스가 폼페이우스 집안의 클리엔테스였기 때문이다.

목숨을 거는 군사행동에 참여하는 것은 그만큼 끈끈한 관계여야만 한다. 요즘 재벌 대표가 검찰조사를 받을 때 부하직원이 대신 죄를 뒤집어쓰고 감옥에 갈 정도면 클리엔테스로 볼 수 있다. 그렇지 않고 '나는 시키는 대로 했다. 지시는 재벌 대표가 했다'로 진술하면 클리엔테스 관계가 아니다. 이제 한국사회도 가신은 없어진 것 같다.

　　본론으로 돌아가자. 거창 정희량의 병력 동원에 전라도 사돈인 나씨 집안의 돈도 흘러 들어갔을 가능성이 높다. 이뿐만 아니라 나씨 집안도 무신란에 가담해 그 뒤로 집안이 풍비박산이 났다.

　　나씨들은 무신란 주역인 이인좌 집안과도 혼맥이 있다. 나위소의 형님이 나계소다. 나계소의 손자가 나만서이고, 나만서의 아들이 나숭곤이다. 나숭곤이 이인좌의 매부가 된다. 이인좌의 막냇동생인 이기아가 나만서의 동생인 나만규의 사위가 된다. 나숭곤의 입장에서 보면 막내처남이 종매부가 된 것이다. 나숭대·나만치·나두동 모두 무신란의 주역들이었다. 조선 역사의 이면에는 혼맥이 작동했다.

9

민족종교는
왜 전라도에서
싹텄을까

민족종교인 동학·증산교·원불교는 전라도 땅에서 일어났다. 동학혁명의 전봉준은 전북 고창에서 태어났고, 증산교의 교주 강증산도 정읍 사람이다. 원불교의 소태산은 전남 영광에서 태어나 전북 익산에 본부를 두고 활동했다. 일제강점기 때 신도들이 만주에서 독립운동 하다가 굶어죽고 맞아죽었던 대종교의 교주 나철 역시 전라도 사람이다.

19세기 말에서 20세기에 걸쳐 한국에서 발생한 민족종교는 왜 연고가 모두 전라도인가? 동학의 원리는 경상도 경주사람 수운 최제우가 만들었다. 그러나 동학은 경상도 땅에서 별로 힘을 쓰지 못했다. 오히려 폭발은 전라도에서 일어났다는 점에 주목해야 한다. 폭탄은 경상도에서 제조했으나, 폭발은 전라도에서 일어난 셈이다. 경상도에서 던진 혁명 폭탄이 전라도에 떨어졌다. 그러니까 동학은 경상도에 미친 영향은 상대적으로 적었고, 오히려 전라도 사회를 밑바탕에서부터 근본적으로 바꿔 버린 혁명이었던 것이다.

전봉준의 고향인 고창의 원로들에게 들은 바에 따르면, 고려 이래로 고창에는 70여 개의 성씨가 있었는데, 동학혁명이 터진 이후로 이 일대가 쑥대밭이 되는 바람에 60여 개의 성씨가 없어졌다. 어디로 사라져 버린 것이다. 동학 가담자를 추적하던 일본 토벌대에 잡혀죽거나 죽음을 피해 다른 지역으로 대거 도망을 갔다. 경상도의 여러 산동네로 멀리 도망가기도 했고, 아니면 성을 바꿔 충청도 논산 같은 지역에서 숨어살기도 했다.

동학의 지도자 김개남 장군은 정읍 산외면 출신이다. 산내면과 산외면은 거의 명당이라 할 정도로 산세가 좋다. 산외면에는 '평사낙안平沙落雁'이라고 하는 당대의 대명당 집터가 있다고 해서, 태평양전쟁 무렵에 전국의 풍수도참 신봉자들이 집 팔고 논 팔아서 여기로 이주해 모여 살았던 동네다. 도강道康 김씨金氏 집안도 그중 하나다. 이 집안에서 동학 접주接主를 24명이나 배출하는 바람에 집안이 거의 멸족하다시피 했다. 겨우 살아남은 몇몇은 성씨를 박씨로 바꿨다. 박씨로 숨어살다가 1950년대 중반에 들어서야 원래 성을 회복할 정도였다.

국회의장을 지낸 김원기, 정읍시장 김생기가 겨우 살아남은 도강 김씨 후손들이다. 시인 김지하의 조부도 원래 고창 근방에서 살며 동학에 가담했다가 추적을 피해 목포지역으로 피신해서 살았다고 전해진다. 경상도에서 이처럼 '성을 갈면서'까지 동학혁명의 피해를 봤다는 이야기는, 과문한 탓인지는 몰라도 별로 못 들었다.

증산교의 강증산은 정읍 두승산 자락에서 태어났다. 강증산이 24세 때 동학이 터졌으니 젊은 피가 어찌 가만히 보고만 있었겠는가. 강증산도 동학에 가담했지만, 동학이 처절하게 궤멸당하는 바람에 산으로 도망가 숨을 수밖에 없었던 것으로 추측된다. 깊은 산속 불교사찰은 이러한 도망자들이 숨을 은신처로 쓰일 수밖에 없었다. 전북 부안의 변산도 이러한 도망자들이 숨기에 좋은 최적의 자연환경이었다.

증산은 전주 모악산 대원사로 숨어 들어갔다. 여기에서 숨어 있다가 산신각에서 7일간 단식하면서 기도를 해 도를 통한다. 증산이 기도할 때의 목표가 천하를 구제할 큰 신통력이었다. 일본군 토벌대의 무력을 제압할 수 있는 힘을 달라는 기도를 모악산 대원사에서 한 것이 아닌가 싶다. 동학의 모토가 인내천人乃天이었다면 증산도의 모토는 해원상생解冤相生이었다. 인내천이 '상놈도 하늘이다. 인간 대접을 해줘야 한다.'로 들린다면, 해원상생은 '당하고만 산 민초들의 한(恨, 오늘날로 치면 을의 한)을 풀어주자.'로 들린다.

원불교 창시자 소태산 박중빈도 영광에서 태어났다. 그 역시 밑바닥 민초계급 출신이었고, 동학과 증산의 영향권에서 생활하고 호흡했다고 봐야 한다. 그는 영광에서 종교적 깨달음을 얻은 뒤 변산으로 거처를 옮겼다. 보림을 변산에서 한 것이다. 보림이란 밥을 한 뒤 바로 뚜껑을 열지 않고 뜸을 들이는 과정이라고 할 수 있다. 바로 솥뚜껑을 열어 버리면 밥이 설지 않겠는가.

변산 중에서도 심산유곡의 분위기를 풍기는 내변산에 실상사라는 고찰이 있었다. 실상사는 변산의 월명암·청림사 등과 함께 기도발이 매우 잘 받는 위치에 있던 명찰이다. 월명암은 호남 3대 성지로 불릴 만큼 명당이고, 여기서 부설 거사와 딸 월명, 아들 등운, 부인이 모두 도통한 터다. 청림사는 변산 도적의 대장인 정팔용이 머물렀던 절터로 알려져 있다. 실상사는 손가락처럼 쭉 솟은 도장바위가 일품이다.

소태산은 실상사 옆에서 원불교 교리를 가다듬었다. 이때 소태산에게 불교의 교리를 지도해준 선배가 백학명 선사다. 당시 실상사와 가까운 거리의 월명암에 머물렀던 백학명도 역시 소태산과 고향이 같은 영광 출신이다. 거의 아들뻘 되는 고향 후배가 소태산이었다. 추적해보니, 백학명의 스승이 영광 불갑사의 금화 스님이다. 금화 역시 영광이 고향이었다. 금화는 당대 불교 비밀결사 조직인 당취黨聚의 대장으로 알려졌던 걸승이기도 하다.

전봉준도 젊은 시절에 영광 불갑사의 말사인 해불암에 머물던 금화 스님에게 병법을 배웠다는 이야기가 전해진다. 영광 법성포 앞바다에서는 조기가 많이 잡혔고, 이 조깃배들이 어획량의 10분의 1은 금화 스님에게 바쳐야만 했다는 전설도 있다.

10

이문잉보인 하는
친구가 그립다

밥집이나 술자리에서 갑자기 만나 나이를 따져 형님, 동생하며 친구가 되는 수가 있다. 이런 사람들이 사회생활 잘 하는 편이다. '형님 동생'으로 연을 맺으면 금방 친해진다. 호칭이 주는 마력이다. 나도 얼떨결에 형님 동생을 몇 번 한 적이 있다. 매끄러운 사교술에 넘어간 셈이다. 하지만 시간을 두고 겪어 보지 않은 채 맺는 관계는 오래 못 가는 수가 많다. 이해타산을 염두에 두고 접근한 측면이 강하면 결별하기 쉽다. 보통 사업적 측면에서 안면을 쉽게 트는 경우이다.

사업은 상대의 마음을 여는 게 시작이자 첫 단추가 된다. 마음을 열 때 내가 먼저 열어 보여야 하는데, 내가 먼저 연다는 증거가 호칭이다. 바로 '형님, 동생'하는 호칭이다. 처음 몇 번은 좋다. 자칫 서먹할 관계가 형님 동생 하면서 급속도로 마음이 문이 열린다. 그러나 어느 정도 시간이 흐르면 서로간의 인간성에 대한 검증을 하기 마련이다. '이런 경우에 저렇게 하는구나!' 하고 겪어 본다. 그러다가 돈이 걸리는 이해문제에 직면하는 상황이 벌어진다. 이 고개를 잘 넘어가는 관계도 있지만, 그렇지 못한 경우가 훨씬 많다. 이해가 안 맞으면 헤어진다. 쉽게 친해진 사람은 돈 앞에서 쉽게 헤어지기 마련이다. 관계가 정리되고 헤어질 때 인간은 상처를 받기 마련이다. 겉으로는 그런가 보다 하지만 속으로 상처가 생긴다. 그렇게 결별을 몇 번 경험하다 보면 형님 동생하며 친구 맺는 데에 신중해진다. 신중이 지나쳐서 아예 사람을 경계하고 보자는 태도를 유지하게 된다. '저 사람이 어떤 해를 끼칠지 모르니 조심하고 보자.'는 게 나이든 사람의 태도이다. 조심과 경계를 너무 많이 해도 좋지 않다. 악어 껍질 같은 두꺼운 껍질이 생긴다고 할까, 이런 껍질이 두꺼워질수록 사람은 때가 묻었다고 보아야 한다.

전라도 사람이 경상도 안동의 유서 깊은 양반집안 후손들과 교류를 하면서 인상 깊은 대목이 '허교許交'라는 절차이다. '사귐을 허락한다.'는 의미이다. 만나자마자 바로 친구관계로 진입하는 게 아니라 어느 정도 그 사람의 인품과 학문을 겪어 본 뒤에 본격적인 관계 맺기를 한다. 깐깐한 장치이다. 생각하기에 따라서는 기분 나쁜 절차일 수 있다. '허교'를 하기 전에는 본격적인 사귐이라고 볼 수 없다. 허교 이후에는 말도 편하게 하고 속마음을 터놓는다. 선비라는 게 금방 친해졌다가 수 틀려서 또 금방 헤어지면 선비가 아니라고 생각한 증거이다.

나라 예산을 배분하는 노른자위 장관자리인 기획예산처 장관직에서 물러난 뒤 억대 연봉의 로펌으로 가지 않고, 안동 골짜기의 도산서원으로 내려간 인물이 김병일(73) 선생이다. 대학 다닐 때부터 퇴계 선생을 흠모해서 인생 말년에라도 퇴계 선생 가까이에 살고 싶은 염원이 있었기 때문이다. 이 양반이 무보수 이사장으로 봉사하고 있는 인생 이모작 장소가 도산서원 옆에 자리 잡은 '선비문화수련원'이다. 김 이사장이 지난여름 아침에 선비수련원에서 자고 일어난 나를 수련원 뒤의 '회우정會友亭'으로 데리고 갔다. 정자에는 퇴계 선생 한시가 걸려 있었다.

공자 문하에서 친구 사귀는 도리는   孔門論會友
학문을 매개로 사귀고 친구의 인격을   以文仍輔仁
고양시켜주는 관계가 되어야 하며
시장바닥의 사귐과는 다른 것이다   非如市道交
시장바닥의 친구관계는 서로 이익이 다하면   利盡成路人
길거리에서 스쳐 지나가는 사람처럼 된다

마지막 구절인 '이진성로인利盡成路人'이 가슴에 묵직하게 남았다. 옛날에도 그랬었구나! 퇴계 선생이 친구 사귀는 법에서 가장 핵심으로 강조한 대목은 역시 '이문잉보인以文仍輔仁'이라는 대목이다. 학문을 매개로 해서 사귀고, 서로 인격을 도야하는 관계로 만나야 한다는 것이다. 이해 때문에 사귀지 말라는 것이다.

하지만 지금은 자본주의 사회가 되었다. 사농공상士農工商의 서열이 아닌 세상이다. 상商이 가장 위에 있는 세상이다. 한국사회는 재벌이 주인이고, 재벌이 양반이고, 재벌이 왕이다. 상은 무엇인가? 이끗과 돈을 추구하는 계층이다. 손해를 본다 싶으면 피눈물도 없이 사람을 버려야 하는 게 상의 정신이다. 피눈물이 있으면 사업 망한다. 이런 세상에서 학문과 인격도야를 매개로 친구를 사귀어야 한다는 퇴계 선생의 가르침을 어떻게 받아들여야 할 것인가. 조선조 선비 사회에서나 가능했던 일이 아닐까. 지금은 대부분 '이진성로인'의 관계이다. 그러니 친구가 없는 세상이 된 것이다.

모두들 외로움을 느끼며 산다. 학문과 인격을 매개로 사귈 만한 친구를 만나기가 어려우니 말이다. 우선 내 자신부터가 자본주의적 습관에 물들어 있는 게 아닌가. 인간세계는 친구 맺기가 쉽지 않고 오직 말없는 자연과 청산靑山이 친구가 되는 세상이다. 허교라! 허교도 쉽지 않다. 돈이 되면 허교하고 돈이 안 되면 절교를 정답으로 알고 있는 시대에 우리는 살고 있다.

안동의 유서 깊은 집안과 교류하면서 인상 깊은 대목이
'허교許交'라는 절차이다. '사귐을 허락한다.'는 의미이다.
만나자마자 바로 친구관계로 진입하는 게 아니라
어느 정도 그 사람의 인품과 학문을 겪어 본 뒤에 본격적인
관계 맺기를 한다. 깐깐한 장치이다.
'허교'를 하기 전에는 본격적인 사귐이라 볼 수 없다.
허교 이후에는 말도 편하게 하고 속마음을 터놓는다.
선비라는 게 금방 친해졌다가 수 틀려서
또 금방 헤어지면 선비가 아니라고 생각한 증거이다.

11

'주머니 속 작은 종교'가
세계사를 바꾸다

제조업이 아시아의 한국, 중국, 일본으로 옮겨왔다. 미국 제조업의 심장인 자동차도 아시아로 왔고, 유럽의 명품도 상당수가 인건비가 싼 중국에서 만들어지거나 조립된다. 그러다 보니 유럽엔 돈이 없다. 유럽은 조상 잘 둔 덕분에 관광업과 농업으로 먹고사는 것 같다. 그나마 북적거리는 것은 한·중·일이다.

제조업이 아시아로 왔지만 아직 남은 카드가 있다. 금융과 전쟁이다. 돈 장사에 대해서는 서양문명이 이쪽보다 몇 수 위다. 우리는 국제통화기금(IMF) 위기를 겪으면서 서구의 투기자본이 어떻게 돈을 약탈해 가는지 지켜봤다. 중국도 한국이 당하는 것을 보고 서구의 '돈 장사'에 대해 상당한 대비를 하는 것 같다.

몇 년 전에 나온《화폐전쟁》이라는 책이 서구의 돈 장사에 대한 노하우를 동양에 최초로 소개한 책이다. 이미 나폴레옹의 워털루 전쟁 때부터 유럽의 투기자본이 전쟁에 개입해서 이득을 보고 손해를 본 내용이 나온다. 전쟁도 투자이고, 돈 문제라는 것이다.

《화폐전쟁》의 저자인 쑹훙빙(宋鴻兵)은 1968년생 중국인이다. 마오쩌둥 정권 이후로 중국에서 나온 저술 가운데 최고의 저술이라고 생각한다. 왜 한국 사람들은 해방 이후 미국의 여러 대학에 유학도 숱하게 갔고 월가(Wall Street)에서도 근무했던 머리 좋은 사람이 많은데, 쑹훙빙 같은 저술가는 안 나오는지 모르겠다.

돈 장사인 금융업의 최고수는 유대인이라고 알려져 있다. 유대인들은 돈에 대해 '주머니 속의 작은 종교'라고 정의한다. 하늘에 있는 큰 종교보다 주머니 속의 작은 종교가 일상생활에서는 훨씬 더 중요하다. 2,000년 동안 이 나라 저 나라를 쫓겨 다니면서 터득한 철학이 '돈이 있어야 생존한다.'이다.

유대인들은 그 나라에서 제대로 된 직업을 가질 수가 없었고, 기껏해야 여행자들을 대상으로 한 환전상換錢商을 많이 했다고 한다. 중세의 환전상이 결국 21세기에 들어와 세계의 금융업을 휘어잡게 된 것이고, 이 금융업을 통해 세계의 굵직한 역사적 전쟁에도 개입한 것으로 드러났다.

영국의 유대인 금융가인 로스차일드는 1875년 수에즈 운하 건설에도 자금을 댔다. 400만 파운드를 지원해 영국이 프랑스와 공동으로 운하를 건설하고 관리하도록 했다. 로스차일드와 쌍벽을 이뤘던 베어링브러더스는 워털루 전쟁에서 패배한 프랑스가 전쟁 배상금을 상대국에게 지불해야 했을 때 배상금을 빌려줬다. 물론 높은 이자로 말이다. 프랑스는 나중에 그 돈을 갚느라고 생고생을 했다. 1845년 아일랜드에 큰 흉년이 들었다. 3명 중 1명이 굶어죽는 상황이었다고 한다. 아일랜드 기근 때 미국에서 곡물을 수입할 수 있도록 돈을 빌려준 회사가 베어링브러더스의 금융회사다.

유대인 자본이 깊이 영향을 미친 전쟁이 1904년의 러일 전쟁이다. 일본이 러시아 함대를 제압하면서 세계의 강대국 반열에 올라서는 결정적 계기였다. 일본의 국운이 이때부터 상승하기 시작했다고 봐야 한다. 그만큼 일본의 운명을 좌우하는 전쟁이 러일 전쟁이었다. 조선은 호랑이 담배 피던 시절이다. 이때도 역시 돈이 문제였다. 전쟁 비용을 어떻게 감당할 것인가였다. 돈이 없으면 전쟁도 진다고 판단했던 게 당시 일본 지도부의 생각이었다. 그렇다면 자금은 어떻게 조달했을까.

국내에서 출판된 《유대인 경제사》(홍익희, 전8권)를 보니까 이 부분이 자세하게 나와 있다. 러일 전쟁에 들어간 전쟁 비용은 17억 3천만 엔으로 집계되었다. 청일 전쟁 때 들어간 돈보다 8.5배가 많은 액수다. 당시 일본 국민총생산이 2억 6000만 엔 규모였다. 국민총생산의 6년 치 액수였다. 러일 전쟁에서 60%는 국내 조달이고, 나머지가 해외 조달이었다.

이 해외 조달분을 구하기 위해 전쟁 발발 두 달 후 일본 중앙은행 부총재인 다카하시라는 인물이 영국 런던 금융계로 달려갔다. 전쟁은 한두 달에 끝나지 않는다. 다카하시는 그 전에 런던에서 일본의 국채를 발행해본 경험이 있었다. 그러나 런던의 금융가들은 일본에 거액을 빌려주는 데 선뜻 동의하지 않았다. 전쟁 초기 쓰시마 해협 전투는 일본이 이

겼을지 몰라도 시간이 가면 러시아가 전력을 재정비해 다시 이길 수도 있다고 생각했다. 지는 나라에 돈을 빌려줬다가는 떼일 수도 있는 문제였다.

전쟁은 엄청난 투기사업이다. 영국 금융계는 일본이 요구한 1,000만 파운드 중에서 500만 파운드는 빌려주겠지만 나머지 500만 파운드는 미국에서 빌려보라고 제안했다. 리스크가 크니까 다 감당하지 않고 미국 금융계와 분산하자는 복안이었다.

다카하시는 난감했다. 아시아 촌사람이 무슨 인맥이 있어서 미국 쪽 금융인과 줄을 댈 수 있단 말인가. 그는 우연히 영국 친구집 파티에 갔다가 미국 금융인과 동석하게 된다. 제이콥 시프였다. 그는 유대인이었고, 미국의 투자금융회사인 쿤롭 사의 회장이었다. 당시 한창 성장하기 시작한 미국 월가에서 상당한 영향력을 지닌 유대인 금융가였던 것이다.

제이콥은 일본에 돈을 빌려줬다. 상당한 위험을 안고서 말이다. 왜냐하면 제이콥은 러시아가 전쟁에서 패배하기를 바랐기 때문이다. 그 무렵에 러시아가 유대인을 학대하고 학살하는 일이 벌어졌다. 같은 유대인이었던 제이콥은 러시아의 행위에 분노하고 있었다. 결정적인 순간에 미국 유대인 자금을 지원받은 일본은 크게 안심할 수 있었다. 러일전쟁이 끝난 1906년 일본에 온 제이콥은 '개선장군' 대접을 받았다. 일본 천황도 제이콥에게 감사의 표시를 했다고 한다.

12

인생 이모작의 소프트랜딩 비결

조선시대에 이북以北은 이모작二毛作이 안 되는 지역이었다. 그래서 배가 고팠다. 기후 때문이다. 이남에서만 이모작이 가능했다. 벼 수확이 끝나고 얼마 있다가 보리나 밀을 심는 것이 이모작이다. 이남 지역 가운데서도 대략 충남과 전북의 경계에 있는 논산 근방이 이모작의 한계선이었다. 논산 이남에서만 보리와 밀 파종이 가능했다.

이모작이 되는 논산 이남 지역은 상대적으로 풍요로웠다. 전라도에 판소리와 음식을 비롯한 노는 문화가 발달한 이유도 이와 무관하지 않다. 베트남 여행을 가보니 벼를 일 년 동안 세 번 연속 심을 수 있는 삼기작三期作이 되는 나라였다. 더운 나라에서 이기작은 물론 삼기작도 할 수 있었다. 그래서 베트남 사람들은 미래를 크게 염려하지 않는 태평한 인생관을 가지게 된 것일지 모른다.

100세 시대에 이모작은 필수다. 일모작만 하는 인생들은 비참한 최후를 맞이할 것 같은 걱정이 든다. 어떻게 이모작을 한단 말인가? 조직과 회사에 매여 있으면서도 틈틈이 시간을 내어 준비한 사람들은 이모작에 소프트랜딩(연착륙)을 한다. 내가 수집한 소프트랜딩 사례를 소개한다.

2009년 광주에 있는 공정거래사무소 소장실에 놀러간 적이 있다. 공정거래사무소 소장인 K씨는 고위 공직자에 해당한다. K소장을 만나러 간 이유는 사주명리학 때문이었다. K소장이 '사주를 잘 본다.'는 소문을 들었다. K소장이 근무하는 7층 사무실은 유리창으로 무등산이 한눈에 들어오는 전망이 좋은 위치였다.

"제 사주 좀 봐주세요." 하고 나의 생년월시를 내밀었다.

"조 선생님은 시상편재時上偏財 팔자네요. 글을 써도 돈이 되는 사주입니다."

사주 여덟 자를 보고 5초 내에 이런 수준의 답변이 나오면 프로의 세계에 진입한 인물이었다. 사무실의 서가를 보니 이 분야의 고전인 이석영 선생의 《사주첩경四柱捷徑》6권이 가지런히 꽂혀 있었다.

"이 책 다 봤습니까?"

"예, 보면 볼수록 씹을 맛이 나는 책입니다."

사주보는 실전을 익히는 데 가장 도움이 되는 고전이 바로 《사주첩경》이다. 대부분 실전 노하우는 공개 안 하는데, 이석영 선생은 자신의 노하우를 그대로 공개했다.

K소장은 평소 취미가 사주공부였다. 3급 부이사관으로 퇴직한 다음에는 광주에 조그만 사무실을 얻어 철학관을 열었다. '청경역학연구원'이라는 간판이었다. 우리 사회에서 철학관 업종은 밑바닥 업종으로 생각한다. 공정거래위원회는 노무현 정부 때만 하더라도 잘나가는 기관이었다. '경제검찰'로도 불렸으니 '끝발'이 있었다고 봐야 한다. 그런 자리에 있던 사람이 퇴직 후에 밑바닥 업종인 철학관을 차린 것은 파격이었다.

"서민들에게 여러 가지 인생 상담도 해주고, 갈 곳을 몰라 방황하는 사람들에게 작은 조언도 해주니까 나름대로 보람이 있어요. 수입은 용돈 벌이 정도 됩니다."

매일 오전 10시쯤 철학관에 출근했다가 오후 6~7시쯤 퇴근한단다. 어찌 보면 철학관이 놀이터다. 돈도 돈이지만 남자는 놀이터가 있어야 한다.

식품회사에 근무했던 C부장. 그는 차茶를 좋아했다. 예쁜 차호茶壺도 많이 가지고 있었고, 보이차의 맛을 감별하는 품차品茶에도 일가견이 있었다. 나는 미각이 돌팔이 수준이지만 그는 천성적으로 미각이 아주 발달되어 있었다. 나는 새로운 보이차가 들어오면 감별을 의뢰하기 위해 일단 C부장을 찾아갔다. 그의 사무실에 가면 여러 종류의 중국차들이 구비되어 있어 좋은 차를 한 잔 얻어 마실 수 있는 기회도 되었던 것이다.

"회사 퇴직하면 뭐 할 거요?"

"중국차 장사를 해볼까 해요."

"중국차를 사고팔려면 중국어도 좀 해야 될 거 아닙니까?"

"그래서 틈나는 대로 중국어 공부를 하고 있습니다."

그는 몇 년 있다가 회사를 그만둔 뒤 정말로 중국 남부의 광저우(廣州)로 갔다. 광저우는 중국 여러 지역의 차들이 모이는 집산지이다. 그곳에 열서너 평 되는 조그만 아파트를 얻었다. 한 달에 보름은 광저우에 있고, 나머지 보름은 서울 집에 머문다. 서울을 떠나 외국에서 한번 살아보고 싶은 평생의 꿈도 이뤘다. 자기가 좋아하는 중국차들이 산더미처럼 몰려 있는 광저우. 그는 차 상점이 수천 개나 되는 그 도시에서 이 골목 저 골목을 돌아다닐 때마다 행복감을 느낀다고 한다.

"벌이는 어느 정도요?"

"집세와 비행기값을 빼고 용돈 벌이 정도 해요."

K소장과 C부장 두 사람은 이모작에 성공한 것 같다.

배터리 다 떨어질 때까지 조직에 붙어 있으면 좀 그렇다. 배터리가 조금 남아 있을 때 미리 조직을 나오는 게 좋다. 조직에서 나가라고 할 때까지 붙어 있으면 에너지가 방전되기 쉽다. 조금 먼저 나와야만 남은 에너지를 이모작하는 데 투입할 수 있다.

이모작의 소프트랜딩 비결은 역시 준비다. 위의 두 사람은 취미가 벌이로 연결되는 준비를 한 사례다. 준비 없이 조직에 안주하다가 어느 날 떨려난 사람들은 '맨땅에 헤딩하는' 쓴맛을 보고 있다.

13

중년에는
살롱으로 가라

온갖 삶의 구속을 다 내려놓는 곳이 놀이터다. 놀이터는 등급이 여럿이다. 인간의 취향과 기질이 각기 다르고, 처한 상황과 여건이 다르므로 놀이터도 다르기 마련이다. 우선 내 이야기를 해보자. 나는 산천유람이 놀이이다. 외국에 나가 기차나 버스를 타고 가면서도 끊임없이 차창 밖을 본다. '저 산 모양이 둥그런 금체로구나, 삼각형의 문필봉이 저쪽에 있으니 저 반대쪽에서 어떤 인물이 나왔겠구나, 이 강물이 이렇게 돌아서 흘러가니까 저 강물 안쪽에 있는 동네는 재물이 많겠구나.' 하고 생각한다.

외국에 나가서도 산천을 보며 풍수를 연구하는 게 놀이이다. 산은 산이 아니고 물은 그냥 물이 아닌 것이다. 다 의미가 있고, 거기서 태어나는 인물이 다르다. 이 풍수를 바탕으로 역사를 들여다본다. 과연 그런 인물이 태어났는가 살피고, 전쟁이나 역사적 전환기에 닥쳤을 때 이 동네에는 어떤 일이 일어나고, 어떤 지도자가 배출되었고, 어떻게 흥망성쇠를 이어갔는지가 탐구 대상이다. 탐구할 거리가 있으면 재미가 있다. 탐구심이 없으면 지루할 뿐이다. 문제는 탐구심이다. 이 부분이 선천적이다. 탐구심을 가지라고 해서 가져지는 것이 아니라는 말이다.

남자들의 놀이터는 '살롱Salon'이다. 유럽의 문화에서 부러운 것이 이 살롱이다. 남자들끼리 모여서 장기도 두고 담배도 피우고 가볍게 술도 한 잔 하면서 이런저런 담론을 나누는 장소 말이다. 우리는 이게 없다. 일제강점기를 거쳐 한국전쟁을 겪고 산업화가 되면서 너무 먹고 사는 문제에만 골몰하다 보니 어디가 어딘지도 모른 채 죽자 살자 달려만 왔다. 문득 오십 고개를 넘고 육십 고개가 앞에 보이니 지난 세월이 돌아봐진다. '아, 해놓은 것도 없이 인생 헛살았다.'는 자탄이 온다. 이럴 때 모여야 한다. 살롱에서! 룸살롱 말고 말이다.

전국을 다니면서 이런 살롱을 간혹 만나곤 한다. 10여 년 전쯤 제천 박달재 고개 밑 시골마을에 판화 그리는 화백의 집에 들렀는데, 이 화백의 집이 살롱이었다. 동네 사람만 모여드는 게 아니었다. 요즘은 산골이라도 대개 자동차 길이 잘 닦여 있어서 전국에서 내 방객이 왔다. 살롱의 조건은 문자향(文字香, 문자의 향기) 서권기(書券氣, 책의 기운)가 그 집에 꼭 있어야 한다는 점이다. 그게 빠지면 자칫 술판으로 흐를 수 있다. 문자향과 서권기가 살롱의 격조를 유지해 주는 앵커이다. 기준점을 잡아주는 역할을 한다.

또 하나, 살롱 주인의 인심이 후해야 한다. 사람 오는 것을 불편해하면 살롱 문 닫아 야 한다. 안주인의 역할이 크다는 말이다. 안주인의 인심이 좋으면 찾아간다. 전남 나주의 과수원 지대 복판에 있는 '죽설헌竹雪軒'도 이 일대의 살롱이다. 안주인이 털털하니 사람 이 좋다. 손님들이 찾아가도 부담이 적다. 집에 들어가면 대나무 숲과 수십 종류의 나무들 이 우거져 있어서 서늘한 느낌을 준다. 죽림칠현(竹林七賢. 중국 위진 시절 대나무숲에 은거한 7인 의 현자)이 이런 심정이었을까 싶다. 유리창 밖으로 비치는 대나무 숲을 보면서 지난 세월 을 이야기하고, 인생을 이야기하고, 즐거운 농담을 하고, 음악을 듣는다.

경주의 황룡골에도 살롱이 하나 있었다. 초가지붕에 작은 방이 서너 개 있는 소박한 집이다. 독신인 집주인은 바둑을 좋아하는 거사居士이다. 무욕 담백한 성품에 차茶를 좋아 한다. 손님이 차를 가지고 방문하면 좋아한다. 천년 도읍지였던 경주에는 켜켜이 문화가 배어 있다. 지층에 그 문화가 시루떡처럼 축적되어 있기 때문에, 경주 땅에 들어서기만 해 도 그 시루떡의 촉감이 전해져 온다고 할까. 황룡골 살롱은 경주의 촉감이 온몸으로 느껴 지는 곳이다.

지리산의 칠불사도 살롱이다. 해발 700미터 고지대에 자리 잡고 있는 칠불사는 부처 님을 모시는 기도처이기도 하지만 김수로왕의 일곱 왕자가 도를 통한 유적지이기도 하 다. 해발이 높아 여름에 특히 시원하다. 주지 스님 속이 좋아서 문화계 인사들의 발길이 잦다. 놀아도 절 안에서 놀면 그게 다 수행이 아니겠는가! 절 주위에 인공 건물은 하나도 보이지 않고 온통 초록빛의 벽산碧山이 둘러싸고 있다. 그대로 마음이 초록으로 물든다.

도시 남자들의 가장 평범한 놀이터는 술집이다. 술집 주인의 인심이 후하고 요리 솜씨가 있으면 일단 살롱으로서 자격이 된다. 인심 후하고 음식솜씨 좋은 술집이 어디 있는가? 요즘은 구경하기 힘들다. 주위를 둘러보니 놀러 갈만한 술집도 제대로 된 게 없다. 술은 많지만 술집은 없는 것이다.

삶을 이야기하고 역사를 더듬어보고 철학을 토론할 수 있는 곳, 살롱이 많아져야 한다. 그래야 삶이 헛헛하지 않다.

14

최강의 휴식법,
달빛 강가를 거닐다

스트레스는 들어오는 통로가 있다. 그 통로는 안眼, 이耳, 비鼻, 설舌, 신身, 의意라고 하는 여섯 가지 감각기관이다. 현대인들은 너무 많이 보고, 너무 많이 듣고, 너무 많이 생각한다. 이 모두가 스트레스로 작용한다. 스트레스는 마음에 불을 일으킨다. 심장에 압박을 주는 것이다. 심장을 편안하게 하려면 스트레스가 들어오는 6개의 대문을 수시로 닫아야 한다. 화재가 발생하였을 때 불이 더 이상 번지지 못하도록 방화셔터를 내리는 이치와 같다. 어떻게 방화셔터를 내리는가?

'지자요수智者樂水 인자요산仁者樂山'이라는 말이 있다. 지자요수는 '지혜로운 사람은 물을 좋아한다.'는 뜻이다. 지혜로운 사람은 왜 물을 좋아할까. 물은 아래로 가라앉는 성질이 있다. 지혜는 차분하게 가라앉은 상태에서 나온다. 화가 나거나 들떠 있으면 제대로 상황판단을 할 수 없다. 고스톱에서 '열고(熱go. 계속 고를 하는 것)'를 자주 하면 돈을 잃기 마련이다.

물을 가까이 하면 마음이 차분하게 가라앉는다. 미국의 대학 도서관 앞에는 대부분 분수가 설치되어 있다. 책을 많이 읽으면 머리에서 열이 난다. 이 열을 식히라고 도서관 앞에 분수대가 있는 것이다. 머리를 많이 쓰는 사람들은 물을 가까이 해야 한다. 그 물은 연못이나 호수가 될 수 있고, 강물과 바닷물도 해당된다. 대도시일수록 강이나 호수가 보이는 곳의 집값이 비싸다. 전망 값이기도 하지만, 집에서 물을 바라보면 알게 모르게 머리로 올라온 열이 내려가는 효과가 있기 때문이다.

10여 년 전쯤 나는 문선명 통일교 총재를 만나서 이것저것 물어본 적이 있었다. 이때 궁금했던 부분은 문 총재의 휴식 방법이었다. 신도들은 교주인 문 총재를 찾아와 자신의 스트레스를 하소연했지만, 문 총재 본인의 피로는 도대체 어떻게 해소했을까. 바로 낚시였다. 물고기 잡으러 배를 타고 바다에 나가 5~6시간, 때로는 10시간 넘게 바닷물을 바라보는 것이었다.

"물을 쳐다보고 있으면 물에서 반사되는 빛깔이 수시로 바뀌는 것을 느끼지. 그 빛의 변화를 바라보는 거야. 빛을 보면 영감이 떠올라. 물은 잔잔하다가도 바람이 불면 파도가 치면서 무섭게 변하지. 물이라는 본질은 같지만 상황에 따라 이렇게 무섭게 변하는 이치를 바라보는 거지. 그러면 피곤이 풀려."

신경을 써야 먹고사는 게 현대인의 삶이다. 신경을 안 쓰면 어떻게 먹고살 수 있겠는가! 그 신경 쓴 머리의 열을 식히려면 물 옆을 걸어 다니는 게 좋다. 제주 올레길은 이런 측면에서 효과가 있다. 바닷물 옆을 걸어 다니면 민물에는 없는 소금기가 몸에 들어온다. 짠 기운은 우리 몸의 신장을 강화해준다. 짠맛과 신장은 연결되어 있다. 신장은 우리 몸에서 수기水氣를 만들어내는 장부臟腑다. 따라서 바닷가 길을 돌아다니면 짠 기운이 신장을 강화해 우리 몸의 수기가 증강된다. 수기가 증강되면 머릿속의 불을 끄는 효과를 볼 수 있다. 즉 스트레스를 해소해준다.

밤에 달빛을 받으며 걷는 '문탠Moontan'도 좋다. 서양이 선탠을 즐겼다면 동양에는 문탠이 있다. 우리 조상들은 이를 '달맞이'라고 불렀다. 일찍부터 우리 선조들은 문탠의 우울증 치료 효능을 알았던 것이 아닐까. 7, 8년 전에 '문탠'에 관한 칼럼을 쓴 일이 있는데 글을 보고 부산 해운대 구청에서 연락이 왔다. 해운대 달맞이 고개를 '문탠 로드Moontan Road'로 이름 붙인 계기가 된 일이다. 그즈음 보름달이 뜨는 바다를 보면서 마치 시간이 정지된 듯 깊은 인상을 받았다. 억만 년 전 태고의 어느 시점으로 내가 되돌아간 것 같은 느낌말이다. 풍파를 헤치고 오면서 쌓여온 마음의 주름이 이 해월海月을 보면서 쫙 펴지는 느낌이었다.

달을 보며 저수지, 강가, 바닷가 등 물 가까운 길을 걸으면 더 좋다. 달빛과 물이 머금은 음陰의 기운이 뜨거운 양陽의 기운을 아래로 내려가게 하여 차분해지고 생각이 정리되어 자연스럽게 지혜가 생긴다. 달과 물을 좋아한 선조들은 관수정觀水亭·관란정觀

瀾亭·농월정弄月亭·요월정邀月亭처럼 물소리와 달빛이 어우러지는 곳에 정자를 짓고 놀았다.

그럼 '인자요산'은 어떤 이치인가. 산은 바위로 이뤄졌다. 겉은 흙으로 덮여 있지만 산의 내면은 거의 암석이다. 이 암석에서 지자기地磁氣가 나온다. 등산을 서너 시간 하다 보면 암석에서 나온 지자기가 몸에 들어온다. 그러면 몸이 우선 개운해지고, 그 다음에는 기분이 좋아진다. 몸속의 배터리(건전지)가 충전되면 마음이 넉넉해질 수밖에 없다. 외국에 여행 갔을 때도 돈이 넉넉하면 마음에 여유가 생기는 이치다. 배터리가 충전되지 않으면 자신감이 없고 마음이 급해진다. 이 배터리가 문제다. 배터리 충전방법 가운데 하나가 등산인 셈이다. 등산을 자주 하면 산의 정기가 충전되고, 정기가 충전되면 사람이 너그러워진다. 인자요산이 되는 이치다.

또 산길을 걷는 데는 코스가 있다. 나무가 우거진 숲 속 길을 걷는 것이 좋고, 평평한 길보다는 오르막 내리막이 있는 산길이 단조롭지 않아서 더 좋다. 봄여름 산길을 걷다 보면 야생초와 야생화, 그리고 송진 냄새, 온갖 나무들에서 풍기는 향기가 사람을 매혹시킨다. 산길의 최대 매력은 바로 이 냄새에 있다. 가을산은 또 어떤가. '보약삼첩補藥三貼이 불여不如 추일등산秋日登山이라.' 보약 세 첩 먹는 것보다 청명한 가을날에 등산하는 것이 낫다는 말이다.

15

무엇으로
'독립'할 것인가

내 어렸을 적 꿈은 도사道士였다. 옆에서 누가 권하거나 가르쳐주지도 않았는데 저절로 그런 생각이 들었다. 내가 염두에 둔 도사의 일차적인 조건은 산에서 사는 것이었다. 운무가 둘러싸여 있는 산에 지은 집. 집 뒤에는 낙락장송이 굽어보고, 앞마당에는 복숭아꽃이 피어 있는 산속의 집이었다.

동양의 여러 종교 가운데 개인의 행복을 중시하는 종교가 도교道教 내지는 도가道家다. 세상의 풍파와 되도록 등을 지고, 자연을 즐기며 자연과 일체가 되는 삶이 도가적 삶이다. 한국인 치고 무릉도원武陵桃源을 싫어할 사람이 어디 있겠는가. 무武와 산등성이로 격리된(陵) 복숭아 동산(桃園)이 무릉도원의 본뜻이다.

국내의 이 산 저 산을 다녀보다가 중국이 개방되면서 중국의 산을 가봤다. 산수화에 나올 법한 모습에 깊이 매료되었다. 내가 꿈꾸던 산의 풍경이 실제로 현실에 존재했던 것이다. 중국의 여산廬山에 갔더니 여동빈呂洞賓 신선이 공부하던 동굴인 선인동仙人洞이 나를 사로잡았다. 산수화 기법인 부벽준처럼 도끼로 탁탁 잘라놓은 듯한 바위절벽이 펼쳐진 곳에 선인동이 자리 잡고 있었다. 지리산과 설악산을 합쳐놓은 듯한 풍광이었다. 주변에 호수와 강물이 많아서 1년 중에 반절은 항상 운무에 둘러싸인 신비한 산이었다.

중국의 시인 도연명이 울타리 밑의 국화를 집어 들고 바라봤던 산도 바로 여산이었다. 도연명의 거처도 그 산자락에 있었다. 팽택이란 고을의 현령으로 있던 그가 상급 관리에게 허리를 굽힐 수 없다며 관직을 버리고 고향 시상으로 돌아가면서 〈귀거래사〉를 썼다. 여산을 등지고 파양호를 바라보며 도연명은 평생 농사짓고 시 짓고 살았다. 훗날 당나라 시인 백거이가 도연명의 고향집을 찾아왔다가 시를 남기기도 했다.

　　　오늘 그대의 옛집을 찾아
　　　숙연한 마음으로 당신 앞에 섰습니다

그대의 단지에 담긴 술이 그리운 것도 아니고
그대가 켜던 이제는 줄 떨어진 거문고가 그리운 것이 아닙니다
한 가지, 명예와 이익을 버리고
산과 들에서 자유롭게 스쳐간 그대가 그립습니다.

중국 불교 천태종天台宗의 고단자인 천태지자 대사가 수도했다는 천태산도 그림에 나오
는 그윽한 분위기를 지니고 있었다. 중국 청도의 바닷가에 자리 잡은 노산嶗山도 과연 신

선들이 살 만한 풍광의 산이었다. 1990년대 우리나라의 단학丹學 수련가들에게도 널리 알려진 왕력평王力平의 사부가 도를 닦던 산이 바로 노산이었다. 노산에서 바라보니 동해 (우리 쪽에서 보면 서해)가 바위 절벽 사이로 호수처럼 아름답게 펼쳐진다. 그쪽 어느 섬인가에 불로초가 있다는 믿음이 생길 만한 산이었다. 진시황의 명을 받고 불로초를 찾아 우리나라 남해와 제주도, 그리고 일본에까지 갔다는 서복徐福도 아마 노산의 도사였을 것이다. 중국의 오악五岳 가운데 가장 바위 기세가 험한 산이 서악西岳인 화산華山이다. 북한

산 인수봉 같은 화강암 바위 봉우리가 그보다 2~3배 높이로 쭉쭉 뻗어 있다고 보면 된다. 화산 밑에는 수련 장소로 유명한 도관道觀이 하나 있다. 수공법(睡功法. 석 달씩 잠을 자면서 하는 수련)을 했다고 전해진 도사 진단陳搏이 공부했던 곳이다. 진단은 도가道家의 호흡법인 내단內丹 수련 체계를 세운 장본인으로, 수공법은 그가 도통했음을 보여준다. 육신은 정신을 담는 그릇일 뿐, 한 번 잠이 들면 몇 달씩 깨어나지 않을 정도였다. 진단을 연구하여 박사 논문까지 쓴 최상용 소장의 글에 진단이 세상 사람들의 잠을 묘사한 구절이 있다.

"뜻밖에도 그대가 이렇게 나약하고 무능하다면 잠자리에서 일어나서도 (간밤에 일어난 일들을) 알 수 없으니, 생사를 벗어나 윤회를 뛰어넘고자 하여도 어렵겠구나. 요즘 사람들은 배불리 먹고 편안히 생활하면서도 오직 입고 먹는 것이 풍족하지 않다는 걱정으로 급급하다. 그러면서 배고프면 먹고 피로하면 눕고, 코고는 소리가 사방에서 들려오고 하룻밤에도 문득문득 수차례씩 잠에서 깨어난다. 명예와 이익이나 가무와 여색은 그 식신識神을 어지럽히고, 술과 기름지고 비릿한 것은 그 심지心志를 혼란스럽게 하니 이것은 세속의 잠이다."

또 화산파華山派 도관에는 도사를 양성하는 커리큘럼이 있다. 고학년이 되면 천하를 돈 없이 3년간 떠돌아다니는 과목도 그중 하나다. 그걸 '표주漂周'라고 한다. 돈 없이 다녀야 세상인심을 제대로 파악할 수 있다. 돈 갖고 다니면 유람이나 다름없다. 유람으로는 공부가 안 된다. 돈 없이 세상을 돌아다닐 수 있어야 도사로서 자생력이 생긴다. 그러려면 우선 의술醫術을 갖춰야 한다. 의술은 침과 뜸이다. 어느 동네를 가든지 몸 아픈 사람은 있기 마련이다. 그러니 침과 뜸으로 병을 고쳐주면 밥을 먹을 수 있다.

세상에서 자기 팔자에 관심 없는 사람은 없다. 사주팔자를 잘 보면 절대 굶어 죽지 않는다. 인도 서북쪽 지역에는 라자스탄주가 있다. 이슬람과 힌두 문화가 섞인 곳인데 고대부터 점성술이 발달했다. 조상 대대로 점성술에 종사한 사람들은 사주팔자를 아주 잘 본다. 19년 전쯤 라자스탄주에 갔을 때 평생 사주를 보는 도사가 있었는데, 당시 미화로 1,000달러의 고액을 요구했다. 그만큼 잘 본다는 뜻이었다. 그런데 돈이 없어서 못 봤다. '그때 한 번 볼 걸.' 하고 지금도 후회한다.

학술學術도 익혀야 한다. 동네 사랑방에서 아이들 모아놓고 천자문이나 경전들을 가르치면 밥은 굶지 않는다. 요가의 고단자인 석명石明 선생은 외국 나가서 돈 떨어지면 요가를 가르치면서 천하를 떠돌았다. 나는 '칼럼술術'이다. 수첩 하나 들고 천하를 유람했다. 보고 들은 이야기를 그 자리에서 썼다.

도사가 되려면 조직에 얽매이지 않고 자생력을 갖춰야 한다. 그것이 진정한 독립獨立이다.

16

없으면 제 힘으로
만들며 가라

오래된 문명권에는 인생과 세월에 대한 통찰이 담긴 관습이나 시스템이 있다. 그중 하나가 '인생 4단계설'이다. 인도의 관습에 따르면 태어나서 25세까지를 학습기學習期라고 했다. 학교에 다니면서 배우고 부모와 사회로부터 무언가를 익히고 연습하는 시기다.

26세부터 50세까지는 가주기家住期라고 붙였다. 집에 머무르면서 가족을 부양하고 사회적 의무를 다하는 기간이다.

51~75세는 임서기林棲期라고 불렀다. 어느 정도 사회적 의무를 다하고 자식들도 다 키웠으니 이제 집을 떠나 자신의 영혼을 정화하고 구원하는 시기라는 뜻이다. 이를 위해서는 우선 집을 떠나야 한다. 동네 뒷산에다 허름한 토굴을 하나 지어놓고 명상하며 지내는 시기다. 두서너 달에 한 번씩 잠깐 집에 들러서 밑반찬 정도나 가져다 먹는 소박한 생활을 하면서 말이다.

그럼 75세가 넘으면 어떤 시기인가. 토굴에서 나와 길거리를 돌아다니며 얻어먹다가 죽는 유랑기流浪期라고 했다. 거지로 삶을 마감하는 것이다. 요즘 한국인은 보통 50대 초·중반에 직장을 그만둔다. 한마디로 백수가 된다. 이때부터가 문제다. 인도의 4단계설에 대입해보면 임서기로 접어드는 것이다. 그래서 집을 떠나 산으로 들어가야 한다.

산에 전원주택을 짓거나, 형편이 안 되면 시골 빈집을 얻어서 고치거나, 그것마저 여의치 않으면 컨테이너 하나 갖다놓으면 된다. 텔레비전 프로그램 〈나는 자연인이다〉에 나오는 모습처럼 비닐천막을 치고 사는 방법도 생각해봐야 한다. 아니면 아파트 경비원이나 택시기사 등으로 일하는 방법이 있다. 이렇게 50대가 되면 누구나 과객過客 생활로 접어드는 셈이다.

이태백은 어느 봄날 복숭아꽃이 만발한 정원에서 즐거움을 만끽하다가 〈춘야도리원서春夜桃李園序〉라는 글을 남겼다. 여기에서 이태백은 과객에 대해 이렇게 읊었다.

천지는 만물이 머물다 가는 여관이요　　　　　夫天地者 萬物之逆旅
세월은 백대과객처럼 영원히 지나가는 길손이다　光陰者　　百代之過客

우리 모두는 잠깐 지나가는 과객이다. 이 세상에서 과객 아닌 사람이 누가 있겠는가! 지나가는 세월을 어떻게 막겠는가! 조선시대에 과객으로 유명했던 인물을 두 사람만 꼽는다면 김삿갓으로 알려진 김병연과 《택리지擇里志》를 쓴 이중환이다. 우선 김삿갓은 지식인이었지만 전국을 떠돌았다. 특히 전라도를 자주 돌아다녔다. 그가 방랑하다가 죽은 곳도 전남 화순이었다. 그 지역이 과객 생활하기가 좋았다는 징표로 보인다. 그래서 전라도에는 김삿갓과 관련된 일화가 많이 남아 있다. 그가 과객 생활을 하면서 그나마 밥을 얻어먹고 잠을 잘 수 있었던 비결은 시 짓는 능력이었다. 조선시대에는 한문 경전에 해박하고 시를 잘 지으면 문사로 대접받는 전통이 있었다. 김삿갓의 과객 생활 밑바탕은 시재詩才였던 것이다.

　　이중환은 김삿갓보다는 나은 대접을 받았던 것으로 여겨진다. 이름 있는 사대부 집안 후손이었지만 끈 떨어진 야당인 남인南人이라는 것이 약점이었다. 당시 기호지방에는 집권 여당인 노론이 대부분이었고, 남인들은 주로 영남에 모여 살았다. 이중환은 같은 당색인 영남을 돌아다니면서 그나마 과객 대접을 받았을 것으로 추측된다.

　　그러나 조선시대 영남은 호남에 비해 식량이 절대적으로 부족한 형편이어서 영남에서 과객 생활은 어려움이 컸을 것이다. 어찌 되었건 이중환은 당시 사대부 집안 후손으로서 과객 생활을 한 덕분에 불후의 명작 《택리지》를 남겼다. 영남을 넘어 전국을 유랑하면서 그는 '우리 땅 어디가 살기 좋은 곳인가'를 고민했다. 그 결과 풍수적 위치(지리地理)가 적당하고, 물산이 풍부하고(생리生利), 사람이 좋고(인심人心), 풍광이 아름다워야(산수山水) 한다고 보았다. 그러고는 마지막에 '한 가지도 빼놓지 않고 네 가지 모두를 갖춰야 좋을 땅일진대 그 땅을 찾을 수 없으니, 눈 밝은 자는 글자 밖에서 찾으라.'고 했다. 없으면 제 힘으로 만들어가라는 뜻이다.

　　조선시대 과객의 최고수는 설 명절을 쇤 후 집을 나가서 과객질을 하다가 팔월 추석 전날에야 돌아오는 인물이었다고 한다.

17

손님을 환대하며
전승된 판소리

조선시대 후기의 대표적인 유랑 인생이 판소리꾼들이었다. 이 가객歌客 집단은 전국을 떠돌며 입에 풀칠했다. 이 가객 집단을 먹여 살려준 지역이 호남이었다. 예술은 옛날이나 지금이나 식후사食後事가 아닌가! 밥 먹고 난 뒤의 일 말이다. 밥을 못 먹으면 예술이고 뭐고 없다. 인심 좋은 부잣집에 들면 길게는 두세 달까지도 수십 명의 단원이 잠을 자고 끼니를 해결했다. 배곯지 않고 세끼 밥만 먹어도 괜찮은 삶이었다.

이 유랑가객 집단이 호남의 부잣집을 자주 돌면서 공연했다는 증거가 바로 판소리 〈호남가湖南歌〉에 남아 있다. 가사가 호남 여러 지역의 특징과 인심을 묘사하는 내용으로 이뤄졌기 때문이다. 판소리 〈영남가〉나 〈충청가〉는 현재 전해지지 않는다. 〈호남가〉만 있다. 판소리 성립과 호남의 관계를 단적으로 보여주는 노래가 바로 〈호남가〉다.

송하진 전북도지사는 유명한 서예가인 강암剛菴 송성용 선생의 막내아들이다. 선거운동을 하러 돌아다닐 때 연설은 짧게 하고 현장에서 판소리 〈호남가〉를 한 곡 뽑았다. 이게 반응이 좋았다는 이야기를 송 지사가 전주시장 시절 때 들려준 적이 있었다. 가사를 중간 중간 살펴보면 이렇다.

> '함평咸平 천지 늙은 몸이…… 남원南原에 봄이 들어 각색화초各色花草 무장茂長허니, 나무나무 임실任實이요, 가지가지 옥과玉果로다. 풍속은 화순和順이요, 인심은 함열咸悅인데, 이초異草는 무주茂朱허고 서기瑞氣는 영광靈光이라.'

가사에서 화순은 풍속이, 함열은 인심이 좋다고 표현되었다. 함열은 전북 익산시 함라면咸羅面 함열리咸悅里를 가리킨다. 함라咸羅는 '모두가 비단이다', 함열咸悅은 '모두가 기뻐한다.'는 뜻이다. 이곳은 쌀이 생산되는 문전옥답이 온통 널려 있는 지역이다. 그럼 왜 '인심은 함열'이라 했을까. 소리꾼들이 여기에 와서 대접을 잘 받았다는 의미도 있지만, 보다 결정적인 요소는 과객에 대한 대접이 아니었을까 싶다.

함열은 전라 좌도左道와 우도右道의 과객들이 한양으로 가는 길에 반드시 거치는 곳이다. 전라 좌도에서 올라가는 과객들은 순천과 구례에서 남원을 거쳐 전주를 지나 삼례參禮에 모인다. 전라 좌도에서 과객에게 대접을 잘하던 유명한 집이 남원의 '홈실 박씨' 집안인 '몽심재'다. 몽심재는 사랑채도 겹집이라 손님 수용 인원이 일반집의 두 배에 이르렀다.

전라 우도 길인 해남·목포·나주·정읍을 거쳐 서울로 가는 과객들도 삼례에 모였다. 전라 우도에서 인심 좋았던 집은 김제 금구金溝에 있었던 서도西道 장씨張氏 집안이다. 장씨들이 일주일에 소 한 마리씩을 잡아서 과객을 대접했다는 이야기가 전해온다. 일제강점기에 조선어학회에 자금을 댔던 장현식 선생이 서도 장씨 집안 인물이었다. 전라 좌·우도의 길손들이 양쪽에서 모여 서울로 올라갈 때 삼례를 지난 뒤 첫 번째 집결지가 바로 함열이었다.

함열에는 만석꾼 집이 세 곳 있었다. 조 부자, 이 부자, 김 부자의 집이다. 세 집 모두 거부였다. 요즘으로 치면 재벌들이 함열에 모여 있었던 셈이다. 이 세 집안이 과객들에게 아주 후한 대접을 했다는 것이다. 조 부자 집에서 굴비정식을 반찬으로 올리면, 김 부자 집에서는 쇠고깃국을 밥상에 올리는 식이었다. 세 집은 경쟁적으로 손님을 대접했다.

조선시대 부자들의 가치관에 따르면 과객을 후하게 대접해서 '덕망 있는 집'이라는 평판을 듣는 것이 성공한 삶이었다. 주변으로부터 인정과 칭송을 받는 것이 성공한 인생이었다. '인심은 함열'이라는 평판은 아마도 이 시기에 나오지 않았나 싶다.

세 집안 중 김 부잣집 아들로 김해균金海均이라는 인물이 있었다. 박헌영의 경기고 후배로 일제강점기에 일본 동경대를 졸업한 인텔리였다. 해방 후 박헌영에게 자금을 지원했다. 김해균의 서울 집이 바로 혜화동에 있던 혜화장惠化莊이었고, 박헌영은 여기에 머물렀다. 나중에는 북한에서 장관급 직위에까지 올랐다고 한다.

주변에 후하게 베풀었던 함열의 부자들은 〈호남가〉에 남아서 오늘도 회자膾炙되고 있다.

18

앵무새가
알렉산더에게 전해준
메시지

내 글에서 발 냄새와 땀 냄새가 날 때가 있다. 독자들 가운데는 이 냄새를 좋아하는 분들이 있다. 그러다 보니 나는 명산과 유적지, 그리고 강호江湖에 숨어 있는 제현諸賢들을 만나 보기 위해 여행을 자주 다녀야 한다. 강호에서 콘텐츠가 나오기 때문이다. 일주일에 평균 2박 3일 강호유람江湖遊覽이 나의 팔자다.

대구 팔공산에서 도 닦고 사는 수산水山 선생 소개로 경북 경주의 황성춘 박사(56)를 만났다. 이야기를 나눠 보니 '새에 미친' 사람이었다. 원래 전공은 '지진 연구'였지만 앵무새를 좋아했다. 결국 대학교수도 그만두고 집 팔고 논 팔아서 경주에 '버드파크Bird Park'를 세웠다. 버드파크에는 수천 마리의 새가 있었다. 특히 앵무새가 많았다.

"알렉산더 앵무새라는 게 있습니다. 알렉산더 대왕이 키웠다고 해서 붙여진 이름입니다. '대본청大本靑 앵무새'라고도 하죠."

"알렉산더 대왕이 앵무새도 키웠습니까? 짧은 인생 동안 전쟁하느라고 바빴던 사람이 어떻게 앵무새까지 키울 시간이 있었습니까?"

황 박사로부터 사연을 들어보니 이렇다. 알렉산더(기원전 356~323년) 대왕이 동쪽으로 계속 진격해 인도까지 쳐들어갔다. 그때가 기원전 325년 무렵이다. 인도의 포로스 왕이 코끼리 부대를 몰고 나타나 '히다스페스 전투'에서 알렉산더와 맞붙었지만 역시 패하고 말았다. 여기서 알렉산더가 더 동쪽으로 나아가려 할 무렵에 인도의 어떤 도사를 만났다는 이야기가 야사에 전해진다. 인도는 옛날부터 여러 가지 신통력을 갖춘 도사들이 많았던 독특한 나라다.

30대 초반의 젊은 정복자 알렉산더는 기이한 나라 인도의 이국적인 풍광과 여러 특산품을 보고 강한 호기심을 느꼈을 것이다. 특산품 중에서도 가장 특별한 것이 미래를 내다보는 능력을 갖춘 예언자가 아니겠는가. 나에게도 그리스·이탈리아와 같은 유서 깊은 나라를 여행할 때 '여기 어디 영험한 점성술사가 있을까?' 하고 주변 사람들한테 수소문

295

하는 버릇이 있다. 인간은 누구나 자기 미래가 가장 궁금하기 때문이다.

알렉산더가 인도에 머물면서 '현자賢者'를 만났다고 전해진다. 이 현자가 알렉산더에게 앵무새를 선물했다. 이 앵무새의 서식지는 인도 남부와 스리랑카·미얀마·태국 등 해발 1,500미터 산속이다. 아시아의 앵무새 가운데 유일하게 사람 말을 흉내 낼 수 있는 앵무새라고 한다. 이 앵무새를 알렉산더가 데리고 돌아갔다. 그래서 현재 유럽에 이 앵무새가 살게 된 것이다. 이름도 '알렉산더 앵무새(Great Alexandrine Parakeet)'라고 불렀다. 왜 인도의 현자는 앵무새를 알렉산더에게 선물로 주었을까. 다른 선물도 많았을 텐데 말이다.

그리고 알렉산더는 더 이상 동쪽으로 전진하지 않고 되돌아갔다. 야사에는 현자의 충고대로 전쟁을 하지 않고 돌아갔다는 이야기가 전해진다. 물론 장기간의 해외출병에 따른 피로감과 역병이 원인이라는 말도 있지만 말이다. 인도의 현자는 알렉산더 대왕에게 이렇게 예언하지 않았을까.

"그대에게는 이제 살날이 얼마 남지 않았다. 그러니 더 이상 객지를 떠돌며 고생할 필요가 없다. 이쯤 해서 고향으로 돌아가 남은 인생을 마무리하는 게 좋다."

정복자에게 이런 기분 나쁜 예언을 함부로 했다가는 칼에 목이 날아갈 수도 있다. 좋은 내용의 예언은 쉽게 해도 되지만, 불길한 예언을 하면 십중팔구 기분이 나쁘다. '이거 돌팔이구먼. 별 뚱딴지같은 소리 다 하네.' 하고 반감을 품는다. 이런 반감을 품지 않고 충고를 받아들인다는 것은 그 말을 해주는 현자의 인품을 상대방이 느껴야만 한다. 하여튼 인도에서 만난 이 현자로부터 무슨 이야기를 듣기는 들었던 모양이다.

고대로부터 새는 하늘을 날아다니는 영물로 여겨졌다. 하늘의 메시지를 인간에게 전달해주는 전령사였다. 더군다나 앵무새는 인간의 말을 흉내 낸다. 현자가 앵무새를 통해 알렉산더에게 전해준 메시지는 무엇이었을까.

19

나는
어떤 묘도문자를
남길 것인가

묘비墓碑·묘갈墓碣·묘지墓誌·제문祭文·만사輓詞 등을 모두 합해 '묘도문자墓道文字'라고 부른다. 죽은 조상들이 어떤 사람이고, 교우 관계가 어떻고, 어떤 업적과 글을 남겼는가 등이 묘도문자로 남아 있기 마련이다.

묘도문자에 대한 관심은 영남의 식자층에게서 크게 나타난다. 호서와 호남에 비해서 조상의 행적과 문중에 대한 관심이 그만큼 높다. 영남에서도 경북 안동·예천·상주·선산 지역에 양반 집안이 많았다. '안예상선(안동·예천·상주·선산의 줄임말)'의 이름 있는 집안 후손들이 직장을 그만둔 이후 이런 묘도문자와 족보에 관련된 보학譜學에 정력을 쏟아붓는 경우를 여러 번 보았다. 직장 다닐 때는 먹고산다고 정신없었지만, 퇴직한 다음 한가해지면서 유년시절부터 조부나 부친, 집안 어른들로부터 들었던 보학 이야기가 새록새록 그리워지는 것이다. 이 향수가 크다.

증권회사를 다니다가 퇴직 후 10여 년 동안 이 분야에 집중한 사람 가운데 장달수 씨(70)가 있다. 여러 지역의 묘비나 묘갈·행장行狀·신도비神道碑를 1만 건 가깝게 모으고 연구했다. 비문을 해독하다 보니 한문에 대한 실력이 늘 수밖에 없었다. 조선시대 선비 집안에서 어른이 돌아가면 제일 먼저 가장家狀을 짓는다. 가장은 자손들이 쓴다. 가장 기초적인 자료인 셈이다. 이 가장을 기초 자료로 해 그 다음에는 행장을 짓는다. 죽은 사람의 총체적인 이력서가 바로 '행장'이다. 그런데 이 행장은 아무나 짓는 게 아니다. 문장과 학행으로 널리 알려진 외부의 유명인사에게 부탁한다. 행장을 누가 썼느냐에 따라 그 집안의 품격이 드러나기 때문이다. 당대의 명사가 쓸수록 격이 올라간다.

행장을 토대로 묘갈과 묘비를 쓴다. 묘갈과 묘비는 용도가 비슷하다. 단지 돌의 모양이 약간 다르다. 묘갈은 위가 둥그렇게 생긴 모습이고, 묘비는 네모 형태다. 묘갈이 있으면 묘비를 생략하고, 묘비가 있으면 묘갈은 없어도 된다. 묘갈이나 묘비도 어느 정도 급級의 인물이 썼는지가 중요하다. 당대 일류 인물이 쓸수록 집안의 가치와 품격이 올라간다.

우암 송시열은 당대의 일류 명사였다. 문장 좋고 벼슬도 있는 정권의 실세이기도 했다. 그래서 우암에게 행장이나 묘갈, 묘비를 써달라는 요청이 전국에서 쇄도했다. 조선시대 명사 가운데 행장과 묘갈, 묘비를 가장 많이 써준 인물은 아마도 우암일 것이다. 대략 500여 장을 썼다고 전해진다. 마치 피카소에게서 그림을 받는 것처럼, 우암에게 비문碑文을 받으면 가문의 영광이었을 뿐만 아니라 직간접적으로 위세를 떨칠 수 있었다고 여겨진다. 우암 쪽에서는 요청하는 묘비를 써줌으로써 정치적으로 상대방을 자기편으로 만드는 효과도 얻었다.

그런데 묘갈이나 묘비는 죽은 지 50~60년 후에 쓰이는 경우가 많았다. 죽은 후에 망자가 증직(贈職. 추가로 벼슬을 받는 것)이나 시호諡號를 받으면 비문 내용에 이걸 포함시켜야 하기 때문이다. 죽은 지 100년이 지나 시호를 받으면 묘비를 새로 세워야 한다. 문제는 그때 엄청난 비용이 발생한다는 것이다. 그래서 망자가 죽은 후에 바로 쓰는 것이 묘지다. 이것은 '이 묘의 주인은 누구인가.'라는 사실을 밝힌다. 보통 도자기에 글자를 쓰고 구워서 함석으로 만든 함에 넣고 묘지 속에 묻는다. 나중에 혹시라도 산사태나 홍수로 묘지를 잃어버릴 경우에 이 묘지가 땅속에서 나오면 누구 묘라는 것을 알기 위한 용도다.

신도비도 있다. 여기엔 돈이 아주 많이 든다. 종이품 이상 벼슬한 사람만 신도비를 세울 수 있다. 참판급 이상이다. 관찰사(도지사)도 죽으면 세울 수 있다. 죽은 지 수십 년, 또는 100년 후에도 세운다. 신도비에 쓰이는 크고 좋은 돌을 구하기가 어렵고, 이걸 운반하는 일에도 비용이 많이 소요된다. 밑바닥에는 거북이를 조각해야 하고 위에도 돌 지붕을 씌워야 한다. 그리고 이 신도비를 세울 때는 잔치까지 열어야 한다. 전국에서 수천 명이 방문할 수도 있다. 이 사람들에게 숙식을 제공해야 한다. 찾아온 손님들 여비까지 지불해야 양반이라 할 수 있었다. 경기·충청도에는 신도비가 많지만 영남에서는 인조 이후로 고위 벼슬아치가 거의 없어서 신도비를 구경하기가 어렵다.

현대의 장례문화는 거의 소멸되었다. 선조들의 묘도문자는 어떻게 살아야 하는가에 관한 문제의식이 담겨 있다. 남이 써주는 삶의 이력서, 나의 묘비문을 생각해보면 삶에 긴장감을 준다.

20

제대로
돈
쓰는 법

돈은 무엇인가? 도道와 돈은 'ㄴ' 받침 하나 차이이다. 조물주는 인간을 만들었지만, 인간은 돈을 만들었다. 조물주의 손자가 돈인 셈이다. 돈은 벌기도 어렵지만 쓰기도 어렵다. 돈 쓰는 법을 제대로 교육 받지 않으면 제대로 쓰기가 어렵다.

돈을 쓰는 방식에는 몇 가지가 있다. 첫째는 적선積善이다. 적선은 대가를 바라지 않고 좋은 데 쓰는 것이다. 쓰고 나서 보답을 바라지 않는다는 점에서 매우 차원 높은 방식이다. 불가에서는 이를 '무상보시無相布施'라고 부른다. 무상보시는 아무나 하는 게 아니다. 어렵다. 우리나라 500년 된 명문가를 조사해보니 공통적인 가훈이 '적선지가필유여경積善之家必有餘慶'이었다. 적선을 많이 한 집안에 경사가 있다는 뜻이다. 정말 있을까? 있다. 있으니까 500년을 유지하는 것이다.

좋은 일을 하면 자기 마음속의 무의식에 기억되고 저장된다. 사람이 죽어도, 육신이 없어져도 이 무의식은 다음 생生으로 이월된다. 조상의 무의식 정보가 후손에게 유전자로 전달된다고 할 수 있다. 그래서 적선을 많이 한 집안 자식들의 사주팔자가 좋다. 1970~1980년대 군사정권 시절에 권력을 휘두르며 재물을 축적해놓은 사람들의 집안을 보면 손자 대에 이르러 그 많던 돈이 다 사라져 버린 경우를 여럿 봤다. 이상하게도 마魔가 낀다. 일이 될 만하다가 이상하게도 어떤 변수가 튀어나와 고춧가루를 뿌려 버린다.

적선 다음에는 '기마이(돈이나 물건을 선선히 내놓는 기질)'가 있다. 일본어 '기마에(氣前)'가 우리나라에서 기마이로 변했다. 기분 좋게 돈을 쓰는 사람을 보고 '기마이가 있다.'고 한다. "오늘 밥값은 내가 내지!" "이 자리 술값은 내가 다 쏠게!" 이것이 기마이다. 약간 헤픈 것 같지만 기마이가 있으면 주변에 사람들이 모인다. 적선보다는 한 차원 아래지만 이 기마이 역시 공덕을 쌓는 삶의 방식이다.

기마이보다 한참 떨어지는 돈 쓰는 방식이 뇌물이다. 간이 크고 배짱이 두둑해야 뇌물을 줄 수 있다. 간이 작은 사람은 뇌물도 못 준다. 그런데 뇌물에는 문제가 있다. 뇌물 속에 낚싯바늘이 들어 있는 경우다. 이 낚싯바늘이 목에 걸린다. 바늘이 목에 걸리면 뇌물 준 사람이 조종하는 대로 움직여야만 한다. 안 움직이면 바늘이 목구멍을 파고든다.

10년 전쯤 정치 자금을 많이 받아본 어느 원로 정치인에게 공격적인 질문을 던진 적이 있다.

"돈은 어떻게 먹어야 합니까?"

"가시를 발라 먹어야지."

"가시를 어떻게 발라 먹어야 합니까?"

"이 사람아! 그게 노하우지."

노하우 없는 사람은 가시에 걸리고 만다. 가시를 발라 먹는 내공도 보통 내공이 아닌 것이다. 뇌물에는 가시만이 아니라 비상砒霜과 설사약도 들어 있을 수 있다. 비상이 든 뇌물을 먹으면 바로 사망이다. 우리는 뇌물 먹고 사망한 여러 인물들을 보지 않았던가! 설사약이 들어 있는 뇌물을 먹으면 바로 주룩주룩 설사한다. 설사해서 누런 똥이 바지에 묻는다. 그 냄새가 주변에 진동한다.

뇌물은 아니지만 비슷하게 돈 쓰는 방식이 있다. 떡밥이다. 낚시터에 가서 붕어가 모이라고 미리 뿌리는 그 떡밥이다. 시장통의 참기름집에서 압착기로 참기름을 짜면 둥그렇고 단단한 깻묵덩어리가 남는다. 이 깻묵덩어리를 사다가 쪼개서 저수지 낚시터에 뿌려놓곤 한다. 어떤 사업가들은 명절 때나 무슨 기념일에 수백 수천 명에게 선물을 보낸다. 한과나 국수·엿도 보낸다. 이것이 떡밥이다. 액수가 큰 선물이 아니라서 진한 감동은 없지만 안 보내는 것보다는 낫다. 아무래도 떡밥을 뿌리고 안 뿌린 낚시터의 조황釣況은 다를 수밖에 없다. '가랑비에 옷 젖는다.'는 말이 있다. 가랑비는 살살 내리지만 오래 지속되면 결국엔 옷이 젖기 마련이다.

난리가 터지면 평소에 쌓여 있던 개인감정이 드러난다. 명분은 껍데기다. 사실은 개인감정이 안 좋으니 명분을 거기에다 갖다 붙인 것이다. 한국전쟁이 발발했을 때도 이 개인감정으로 인한 살생이 적지 않았다. 평소 적선·기마이·떡밥을 뿌려놓았던 집안은 좌우익으로 인한 피바람 속에서도 다치지 않고 무사했다.

21

지관의
직업윤리

명당이나 묏자리를 잡아주는 일을 하는 사람을 보통 지관地官이라 불렀다. 지관도 공부를 많이 해야만 하는 직업이었다.《인자수지人子須知》같은 책을 비롯해 한문으로 된 많은 풍수서를 공부해야만 했고, 거기에다가 '영발靈發'을 갖춰야 했다. 영발은 신기神氣, 내지는 직관력이다. 풍수는 책만 본다고 되지 않는다. 영발이 없으면 면사무소 호적 서기 정도나 다름없다. 호적 서기는 매일 면 단위의 호적등본을 열람하는 일을 하니 호적상에 기록된 이름들을 많이 안다. 하지만 그 이름의 사람을 골목길에서 만나도 누가 누군지 모른다. 마찬가지로 책으로만 공부한 지관은 막상 현장에 가더라도 감을 못 잡는다. 영발이 있어야만 그 땅의 빛이 보이고, 전체 물형物形도 눈에 들어오고, 거기에 누가 들어가면 맞겠다는 감도 잡힌다.

이론과 영발을 갖춘 실력 있는 지관은 함부로 묏자리를 잡아주지 않는다. 돈을 많이 받고 무조건 묏자리를 잡아주다가는 신벌神罰을 받기 때문이다. 우선 묏자리를 부탁하는 사람의 직업을 봐야 한다. 그 직업이 다른 사람들을 착취하거나 다른 사람들의 눈물을 많이 흘리게 했다면, 그 사람이 묏자리를 요청하더라도 거절해야 한다. 선업善業을 많이 쌓은 사람의 부탁을 들어줘야지 그렇지 않고 악업 쌓은 사람을 좋은 묏자리에 들어가게 하면 지관이 천벌을 받는다.

그래서 의뢰인의 사주와 관상도 본다. 사람 속을 알기란 참 어렵다. 그 사람을 겪어 보기 전에 파악할 수 있는 방법이 사주·관상이다. 사주를 봐서 그 사람 팔자가 안 좋거나 인색한 팔자를 타고났다면 묘를 써주면 안 된다. 관상도 마찬가지다. 사람은 자기 얼굴대로 산다. 또 사람은 꼴값(꼴의 값)을 하기 마련이다. 관상이 좋지 않은 사람도 탈락시킨다.

그러고 나서 또 보는 것이 의뢰인에 대한 주변의 평판이다. 평판은 대개 맞다. 평판이 좋지 않은 사람이 돈을 싸들고 와서 부탁한다고 묏자리를 잡아주면 그 지관이 벼락을 맞는다. 그 윗대에 대한 평판도 참고해야 한다. 부모와 조부모가 어떻게 살았는지를 살펴

봐야 하는 것이다. 조부모가 주변에 덕을 많이 베풀어서 사람들 사이에 그 이야기가 전해진다든지, '그 사람 윗대 어른들 참 인격자였어.' 하는 평판이 있으면 묘를 써준다. '콩 심은 데 콩 나고 팥 심은 데 팥 난다.'는 속담은 대체로 적절하다. 왕대밭에 왕대 나고 쑥대밭에 쑥대 난다는 말이 그냥 생긴 말이 아니다. 사람은 생물학적 유전자(DNA)를 벗어나지 못한다. 유전자가 바로 팔자이고, 그 사람의 운명 아니겠는가. 유전자는 대대로 조상으로부터 받는다. 그래서 옛날 어른들이 그 윗대 사람들의 행실을 참고할 수 있는 족보를 중시했던 것이다.

다음에 지관이 또 참고해야 할 부분은 의뢰인의 선대 묏자리가 어떤 급수인가를 살펴보는 일이다. 선산에 가서 윗대 묏자리를 보거나, 선산이 없으면 그 조부대나 증조부대의 묏자리를 보면 급수가 나온다. '권투 체급으로 비유하면 이 집안이 밴텀급(53.52킬로그램 이하) 정도 되는구나.' 아니면 '슈퍼미들급(76.20킬로그램 이하)이구나.'라는 짐작을 할 수 있다. 만약 윗대 자리가 플라이급(50.80킬로그램 이하)이라면 당대 의뢰인의 묘를 써줄 때는 한 등급만 높여서 밴텀급 정도 써줘야 법도에 맞다. 서너 단계를 올려서 헤비급(90.72킬로그램 이상)을 쓴다면 법도에 맞지 않다. 법도에 맞지 않은 과도한 묏자리를 써주면 이 또한 지관의 업보가 된다.

검증장치가 또 있다. 지관과 의뢰인이 같이 여행을 해보는 것이다. 명당자리는 금방 잡히지 않는다. 1~2년가량 같이 전국 산천을 돌아다녀야 할 필요가 있다. 같이 여행을 다니면 그 사람의 성격과 인품 등이 다 드러난다. 특히 돈을 어떻게 쓰는지를 집중 관찰할 수 있다. 어디에다 돈을 쓰는지, 그리고 얼마나 쓰는지를 살펴본다. 의뢰인이 돈을 아끼려고 짜장면만 사는지, 설렁탕을 사는지, 아니면 한정식을 사는지 유심히 관찰해본다. 만약 짜장면만 주로 대접한다면 묏자리도 짜장면급에 어울리는 자리를 잡아주기 마련이다. 인간은 감정의 동물이니 인색하게 대해준 사람에게 어찌 몇 천 석 부자가 되는 묏자리를 잡아주겠는가.

　'좋은 명당자리는 3대가 적선해야 잡는다.'는 옛말은 이런 세세한 과정을 모두 함축해서 한마디로 압축한 것이다. 이러한 검증장치, 또는 직업윤리를 무시하고 명당을 잡는다는 것은 잘못된 일이다.

　직업윤리를 무시하는 지관은 대개 삼류이기 마련이다.

22

이제는 숲에 가서
쉬어야 한다

세계 영화계는 판타지가 대세다. 〈반지의 제왕〉〈해리포터〉〈아바타〉 같은 영화는 영화의 판도를 바꿨다. 사실적이고 현실적인 줄거리보다는 정신세계, 마법의 세계를 도입한 영화가 대세를 장악한 것이다.

판타지 영화의 마중물이 된 〈반지의 제왕〉이나 〈해리포터〉는 켈트 문화가 배경으로 깔려 있다. 기독교 문화와는 왠지 이질적인 요소가 섞여 있다. 유럽의 샤머니즘이 켈트라고 보면 된다. 유럽의 오래된 미신이다. 기독교에 밀려서 북쪽의 외딴 섬나라인 영국으로 도망간 켈트 문화가 숨어 살면서 희미한 명맥을 이어왔다. 스코틀랜드·아일랜드가 그런 땅이다. 이게 오늘날 판타지 영화의 배경이 된 셈이다.

켈트족의 사제를 '드루이드'라고 부른다. 드루이드가 좋아했던 나무가 참나무다. 드루이드는 참나무로 된 방패와 지팡이를 애용했다. 참나무는 뿌리가 땅속 깊이 들어간다. 하늘과 땅을 연결하는 신목神木으로 여겼다. 그래서 항상 켈트의 사제는 참나무숲에서 기도하고 명상을 했다. 스코틀랜드 위스키는 오크(참나무) 통에서 숙성된다. 위스키에서 나오는 독특한 향은 켈트족의 성스러운 우주목宇宙木이었던 참나무의 엑기스다. 켈트족 전통에서 볼 때 위스키를 마신다는 것은 성목聖木인 오크의 정기를 빨아들이는 의미가 있었던 듯하다.

한자의 쉴 휴休도 사람 인人에 나무 목木이다. 사람이 쉬려면 숲으로 가는 수밖에 없다. 그동안 우리 민족은 돈을 번다고 너무 과로했으니 이제는 숲에 가서 좀 쉬어야 한다. 나의 글방인 장성 축령산의 휴휴산방休休山房도 이름에 '休' 자가 두 개나 들어가 있다. '쉬고 또 쉬면 철목개화鐵木開花'라는 선가禪家의 어록에서 따왔다. 공부가 다른 게 없다. 깊이 푹 쉬면 된다는 말이다. 푹 쉬면 '쇠로 된 나무에서 꽃이 핀다.'는 게 철목개화다.

축령산에 들어온 이유는 집 뒤로 조성된 편백숲 때문이었다. 조림가인 임종국(1915~1987년) 선생이 1950년대 중반부터 20년간 민둥산에 편백을 심었다. 돈과 시간, 그

리고 정력을 다 바쳐서 조림한 숲이다. 나는 글을 쓰기 위해 사색할 때마다 축령산의 편백 숲길을 산책한다. 한 시간 이상을 걷기 시작하면 머리가 상쾌해지면서 글의 줄거리가 대강 정리된다. 숲에서 나오는 피톤치드 때문일까, 왠지 숲에서 생각하면 생각이 잘된다.

제주 서귀포에는 '카멜리아힐'이 있다. 동백수목원이다. 세계 각지에서 수집한 600 여 종의 동백이 19만 8천 제곱미터(6만 평)의 동산에 6,000그루 정도 심어져 있다. 현재 주인인 양언보 씨(75)가 30년 동안 조림한 숲이다. 동백숲은 다른 숲과 다르게 꽃이 핀다. 숲이 주는 그윽함과 꽃이 주는 밝음을 동시에 지니고 있는 것이다.

동백은 겨울에만 피는 게 아니다. 춘백·하백·추백도 있어서 1년 열두 달 돌아가면서 핀다. 6월 달에 가니까 하백이 피어 있다. 그렇지만 가장 압권은 11월에서 이듬해 1월에 피는 동백이다. 겨울눈 속에서 핀다고 해 동백을 설중화雪中花라고 한다. 또한 조매화鳥媒花라고도 부른다. '새가 중매를 서는 꽃'이라는 의미이다. 겨울에 피니까 벌과 나비가 없다. 그 대신에 동박새라고 하는 조그만 새가 동백의 꽃술에 숨겨진 꿀을 따먹으러 이 꽃 저 꽃 다니면서 자연스럽게 접을 붙이기 때문이다.

영국의 문화인류학자인 J. G. 프레이저가 쓴《황금가지》는 고대 서양의 주술을 다룬 명저다. 여기에서 주술왕은 도전자로부터 황금가지를 지키는 게 핵심 사명이다. 황금가지는 떡갈나무와 참나무의 겨우살이를 가리킨다. 겨우살이를 생명을 살리는 가지로 여겼기 때문이다. 켈트의 드루이드 사제들도 참나무 겨우살이를 영약으로 대접했다.

그런데 참나무 겨우살이보다 한 급 더 위가 바로 동백의 겨우살이라고 하는 사실을 카멜리아힐 주인에게 배웠다. 면역력 강화에 특효가 동백 겨우살이라는 것이다. 참나무 겨우살이는 참나무와 공생하면서 자라지만, 동백 겨우살이는 동백나무를 말려 죽이면서 자란다. 동백의 기운을 다 빨아들이며 자란 것이 동백 겨우살이다. 그래서 참나무 겨우살이보다 귀하다고 여긴다.

11월에 열리는 동백열매에서는 기름도 채취한다. 동백기름이다. 조선시대에 동백기름은 임금님에게 올리는 진상품이었다. 국내에서 자라는 토종 동백의 기름은 품질이 우수하다. 먹기도 하고 피부에 바르기도 하고 머릿기름도 한다. 동백은 사시사철 잎이 푸르다. 남쪽지방에서 자라는 차과茶科의 나무다.

제주의 카멜리아힐은 잘 다듬어진 정원이자 수목원이다. 중간중간 연못도 있다. 한라산에서 내려온 현무암 자락이 연못 중간에 솟아 있는데 자세히 보니 그 모양이 작은 영주산瀛洲山의 형상이었다. 소나무와 편백나무도 항상 이파리가 푸른 상록수지만, 남국의 동백도 항상 잎이 푸른 상록수다. 녹색의 숲은 인간의 뇌신경을 풀어주는 효과가 있다. 신경 써서 먹고살아야 하는 현대인들은 이런 녹색의 숲에 수시로 들어가서 긴장을 풀어야 한다.

현대인은 몸과 마음을 맑게 하는 '릴렉스Relax'가 관건이다.

23

빛과 그림자를 알면
인생이 가벼워진다

나의 팔자에 큰돈은 없다. 큰돈 없을 팔자이니 큰돈 벌 생각이나 의지도 없다. 그냥 삼시 세끼 밥 먹고 자식들 학교 보낼 돈만 있는 팔자다. 인간세상에 와서 이 정도면 됐지 그 이상 얼마나 더 바라리오!

공부하는 학자가 큰돈을 바라면 학문이 무너진다. 이를 사주명리학에서는 '탐재괴인 貪財壞印'이라고 부른다. 여기서 인印은 도장이라는 의미이지만 과거에는 학문을 뜻했다. 그래서 학자는 부자에게 너무 붙어도 문제가 생긴다. 학자가 재벌·부자 옆에 장식품처럼 붙었다가 신세 망친 사람을 여러 명 보았다. 비자금 세탁하는 데 이용당하거나 명분 없는 일에 들러리 섰다가 사회적 비난을 받는 경우가 그것이다. 재벌에게 달라붙으면 돈 좀 나올 줄 알고 100미터 전방에서부터 낮은 포복으로 기어들어가곤 한다. 하지만 그건 완전히 착각이다. 재벌들은 피눈물도 없다. 절대로 후하게 돈 주는 법이 없다.

팔자에 큰돈은 없지만 때론 돈이 좀 있었으면 좋겠다는 생각이 문득 들기도 한다. 그 생각은 언제 들까. 운전기사가 떠오를 때다. 나에게도 기사가 있었으면 좋겠다 싶을 때 돈 생각이 난다. 기사 월급을 줘야 할 것 아닌가. 나는 운전면허증이 없다. 이상하게도 운전 배우기가 싫었다. 누군가가 "당신은 왜 운전을 하지 않느냐?"고 물어오면 길게 설명하기가 귀찮아서 "정신 쪽에 문제가 있어서 운전을 못 한다."고 대답한다. 그럼 더는 묻지 않는다.

나의 머릿속에서는 항상 글 쓸 주제가 수십 개씩 돌아가고 있기 때문에 만약 운전을 한다면 십중팔구 사고를 내기 십상이다. 특히 차를 타면 생각이 더욱 늘어난다. 그리고 필자에게는 화기火氣가 많아서 차가 밀리는 곳에서는 열이 뒷골로 솟아올라 뒷목이 뻑적지근해진다. 운전이 글을 써서 먹고사는 매문가賣文家에게는 수명을 단축하는 독으로 작용한다. 그래서 나는 대부분 대중교통을 이용한다. 하지만 교통편이 복잡한 데를 갈 때는 '나도 기사 두고 살았으면' 하는 생각이 든다.

그러다가도 사회 유명인사들이 같이 차를 타고 다니던 운전기사가 사생활을 다 폭로해버려 곤욕을 치르는 뉴스를 보면 이렇게 스스로를 위로한다. '아니다. 돈 안 드는 대중교통도 장점이 많다'고. 재벌가 부인의 갑질이나 정치인들이 비자금 받는 장면을 폭로하는 운전기사들이 있지 않은가!

운전기사를 둔 남자들에게 기사는 또 다른 아내나 마찬가지다. 그만큼 그 사람의 동선을 다 파악하고 있다. 술집을 가는지, 비자금을 마련하러 가는지, 여자를 만나러 가는지 등등 말이다. 동선뿐인가. 전화 통화내역도 모조리 다 파악하고 있다. 누가 어떤 부탁을 했고, 어떻게 대답을 했고, 누구한테 어떤 약점이 잡혀 있는지를 운전기사는 다 안다. 이 정도면 기사는 집에 사는 아내보다 더 자세하게 소소한 것들까지 훤히 들여다보는 셈이다.

현대의 남자들에게 주택은 정택靜宅이지만, 자동차는 동택動宅이다. 정택은 잠자고 가족들과 생활하는 곳이지만, 동택은 돈 벌고 일하는 공간이다. 자본주의 사회에서는 정택보다 동택에서 보내는 시간이 훨씬 많다. 그래서 남자의 공간은 주택이 아니라 자동차라고 해도 과언이 아니다. 운전기사는 이 동택에서 같이 생활하는 파트너인 셈이다. 정택의 파트너가 아내라면 동택의 파트너는 운전기사이다. 그러니 비밀을 다 알 수밖에 없다. 운전기사에게 돈 한 뭉치 안 주고 인간대접 안 하면 밖으로 다 불게 되어 있다. 그런데 내공이 떨어지는 졸부는 이 운전기사를 쉽게 생각한다. 그러다가는 큰코다친다.

그래서 나는 이렇게 스스로 위로한다. '아! 나는 운전기사가 없으니 편하다. 부양할 아내가 남들은 두 명인데, 나는 한 명밖에 안 되니 말이다.' 그러다가도 서울에서 잘나가는 사람들과의 모임이 끝나 호텔 밖을 나설 때는 좀 허전한 마음이 드는 게 사실이다. 남들은 다 기사가 대기하고 있는데 나 혼자만 배낭 메고 털레털레 혼자 나와 택시를 잡는다. 서울 상류층의 기준은 벤츠에 운전기사이다. 그럼 지하철과 택시를 전전하는 나는 어떤

계급인가. 조지 오웰이 쓴《파리와 런던의 따라지 인생》˙인가.

　　빛과 그림자가 공존하는 게 인생이다.

· 《파리와 런던의 따라지 인생》: 젊은 날의 노숙생활과 접시닦이로 일한 경험을 바탕으로 쓴 조지 오웰의 첫 작품.

24

피·땀·눈물·여행·독서

인생 공부의 길에도 좌도左道와 우도右道가 있다. 좌도는 빠른 길이고 우도는 느린 길이다. 빠른 속도로 달려가는 좌도의 길은 피·땀·눈물을 흘리며 가는 길을 말한다. 피도 흘리고, 땀도 흘리고, 눈물도 흘려봐야 공부가 된다.

그러나 너무 많이 흘리면 죽거나 몸이 불구가 되는 리스크가 있다. 예수와 공자와 동학 창시자인 최수운을 비롯해 걸출한 예술가들이 걸은 길이다. 조실부모早失父母하고 일찌감치 인생이 파탄 나면 엄청나게 공부가 된다. 예수가 마구간에서 태어났다는 것이 정상적인 출생이겠는가. 무슨 교육을 제대로 받았겠는가. 공자도 10대 후반의 어머니와 70세 다 된 늙은 영감 사이에서 태어난 야합野合의 아들이다. 무슨 가정교육을 받았겠는가. 사는 것도 '상갓집 개' 소리를 듣고 살았다.

내가 좋아하는 인도의 성자이자 시인인 카비르도 마찬가지다. 힌두교 수행자가 도를 닦다가 동네로 내려와 창녀와 교합해서 낳은 아들이다. 이 창녀가 아이를 바구니에 넣어서 강물에다 버렸는데, 강물에 떠내려 오던 아이를 다시 어떤 힌두교 수행자가 건져서 키웠다. 카비르는 평생 물 긷고 베 짜며 살았다. 높은 종교적 위치에 오른 뒤에도 그 일을 멈추지 않았다. 신은 마음속에 있으며 모든 종교적 행위 자체가 무용하다고 생각했기 때문이었다. 문맹이었기에 제자들이 그의 말을 받아 적었다. 그게 시詩가 되었다.

한국의 기업 창업자들도 이런 유형의 인간이 많다. 일가를 이룬 창업자들은 '맨주먹 붉은 피'가 유일한 자본이었다. 그러나 2, 3세들은 다르다. 창업자가 피·땀·눈물을 먹고 자란 용龍이었다면 2, 3세는 꿀·박수·유복 속에서 자랐다. 꿀 많이 먹고, 어려서부터 박수를 받고, 유복하게 성장하면 대개 꽃뱀(花蛇)과에서 얼쩡거린다.

관찰해보니 조실부모하고 인생이 파탄나면 '죽·통·병'이다. 죽거나 도통하거나 아니면 병에 걸린다는 말이다. 그 고통과 고비를 넘기가 힘든 것은 사실이다. 조실부모했지만 윗대 조상들이 공덕을 많이 쌓아놓은 사람은 인생의 결정적 고비에서 아슬아슬하게 위기를 넘기는 경우를 많이 봤다. 눈에 보이지 않는 부분이지만 선대의 공덕은 분명히 작용한다고 생각한다. 죽느냐 사느냐의 위기 상황에서 조상의 공덕은 감지된다. 이성으로 판단할 수 있는 영역이 아니다.

천천히 가는 우도의 길은 무엇인가? '독만권서讀萬卷書와 행만리로行萬里路'의 길이다. 만 권의 독서를 하고 그 다음에 만 리의 여행을 해보는 것이다. 독서와 여행, 이 두 가지가 인간교육의 핵심이라고 생각한다. 독서만 하고 여행을 안 하면 머리만 있고 가슴이 없다. 여행만 많이 하고 독서가 적으면 머리가 적을 수 있다. 머리에 뭐가 좀 들어 있으면서 여행을 하면 새로운 장면과 상황에 맞닥뜨릴 때마다 통찰이 오고 스파크가 튄다.

명나라 말기의 화가 동기창(董其昌, 1555~1636년)은 그의 명저인《화안畵眼》에서 '만 권의 독서를 하고 만 리를 여행해봐야 가슴에 쌓여 있는 탁기와 먼지를 털어버릴 수 있다.'고 써놓았다. 나도 축령산 글방에 이 문구를 붓글씨로 써서 대련對聯으로 만들어놓았다. 우도의 좌우명이다. '독서만권시통신讀書萬卷始通神 여행만리종분별旅行萬里終分別'이다. '독서를 만 권 하니까 신명계(신령들이 존재하는 세계)와 통하기 시작하고, 여행을 만 리 하니까 분별이 줄어든다.'는 뜻이다.

기도와 명상이 따로 없다. 독서 행위 자체가 기도고 명상이다. 여행을 하다 보면 예측할 수 없는 상황에 많이 부딪힌다. 온갖 이상한 인간들도 만난다. 여행을 많이 하면 분별(자잘하게 신경 쓰는 것)이 줄어든다. 대범해지는 것이다. '독서만권시통신'은 소동파의 글이지만, '여행만리종분별'은 내가 지어낸 문구다. 독서와 여행이 조화를 이루면 여행은 걸어다니면서 하는 독서요, 독서는 앉아서 하는 여행이 된다. 여행이 곧 독서(旅行如讀書)인 것이다.

독서도 독서 나름인데, 어떤 책을 읽을 것인가? 역시 문사철文史哲이다. 조선조의 문화에서는 '당시唐詩 300수, 사마천의《사기史記》, 그리고《주역》'이 문사철의 핵심이었다.

지금은 시대가 변했다. 펠로폰네소스 전쟁사를 보면 고대 그리스의 합종연횡 방식이 드러난다. 어떻게 제휴를 맺고, 어떻게 설득했고, 어떻게 전략을 짜고, 어떻게 나라가 망하고 흥했는지가 기술되어 있다. 로마사도 빼놓을 수 없다. 동양을 지배하는 서양제국의 모든 노하우는 이 로마사에 들어 있다. 시오노 나나미가 쓴 《로마인 이야기》도 좋다. 카이사르 편이 하이라이트다. 베네치아 공화국이 어떻게 바다 암초 위에 도시를 세워 유럽의 해상 상권을 쥐었는지를 읽는 것도 즐거움이다. 베네치아의 화려한 외모 이면에는 뱃사람들이 겪어야만 했던 피와 땀, 눈물이 질펀하게 깔려 있다.

영국사·프랑스사·미국사도 읽어야 한다. 국민의 자유를 옹호하는 근대 헌법의 토대가 된 영국의 〈마그나카르타(Magna Carta, 대헌장大憲章)〉'가 어떻게 성립되었는지, 프랑스 대혁명이 일어난 뒤에 어떤 시행착오를 거쳤는지, 미국 남북전쟁 때 승리한 북군이 패배한 남군을 얼마나 관대하게 대했는지를 읽어야 한다. 일본의 《명치유신사明治維新史》도 빼놓을 수 없다. 역사책의 묘미는 바둑처럼 복기復棋해보는 데에 있다. 복기에서 교훈과 통찰 그리고 식견이 축적된다.

역사책을 많이 읽고 나면 현장이 보고 싶어진다. 그때 여행을 가면 즐겁다. 뜻과 지혜가 자연스럽게 머릿속으로 들어오게 된다.

30여 년 동안 고금의 문헌들을 보고 수없이 여행하고 만난 사례들을 정리한 결과이다. 이 여섯 가지를 염두에 두고 조금이라도 일상에서 실천하며 꿋꿋이 걷다 보면, 인생길 어디쯤에서 변화된 '나'와 맞닥뜨리지 않겠는가.

운명을 바꾸는 여섯 가지 방법

팔자八字는 과연 있는 것일까? 이는 운명이 있는 것일까 하는 의문이기도 하다. 좀 더 확대하면 주님의 섭리가 과연 있는 것일까 하는 종교적 질문과도 연결된다. 종교적 질문으로까지 확대된다는 점에서 팔자의 문제는 '궁극적 관심(Ultimate Concern)'의 영역에 해당한다.

　　팔자, 운명, 섭리의 공통점은 무엇인가 미리 정해져 있다는 부분이다. 미리 정해져 있다는 게 과연 합리적인가? 하는 또 다른 의문이 일어난다. 미리 정해져 있는지, 안 정해져 있는지는 살아보면 안다. 이론과 토론으로 결판낼 수 있는 문제가 아니다. 살아보는 것도 햇수가 좀 필요하다. 나이는 그냥 먹는 게 아니다. 대략 50세 즈음은 되어야 한다. 평균적으로 인간이 50년 정도 살아보면 인생과 우주가 합리적으로 설명이 안 된다는 점을 느낀다. 예를 들면 실컷 노력했지만 안 되는 일도 많고, 그다지 노력 안 하고 기대도 안 했지만 되는 일도 있다. 지난날 어떤 기로, 내지는 선택의 순간에 나는 왜 그쪽을 선택했을까? 왜 저쪽으로 안 가고 이쪽으로 왔을까? 그 수많은 선택이 쌓이고 쌓여서 현재의 '나'가 된 것이다.

　　그 선택의 순간에 저쪽이 아닌 이쪽을 선택한 이유를 파고 들어가다 보면 섭리와 팔자에 맞닿게 된다. 당시에는 현실적인 이해타산이나 이성적 판단이라고 여겼을 테지만 지나고 보니 그것은 무의식에서 내린 판단이었다는 게 나의 생각이다. 무의식이 이끌어서 내린 결정이나 판단이 결국 팔자가 된다. 쇼펜하우어는 이를 가리켜 '맹목적인 의지'라고 표현하였다. 지성이라고 하는 것은 맹목적인 의지의 하인이라는 것이다. 지성이 이끄는 게 아니라 우리 내면에 웅크리고 있는 맹목적인 의지가 이끈다.

　　이 맹목적인 의지를 불교적인 관점에서 업(業, Karma)이라고 한다. 전생의 업이다. 카르마의 법칙에서 현생은 전생에 축적된 업보의 놀음이 된다. 현생은 전생 놀음이 된다. 이렇게 놓고 보면, 사주팔자는 전생의 업보를 간단하게 보여주는 조견표早見表라고 할 수 있다. 팔자는 '전생 성적표'이기도 하다. 중학교 때 생활기록부와 성적표를 보면 이 사람이 고등학교에 가서 어느 정도의 성적을 낼 수 있을지 대강 짐작이 가능하다. 중학교 때 반에서 1, 2등 한 사람이 고등학교에서 하위권으로 떨어질 가능성은 희박하다. 물론 중학교 때 꼴등했다고 해서 고등학교 때 반드시 꼴등하라는 법은 없다. 여기에도 변수는 작용한다. 그 변수가 매우 복잡하다. 측량하기가 어렵다. 타이밍에 따라서 변수가 작동할 수도 있고, 사람을 만나서 변화가 오기도 하고, 어떤 사건을 겪으면서 심경 변화를 겪기도 한다. 심경 변화는 운명의 변화를 수반한다.

그렇지만 팔자는 사실 바꾸기 어렵다. 업보의 법칙은 아주 정확하게 작동하기 때문이다. 전생의 업보를 현생에서 바꾸기 어렵다는 말이다. 그러나 현생의 카르마는 내가 지금 하기 나름이다. 내생에 펼쳐질 팔자는 현생에서 내가 지금 어떻게 하느냐에 따라 달려 있는 것이다. 전생에 지어놓은 업보는 고칠 수 없으므로 담담하게 수용하면서 내생에 전개될 카르마를 현생에 만들어놓는 것이다.

카르마의 이치를 알면 숙생의 업보를 피할 수 없다는 이치를 알게 된다. 너무나 냉혹하게 그 인과因果의 이치가 작동한다. '머리카락 하나의 오차도 없다.'는 게 인과의 이치요, 카르마의 법칙이다. 그렇지만 인간적인 측면에서 좋지 않은 팔자를 타고난 사람에게 그대로 그 팔자를 받으라고만 하는 것은 너무나 가혹하지 않은가.

인도 철학사에서 오랜 시간 동안 논쟁을 했던 주제가 결정론이다. 운명이 이미 결정되어 있는가, 아니면 중간에 바꿀 수 있는가다. 바꿀 수 없다는 입장이 인중유과론因中有果論이다. 바꿀 수 있다는 입장이 인중무과론因中無果論이다.

인중유과는 원인(因) 가운데 이미 결과가 내장되어 있다는 것이다. 어떤 행위를 하는 순간에 이미 그 결과가 정해진다는 입장이다. 따라서 좋은 행위를 하면 나중에 좋은 결과가 오고, 나쁜 행위를 하면 언젠가는 거기에 상응하는 나쁜 결과가 온다. 완전히 결정론이다. 그 결정의 배후에는 원인이 문제가 된다고 보는 원인 중시론이 깔려 있다. 애당초 행동을 잘해야 한다.

인중무과는 입장이 다르다. 원인 가운데 결과는 없다는 것이다. 중간에 바꿀 수 있다는 입장이다. 인중무과의 입장은 인간의 자유의지나 노력에 의해 팔자를 바꿀 수 있다고 본다. 유과론과 무과론이 격렬하게 부딪히다가 타협을 본 중재안이 7:3론이다. 운칠기삼運七技三이 그것이다. 결정된 요소가 70%, 노력이 30%라는 설이다.

나의 생각은 팔자론이다. 팔자는 정해져 있다. 어지간해서는 바꿀 수 없으며, 자기 팔자대로 산다. 그렇다면 바꿀 수 있는 방법은 전혀 없는가? 나는 10% 정도는 있다고 본다. 9:1론이다. 사실 10%의 노력은 굉장한 힘을 가지고 있다. 10%의 노력이 100%의 운명을 바꾸게 되는 것이기 때문이다.

10%의 노력과 방법은 무엇인가. 운명을 바꾸는 방법으로 크게 여섯 가지가 있다. 첫째 적선, 둘째 스승, 셋째 기도와 명상, 넷째 독서 다섯째 명당, 여섯째 지명, 자기 팔자를 아는 것이다. 이 여섯 가지가 수천 년 동안 전해져온 동양의 철인들이 정리한 요점이다.

①
적선 : 선행으로 복과 운을 저축하다

적선積善을 해야 팔자가 바뀐다. 평범한 말이다. 그러나 실천이 어렵다. 적선이란 다른 사람 가슴에 저금을 해놓는 것이다. 동시에 자기 가슴에도 저금을 해놓는 일이다. 보다 차원 높은 적선은 자기 가슴에는 저금하지 않는 일이다. 적선하고도 다 잊어버리는 게 수준 높은 삶이다. 그러나 수준 높기 어렵다. 적선을 하면 자기 무의식에 기록을 하는 것과 같다. 마치 비행기의 블랙박스와 같다.

무의식은 자기가 한 일을 다 알고 있다는 것이다. 비행기가 추락해도 블랙박스에 기록된 비행기록은 남는다. 육체가 죽더라도 그 사람의 무의식에 기록된 정보는 남는다. 정보는 후손들에게 계좌이체 된다. 계좌이체 되는 장면은 꿈으로 나타난다. 태몽으로 나타난다. 죽은 조상들의 영혼은 후손의 뱃속으로 들어가 잉태된다. 잉태되는 순간의 꿈이 태몽이다. 태몽을 보면 그 조상들의 삶 전체가 농축된 데이터가 후손의 뱃속이라는 저장고에 입력되는 장면이다. 나는 태몽을 이렇게 이해한다. 그래서 태몽을 무시할 수 없다. 사주팔자가 디지털이라고 한다면 태몽은 아날로그에 해당한다. 전자시계나 시계바늘 시계나 시간 가리키는 것은 동일하다. 태몽과 팔자는 대개 같이 간다.

적선이 얼마나 중요하다는 것을 가장 극적으로 보여주는 사건은 전쟁이다. 난리가 나면 평소에 쌓인 개인감정을 정리하게 된다. 한국전쟁 때 전남 영광에서는 4만 명 이상이 죽었다. 당시 영광 인구가 12만 정도였다고 하는데, 4만 명 이상이면 웬만한 성인 남자는 거의 죽었다고 봐야 한다. 공식적인 기록에는 2만 명 남짓 죽었다고 되어 있지만, 이는 좌익이 우익을 죽인 숫자이다. 우익이 좌익을 죽인 숫자도 현지인들의 증언에 따르면 대개 2만 명 남짓이다. 이 후자의 2만 명은 공식 기록에서 빠져 있다. 얼마나 처절한 기록인가. 작년에 영광에 답사를 갔다가 산비탈의 밭에서 일하는 노인을 만났다. 82세였다. 한국전쟁 당시 중학교 3년생이었다고 한다.

"어르신 6·25 때 사람 많이 죽었죠? 어르신 동창들도 많이 죽었습니까?"

"많이 죽었지. 나만 빼고 다 죽었어."

"어르신 혼자 살았단 말입니까."

"응. 우리 반에서 나 혼자만 살아남고 모두 다 죽었어."

어린 학생이 무엇을 안다고 죽였을까. 아이에게 무슨 이념이 있고 사상이 있었겠는가. 그만큼 전쟁은 처절하고 한편으로 인간의 무식과 잔인함을 드러내는 증거이다.

"영광 읍내에서 살아남은 사람은 누가 있습니까?"

"대선당 약방은 살아남았어."

"살아남은 비결이 무엇이었습니까?"

"그 양반은 인심이 좋았어. 당시 약방을 했으니까 돈도 있었지. 집에 머슴들이 여럿 있었는데, 이 머슴들에게 잘 했어요. 머슴들과 밥도 같이 먹었지. 겸상을 했어. 자기가 밥 먹다가 머슴이 옆에 보이면 '이리와 같이 먹게.' 하면서 겸상을 했어. 담배도 나눠 피웠지. 자기 담배는 궐련 담배였고, 머슴들은 대개 봉초 담배를 피웠는데, 머슴들을 보면 자기 궐련 담배를 피우라고 건네주고, 머슴들 피우던 봉초 담배를 자기가 피우곤 했지."

전쟁이 일어나자 인민군이 내려와 머슴들 8명을 한 조로 만들었다. 8명 뒤에는 북에서 내려온 인민군 한 명이 총을 들고 뒤따랐다. 8명의 머슴들이 읍내의 집집마다 돌아다니면서 그 집주인에 대하여 품평을 하였다. 평소에 인심 잃었던 사람들은 '이 놈 나쁜 놈이다.'라는 판정을 받았다. 그러면 즉결처분이었다. 대선장 약방 주인은 평소에도 덕인德人이라는 평판을 들었다. 그 참혹한 즉결처분의 상황에서 평소 적선해놓은 대선당 약방 주인만 살아남았던 것이다. '담배 바꿔 피운' 적선이다.

지난 탄핵과정도 혁명적인 상황이었다. 탄핵정국에서 불려나가 곤욕을 치렀던 고위 인사 A씨. 검찰조사에도 여러 번 불려 다녔다. 최근에 얼굴 볼 기회가 있어서 관상을 보니 의외로 찰색察色이 좋다.

"꽉 늙은 줄로 알았는데 어찌 이리 혈색이 좋습니까?"

"아내 공덕입니다. 사건이 나 보니까 집사람이 적선해놓은 공덕이 작용한다는 걸 알았어요. 조 선생님 이론대로 팔자 바꾸려면 적선이 중요하다는 걸 실감하는 계기였어요."

A씨의 부인은 충청도 양반집안의 딸이었다. 평소에 차분하면서도 겸손한 인상이었다. 명절이 닥치면 아파트 관리인들에게 작은 선물이라도 하나씩 돌렸다. 더운 여름에는 냉장고에 넣어 시원하게 해둔 수박을 두세 통씩 1층 관리실에 가져다주곤 하였다. 겨울에는 선물로 들어온 인삼차 박스라도 관리실에 건넸다. 아파트 관리인이 다른 동으로 옮기면 일부러 찾아가서 3~4명 정도의 저녁식사 값을 봉투에 넣어 쥐여주곤 하였다. 청소하는 아주머니들도 마주치면 그냥 빈손으로 보내지 않았다. 주변의 과일가게에서 과일 살 때도 물건 값을 절대 깎지 않았고, 약간 바가지를 씌우더라도 모른 체하고 달라는 대로 값을 지불하였다. '남들 보기에 나는 상류층인데 이렇게라도 적선한다고 생각해야지'가 부인의 생각이었다.

탄핵이 터졌다. 기자들이 아파트 입구에 몰려들면 관리인 한 명은 기자들에게 커피를 타주면서 시선을 다른 데로 돌렸고, 다른 관리인은 A씨가 평소 모르고 있었던 지하 이동통로를 통해 다른 동으로 몰래 나갈 수 있도록 도와주었다. 퇴근 시간 무렵에 방송중계차가 아파트 입구에 대기하고 있으면 관리인들이 부인에게 전화해서 '상황이 이렇습니다.'하고 알려주었다. 그러면 A씨는 그날 집에 오지 않고 호텔에서 숙박하였다. 검찰조사 받으러 가는 날, 새벽에 부인이 꿈을 꿨다. '펄펄 끓는 물에 계란을 삶는데, 계란에서 병아리가 나와 아무렇지도 않게 걸어 다니는' 꿈이었다. 그래서 걱정이 안 되었다고 한다. 배우자가 후덕하여 남편이 덕을 본 경우이다.

　불교에서는 전생이라고 말하지만, 유교적인 관점에서 보자면 전생은 조상에 해당한다. 윗대 조상들(특히 증조대나 고조대)이 적선을 많이 한 사람들의 후손들은 아우라가 있다. 대개 성격도 차분하면서 겸손한 편이고 얼굴색이나 머리 뒤쪽에 밝은 빛이 감돈다. 이런 사람들은 하는 일이 잘 풀린다. 뒤로 넘어져도 돈 있는 데로 넘어진다고나 할까. 친가나 외가 쪽에 적선을 많이 해놓은 조상들이 있는 집안의 후손들 팔자를 보면 대개 재복이 있는 것으로 나온다. 그게 참 신기하다. 팔자에 재복이 있으면 별 다른 노력을 하지 않는데도 불구하고 돈이 붙는다. 조상들이 뿌려놓은 재물을 갑절로 이자를 쳐서 후손이 받는 것 같다.

　적선을 많이 해야 팔자를 바꾸고 집안이 잘된다는 명제는 이론이 아니라 500년 임상실험 결과(?)다. 적선은 재물로도 하고 마음으로도 한다. 평소 성질 안 내는 것도 적선이고, 고통을 들어주는 것도 적선이다. 강한 적선도 있다. 죽이고 싶은 사람을 살려주는 것이다. 죽일 사람을 살리는 것이야 말로 제대로 된 적선이다.

　적선이라는 것은 주변 사람들이 자기에게 우호적인 감정을 갖도록 투자하는 이치와 같다. 주변이 우호적인 사람들로 둘러싸여 있으면 그 사람은 덕德이 있는 사람이다. 따라서 덕이 있다는 것은 자기 둘레에 우호적인 사람의 층이 두껍게 쌓여 있는 사람을 말한다. 자기를 보호하는 '외호外護'가 두텁다는 말이다.

②

스승 : 눈 밝은 스승이 대낮의 어둠을 밝힌다

주유천하周遊天下라는 말이 있다. 천하를 두루 돌아다니는 것이다. 왜 주유천하를 하는 가? 선생을 만나기 위해서이다. 그냥 앉아만 있어서는 선생을 만나기 어려우니 천하를 돌 아다니면서 나를 지도해줄 선생님이 어디 계시는가 찾으러 다니는 것이 주유천하의 개념 이다. 여기에 전제가 있다. 선생님이 필요하다는 생각이다. 선생을 필요로 하지 않는 사람 이 대부분이다. 필요를 느껴야지 선생도 찾는다. 왜 선생을 찾아야 할까? 그냥 살아도 되 지 않겠는가. 선생을 필요로 하는 사람은 뭔가 갈급한 게 있는 사람들이다. 갈증이 없는 사람은 선생이 필요 없다.

　인생을 살면서 뭔가 갈증을 느끼는 사람. 이 사람들이 '싹수'가 있는 인간형이다. 옛 날에 선생을 찾는다는 것은 도道를 알려줄 선생이었다. 서양에서 말하는 구원이다. 서양 의 구원이 동양에서는 '도'였다. 도는 무엇인가? '불멸과 자유' 아니겠는가. 불멸과 자유에 대한 관심을 끊을 수 없는 사람은 선생을 찾게 되어 있다.

　나는 20대 중반에 김제 모악산을 많이 다녔다. 계룡산과 함께 모악산은 한국 신흥종 교의 메카였다. 계룡산은《정감록鄭鑑錄》을 신봉하던 비결파들이 많이 모였고, 모악산은 미륵이 출세하여 용화회상龍華會上을 이룬다는 비전을 가진 사람들이 운집하였던 곳이 다. 하루는 아침에 모악산에 가려고 나서려니 부슬부슬 비가 내렸다. 비도 오는데 산에 가 지 말까 싶다가 새벽에 꾼 꿈이 번뜩 생각났다. 커다란 바위 뒤에서 어떤 사람이 쑥 나오더니 갑자기 나에게 어떤 질문을 던졌다. 꿈속에서 본 그 사람은 이마에서 빛이 나왔다. 그 꿈이 생각나서 비옷을 입고 모악산에 올랐다.

나는 사람들이 많이 다니는 등산로로 가지 않고 옛날 무당들이 기도 드리러 다니던 조그만 샛길들을 찾아서 다녔다. 거미줄 같이 샛길들은 엮여 있었다. 샛길을 통해 산을 오르다가 그만 길을 잃었다. 한 두어 시간이나 헤맸을까. 간신히 길을 찾아서 산을 내려가다가 문수암이라는 암자를 발견하였다. 저녁 6, 7시 즈음이었다. 산길을 헤매었으니 허기가 졌다. 암자에는 내 또래 정도 되어 보이는 어떤 남자가 있었다. 소설을 쓰기 위해서 암자의 방 한 칸을 장기간 빌려서 책을 보고 있던 남자였는데, 이 남자가 자기 방으로 나를 데리고 가서 밥상을 차려주었다. 뜻밖의 친절에 나도 마음이 열렸다. 이야기가 통했다. 처음 만났음에도 불구하고 그 방에서 새벽 3, 4시까지 이야기를 하게 되었다. 여러 가지 주제였다. 역사, 외국 여행지 이야기, 산신령 이야기 등. 이야기를 하다가 '이 사람이 꿈에서 본 사람이구나' 싶었다.

그는 원래 외항선의 2등 항해사였다. 외국에 나가고 싶어서 수산전문대를 갔고, 2등 항해사 자격을 얻어 인도양, 대서양을 돌아다녔다. 그때 이 친구가 읽은 책이 《데미안》이었다. 핵심은 '왜 이 세상에 악이 있는가'였다고 한다. 악은 왜 존재하는가. 그러다가 대서양을 항해하던 중에 하늘의 별을 쳐다보다가 깨달았다. '선과 악이 둘이 아니구나.'라는 깨달음이었다. 그 길로 회사에 퇴직신청을 하고 퇴직금을 받아 김제 모악산의 암자로 들어온 것이다. 소설이나 써야겠다고 마음먹을 즈음, 나와 만난 것이다. 이 친구는 그 무렵 몸이 열리기 시작하였다. 도가에서 말하는 주천화후周天火候가 시작된 것이다. 온 몸의 경락이 열리기 시작하면 상대방의 기운 감지는 물론, 주변 산천의 에너지도 감지된다. 우주에는 이처럼 눈에 보이지 않는 에너지의 세계가 다양하게 존재하는구나! 나는 이 친구를 통해서 정신세계가 있다는 신념을 갖게 되었다. 눈에 보이지는 않지만, 다른 세계가 있다는 믿음이다.

이 친구 덕에 나는 여러 번의 육체적 정신적인 체험을 하게 되었다. 처음에는 친구였지만 시간이 갈수록 선생님이 되었다. 그전까지만 해도 아주 유물론적인 세계관을 가지고 있던 나에게 우연히 만난 모악산의 선생이 세계관의 확대를 가져다주었던 것이다. 그는 나의 20, 30대 10년 남짓한 세월 동안 엄청난 정신적 자양분을 준 친구이자 선생님이었다. 그를 만나지 못했다면 나는 지금 속물적인 끈적끈적한 삶을 살았을 것이다.

모악산 선생은 내 팔자를 바꾸게 해준 소중한 인연이다. 사람 때문에 망가지기도 하지만, 사람을 통해서 깨닫고 일어나기도 한다. 이후로 나는 여러 선생님들을 만났다. 풍수 선생님, 사주명리학 선생님, 도교 내단학內丹學, 요가 선생님이다.

눈 밝은 스승(明師)을 만나야 한다. 스승이 있고 없고는 결정적인 순간에 차이가 난다. 인생의 중요 고비에서 이쪽인가, 저쪽인가를 고민할 때 상의해주고 해법을 제시해줄 수 있는 스승이 있다는 것은 대단한 복이다. 옛날 어른들은 훌륭한 스승을 만나게 해 달라고 100일 기도를 드리곤 하였다. 스승은 제자가 찾아 나서야 발견된다. '스승이 있었으면 정말 좋겠다.'는 마음이 간절해야만 스승이 생기는 법이다.

도교의 경전을 모아놓은 《운급칠첨雲笈七籤》에 보면 '팔난八難'이 나온다. 첫 번째 어려움은 도 닦으려는 마음道心을 놓지 않는 것이요, 두 번째 어려움은 눈 밝은 스승(明師)에 나아가지 않는 것이요, 셋째는 한거閑居에 의탁하지 않음이요, 넷째는 세무世務를 버리지 않음이요, 다섯째는 은애恩愛를 나누지 않음이요, 여섯째는 이욕利慾을 버리지 않음이요, 일곱째는 희로喜怒를 제거하지 않음이요, 여덟째는 색욕色慾을 끊지 않음이다.

이 가운데 '눈 밝은 스승에 나아가지 않는다.'는 것은, 진짜 선생이 옆에 있어도 학생이 받아들일 마음의 준비가 되어 있지 않으면 그냥 스쳐 지나가고 만다는 말이다. 요지는 '스승을 만나야겠다.'는 의지와 정성이다.

③
기도와 명상 : 간절함으로 높은 산을 넘고
험한 강을 건넌다

인생에서 외통수에 걸리는 경우가 있다. '산진수궁의무로山盡水窮疑無路'이다. '산이 막히고 물길이 끊어져서 길이 안 보이는 상황'이다. 이때 기도처를 찾아야 한다. 외통수에 걸리면 거의 사망 직전에 이른다. '죽어버릴까'하는 생각이 든다. 이렇게 끝내 버리는 게 편할 것 같다는 생각이 자꾸만 든다. 이럴 때는 기도를 해봐야 한다. 기왕 죽을 거 기도 한 번 하고 죽는 것은 어떤가.

　　어디에서 기도를 할 것인가. 평소 기도처를 알고 있어야 한다. 기도는 간절한 마음이 가장 중요하지만 그 다음으로 기도 장소도 중요하다. 인간의 마음과 산천의 영기靈氣가 합해졌을 때 외통수 탈출이 되기 때문이다. 내가 외통수에 걸렸을 때 설악산 봉정암鳳頂庵에 갔다. 설악의 바위 기운이 뭉쳐 있는 성지이다. 우선 백담사에서 봉정암까지 올라가는 산길이 대여섯 시간이나 걸린다. 계곡 옆의 산길을 계속해서 올라가는 길이다. 바위에서 나오는 화기와 설악산 계곡에서 흘러내리는 수기가 같이 합해지는 산길이다. 이 길을 5~6시간 걷는다는 것 자체가 기도요 명상이 된다. 몸에 찌든 탁기가 빠진다. 어느 정도 진이 빠져 깔딱고개를 넘어가면 드디어 봉정암이 나타난다. 기도터는 웅장한 압도감이 있어야 한다. 봉정鳳頂은 봉황의 정수리 터에 잡은 암자라고 해서 붙여졌다. 봉정암은 화강암 바위들이 물샐틈없이 둘러싸여 있다. 바위 기운이 아주 쩌렁쩌렁하게 뭉쳐 있는 장소에서 기도를 하면 효과가 3~4배가 나온다. 이런 성지에서는 사흘 동안만 정성스럽게 기도를 하면 어떤 해답이 나온다.

여수에 있는 향일암向日庵도 기도를 해서 효험을 본 곳이다. 향일암은 바다 끝에 있다. 바다는 산과는 또 다른 기운이 있다. 푸른 바다가 호수처럼 잔잔하게 보인다. 파랗게 잔잔한 바닷물을 보면서 '무심無心'을 느꼈다. 자식 문제로 걱정이 되어 어지러운 마음을 가라앉힌 곳이 바로 여수 향일암이다. 그 무심한 바다를 보면서 말이다. 남해 보리암, 팔공산 갓바위, 청도 운문사 사리암, 고창 선운사 도솔암, 의정부의 소요산 자재암도 내가 기도를 해본 곳이다.

기도에는 5단계설이 있다. 첫째는 갈구하는 단계이다. 돈 좀 벌게 해주세요, 병을 낫게 해주세요, 학교 잘 가게 해주세요. 등. 발등에 불 떨어져 자존심 버리고 하는 기도이다. 이때는 온 정신을 집중할 수밖에 없다.

이 단계가 지나면 기도를 들어주는 하느님 또는 초월 세계가 나에게 어떤 메시지를 주는가, 귀 기울이는 단계다. 무언가를 달라거나 이뤄지게 해달라고 하지 않고 기다린다. 세 번째 단계는 감사이다. 모든 것이 감사하다. 병이 와도 감사하고 사업이 망했어도 감사하다. 순응이다. 내 힘으로 바꿀 수 없음을 알고 받아들이는 것이다. 이 단계가 되려면 적어도 나이 오십은 넘어야 한다. 넷째는 찬양하는 단계다. 무슨 일이 없어도 항상 신을 찬양한다. 일상생활에서도 항상 기도가 되는 상태다. 밥 먹는 시간에도, 지인들과 이야기하는 상태에도, 자기가 하는 일을 하면서도 기도가 되는 상황이다. 기도하려고 노력하지 않아도 자동으로 기도가 된다. 다섯째는 무심無心의 단계다. 기도하려는 마음도 없는 상태다. 신을 생각하지도 않는 무심의 상태를 말한다.

보통 사람의 기도는 첫 번째부터 시작한다. 이 단계에서의 간절함이 팔자를 바꿀 수 있다. 기도가 잘 안 되는 사람은 하루에 일정 시간 동안 명상(참선)을 하는 것도 방법이다.

브레이크가 없으면 부딪치기 십상이다. 하루에 1시간씩 브레이크 밟고, 자기를 되돌아보면 아무래도 실수가 적어진다. 기도가 어려우면 1시간씩 운동을 하는 것도 방법이다. 운동으로 몸의 탁한 기운을 빼고 생기를 충전한다. 자본주의 생존경쟁에서 자기 목숨을 부지하려면 하루 1시간 정도의 운동이 필요하다. 운동도 몰입하면 기도가 된다.

기도와 명상, 운동 모두 참된 지혜와 판단력이 생기도록 돕는다. 지혜와 판단력이 팔자를 바꾸는 에너지가 되는 것이다.

④

독서 : 강한 날에는 경전을,
부드러운 날에는 역사책을 읽는다

운이 나쁠 때는 밖에 나가면 안 된다. 집에 틀어박혀 있어야 한다. 어떻게 집에 있느냐, 독서를 하면서 지내야 한다. 운이 안 좋을 때는 독서가 필요하다. 책을 읽으면서 되도록 사람을 안 만나는 게 좋다. 만나면 골치 아픈 일이 생긴다. 운이 좋을 때는 길에서도 자기 도와주는 사람을 만나지만, 운이 좋지 않을 때는 만나는 사람마다 해가 되기 쉽다.

독서는 재미있는 책부터 읽어야 한다. 무협지라도 읽는 것이 안 읽는 것보다는 낫다. 옛날 사람들은 '유일독사柔日讀史, 강일독경剛日讀經'이라고 하였다. 마음이 편안한 날에는 역사책을 읽고, 마음이 심란할 때는 종교 경전을 읽는다는 말이다.

편안하면 나태해지기 쉽다. 이때는 역사책을 본다. 역사에는 고비가 기록되어 있다. 그 고비를 어떻게 넘기고 어떻게 대처했는가가 역사책에 나온다. 해이해진 마음에 긴장과 경각심이 생겨난다. 또 판단 사례를 많이 읽다 보면 실전에 부딪혀서 어떻게 판단할 것인지 가늠이 된다.

마음이 어지럽고 불안할 때는 경전을 읽는 게 역시 마음을 진정시켜준다. 넘치지 않게 한다. 경전은 사서삼경과 같은 책들이다. 기독교로 치면 성경이고, 불교로 치면 금강경, 법화경, 능엄경과 같은 경전들이다. 도교로 치면 도덕경이나 장자도 된다. 경전을 읽을 때는 소리 내어 읽는 것도 좋다. 자기 소리를 자기가 귀를 통하여 듣는 게 더 효과가 있다. 서라운드 효과이다. 큰 소리로 읽으면 정신이 집중되는 효과가 있어서 마음속에 쌓여 있는 근심 걱정도 줄어든다.

무엇보다 책을 읽으면 자신에 대한 성찰이 생긴다. 중세 시대 정치사상가 마키아벨리는 독서를 통하여 불운을 견뎌낸 인물이다. 서기관으로 일하던 마흔셋 나이에 정치적 사건에 연루되어 10년 치 봉급의 벌금을 물고 감옥에 갔다. 피렌체에서 쫓겨나 시골구석에서 처자식을 데리고 생계를 이어야 했다. 낮에는 주막집에서 장돌뱅이들과 어울렸지만, 밤이 되면 흙으로 더러워진 평상복을 벗고 관복으로 갈아입은 다음, 책이 가득한 서재로 돌아가 독서에 몰입하곤 하였다. 시오노 나나미는《나의 친구 마키아벨리》에서 그 대목을 이렇게 묘사하였다.

"예절을 갖춘 복장으로 몸을 정제한 다음, 옛 사람들이 있는 옛 궁전에 입궐하지… 그곳에서 나는 부끄럼 없이 그들과 이야기를 나누고, 그들의 행위에 대한 이유를 물어보곤 하지. 그들도 인간다움을 그대로 드러내고 대답해준다네. 그렇게 보내는 네 시간 동안 나는 전혀 지루함을 느끼지 않네. 모든 고뇌를 잊고, 가난도 두렵지 않게 되고, 죽음에 대한 공포도 느끼지 않게 되네."

만약 마키아벨리가 독서하는 습관이 없었더라면 이 시절에 자살했을 가능성이 높다. 독서를 해서 팔자를 바꾼 또 하나의 사례는 고 신영복 선생 이야기다. 그는 소위 통일혁명당 사건으로 구속되어 20년간 옥살이를 하는 고초를 겪었다. 보통 사람이 20년간 감옥살이를 하면 대개 폐인廢人이 되고 만다. 그러나 신 선생은 20년간 수많은 독서와 사색을 하면서 거듭나게 된 것 같다. 그의 저서인《감옥으로부터의 사색》《더불어 숲》《강의》등의 책을 읽다 보면 인간과 세계에 대한 통찰과 달관이 행간마다 배어 있다.

⑤
명당 : 밝은 기운이 있는 곳에 머물다

명당에는 2종류가 있다. 음택陰宅과 양택陽宅이 그것이다. 음택은 묘 자리이다. 묘 자리를 명당에 잘 쓰면 팔자가 바뀐다. 그러나 좁은 국토에 도로공사와 철도터널로 산맥이 모두 잘리고 있다. 매장은 하기 어렵다. 화장이 대세가 되었다. 음택 명당을 말하기 어려운 시대가 된 것이다.

남은 부분은 양택이다. 산 사람이 사는 주택을 양택이라고 한다. 명당에서 잠을 자고 나면 몸이 개운하다. 숙면이 된다. 숙면 여부가 우선 명당을 판가름 하는 확실한 기준이라고 나는 생각한다. 잘 자야 건강하다. 건강해야 일도 잘하고 승진도 하고 돈도 모인다. 건강이 무너지면 모든 게 무너진다. 운이 나쁘면 건강부터 나가기 시작한다. 내 몸이 건강해야 명당이지, 건강하지 않고 몸이 비실비실 아프면 그곳은 명당이 아니다.

잠을 푹 자는 집터. 거기서 오래 살면 미래를 내다보는 예지몽도 꾼다. 사업상 중요한 결정이나, 어떤 선택을 해야 하는 상황에서 미리 꿈으로 예시되는 경우가 있다. 이렇게 예시되는 꿈을 꾸는 집터. 그곳은 대개 명당이다. 나쁜 일이 잦거나 건강에 이상이 생기는 등 운이 나쁠 때는 이사를 가는 것도 운을 바꾸는 전통적인 처방 가운데 하나이다.

⑥
지명 : 내 삶의 지도는 스스로 읽을 줄 안다

내가 밴텀급인가, 미들급인가, 헤비급인가를 어느 정도는 알고 있어야 한다. 그러면 크게 헛손질을 하지 않는다. 신의 섭리는 세 가지로 나타난다. 지분知分, 지지知止, 지족知足이다. 자기 분수를 알고, 그칠 줄을 알고, 만족할 줄을 아는 것이다. 이것이 지명知命이다. 팔자를 알고 있으면 이 세 가지가 어느 정도는 된다. 인생의 시행착오는 자기 분수를 모르고 과욕을 부리는 데서 온다. 과욕을 부리는 것을 '적극적'이라고 착각하고, 분수를 지키려는 노력을 '소극적'인 태도로 평가절하하는 경우가 많다. 팔자의 핵심은 때를 아는 것이다. 내 인생이 지금 봄인지, 여름인지, 가을인지, 겨울인지를 파악해야 한다. 눈 내리는 한겨울에 씨 뿌리려고 덤벼드는 사람은 때를 모르는 사람이다

문제는 자기 팔자를 아는 일이다. 자기가 직접 사주명리학을 공부해서 아는 것도 하나의 방법이다. 그게 안 되면 잘 보는 전문가를 만나서 아는 방법이다. 전자가 되었든 후자가 되었든지 간에 자기 팔자와 그릇이 어느 정도 되는지는 숙지하고 있는 게 인생의 지혜이다.

관운이 없고 선거에 맞지 않는 사람들이 돈 좀 있다고 선거판에 나가서 몸 축나고 돈 버리는 경우를 많이 보았다. 자기 팔자를 모르다 보니 수업료를 많이 내야 하는 것이다. 원래 인생은 수업료를 내고 배워야 하지만, 자기 팔자를 안다는 것은 수업료를 좀 덜 내고 알자는 노선이다.

나의 팔자는 글 쓰는 일이다. 쓰기 싫다는 생각도 더러 많았지만 팔자이다 보니 쓰는 것이다. 글 쓰는 일 외에 다른 일은 할 줄 아는 것도 없다. 운전도 못 한다. 자기 팔자를 대강 안다는 것은 '오버'를 하지 않는다는 뜻이기도 하다. 분수를 알아 넘치지 않는 것이다. 내가 중학교 다닐 때 어머니가 어디 용하다는데 가서 아들 팔자를 보니까, '이 아들은 붓으로 먹고 살겠소.'라는 점괘가 나왔다고 한다. 그때는 그게 무슨 말인가 싶었는데 40년을 지나 보니까 그 말이 맞다. 글 쓰는 팔자에서 만족하고 더 이상 욕심내면 안 된다고 나는 다짐하고 또 다짐한다. 인생에서 오버만 하지 않아도 큰 지혜를 터득한 셈 아니겠는가.

이상 팔자 바꾸는 방법 여섯 가지를 정리해보았다. 30여 년 동안 고금의 문헌들을 보고 수없이 여행하고 만난 사례들을 정리한 결과이다. 이 여섯 가지를 염두에 두고 조금이라도 일상에서 실천하며 꿋꿋이 걷다 보면, 인생길 어디쯤에서 변화된 '나'와 맞닥뜨리지 않겠는가.

삶이 스스로 잘 익어 땅에 떨어지도록 하시오

＿노자老子

조용헌의 인생독법 人生讀法

ⓒ 조용헌, 2018

2018년 7월 20일 초판 1쇄 발행
2024년 3월 20일 초판 12쇄 발행

지은이 조용헌
발행인 박상근(至弘) • 편집인 류지호 • 상무이사 김상기 • 편집이사 양동민
편집 김재호, 양민호, 김소영, 최호승, 하다해, 정유리 • 그림 박방영
디자인 쿠담디자인 • 제작 김명환 • 마케팅 김대현, 김선주, 이선호 • 관리 윤정안
콘텐츠국 유권준, 정승채, 김희준
펴낸 곳 불광출판사 (03169) 서울시 종로구 사직로10길 17 인왕빌딩 301호
　　　　대표전화 02) 420-3200 편집부 02) 420-3300 팩시밀리 02) 420-3400
　　　　출판등록 제300-2009-130호(1979. 10. 10.)

ISBN 978-89-7479-435-4 (03100)

값 22,000원

잘못된 책은 구입하신 서점에서 바꾸어 드립니다.
독자의 의견을 기다립니다. www.bulkwang.co.kr
불광출판사는 (주)불광미디어의 단행본 브랜드입니다.